电工电子技术

主　编　黄燕华
副主编　马进中　陈建毅

机械工业出版社

本书对电工电子技术涉及的相关知识、技能进行了全面且系统的介绍,从内容上可分为 3 个部分,即电路基础部分、电机与控制部分和电子技术部分。具体内容包括直流电路、正弦交流电路、磁路与变压器、三相异步电动机及其控制、常用半导体器件、数字电路基础和组合逻辑电路等。本书对接电工、机电设备维修、电气系统安装调试等实际岗位,以职业技能为本,以应用为目的,融合低压电工、维修电工所需的知识、技能、标准和素养,紧密结合生产生活中的实际案例,通过项目导向、任务驱动,可有效提高读者的学习兴趣和自主学习动力。

本书可作为高职高专电类基础课参考教材,也适合电工电子技术入门学习人员、相关行业从业者阅读参考。

图书在版编目（CIP）数据

电工电子技术 / 黄燕华主编. -- 北京：机械工业出版社, 2024.11. -- ISBN 978-7-111-76898-2

Ⅰ. TM；TN

中国国家版本馆 CIP 数据核字第 2024GA5870 号

机械工业出版社（北京市百万庄大街22号　邮政编码100037）
策划编辑：任　鑫　　　　　责任编辑：任　鑫　卢　婷
责任校对：郑　雪　王　延　　封面设计：马若濛
责任印制：张　博
北京建宏印刷有限公司印刷
2024年11月第1版第1次印刷
184mm×260mm・14.75印张・373千字
标准书号：ISBN 978-7-111-76898-2
定价：59.00元

电话服务　　　　　　　　　网络服务
客服电话：010-88361066　　机　工　官　网：www.cmpbook.com
　　　　　010-88379833　　机　工　官　博：weibo.com/cmp1952
　　　　　010-68326294　　金　书　网：www.golden-book.com
封底无防伪标均为盗版　机工教育服务网：www.cmpedu.com

前　言

随着科技的飞速发展，电工电子技术已经成为推动现代社会前进的重要力量。从家庭中的家用电器到工业生产中的自动化控制系统，再到信息技术领域的通信设备，电工电子技术的应用无处不在，它极大地提高了生产效率，改善了人们的生活质量。

电工电子技术是一门综合性学科，融合了物理学、数学、材料科学等多个领域的知识。正是基于这一特点，本书集结了技术经验丰富的企业高级工程师和电类课程教学多年的一线教师共同编写，并且充分贯彻"岗课赛证"的融通理念，采用"理虚实一体化"的学习模式，对接电工、机电设备维修、电气系统安装调试等实际岗位，以职业技能为本，以应用为目的，融合低压电工、维修电工所需的知识、技能、标准和素养，紧密结合生产生活中的实际案例，通过项目导向、任务驱动，提高读者的学习兴趣和自主学习动力。

本书对电工电子技术涉及的相关知识、技能进行了全面且系统的介绍，从内容上可分为3个部分，即电路基础部分、电机与控制部分和电子技术部分。具体内容包括直流电路、正弦交流电路、磁路与变压器、三相异步电动机及其控制、常用半导体器件、数字电路基础和组合逻辑电路等。本书可作为高职高专电类基础课参考教材，也适合电工电子技术入门学习人员、相关行业从业者阅读参考。

本书在内容和组织上有以下特色：

1）知识内容上，以基础、实用、够用为原则，技能上以安全、规范、标准为准则。讲述中配套有巩固提高模块，能及时检验读者的学习情况，调整学习计划，并在重要知识点、技能点处配有视频讲解，以方便读者实施学习、加深理解。

2）在结构组织上，通过项目导向、任务驱动，以各任务为小节点，每个任务点中的问题都按读者的认知规律提出，各任务都有对应的小知识点，以项目和任务引出知识点，重构知识体系，做到用什么学什么，针对性强，目标明确，全方位巩固所学知识和技能。

3）在实用性方面，本书强调校企合作，各项目引入企业案例，校企共同组建编写团队，融入企业实际案例，解决"学了如何用"的问题。

本书由厦门城市职业学院的黄燕华任主编，马进中、陈建毅任副主编，吴庆勇、林星陵、黄素德等也参与了部分章节的编写工作，施耐德电气（厦门）开关设备有限公司的侯鸿渊高级工程师为本书提供了部分指导，在此一并表示衷心的感谢！

限于编者水平，书中难免存在不妥之处，恳请读者提出宝贵意见，以便后续修订完善。

编　者

目 录

前言

项目一　直流电路 ………………… 1

项目导读 …………………………… 1
任务一　手电筒电路的设计 ………… 2
任务二　基于 Multisim 的手电筒
　　　　电路仿真 ………………… 9
任务三　照明电路工作状态分析 …… 17
任务四　复杂直流电路的分析、计算
　　　　和仿真 …………………… 21
任务五　基尔霍夫定律的验证实验 … 26
任务六　电压源与电流源特性
　　　　分析实验 ………………… 28

项目二　正弦交流电路 …………… 34

项目导读 ……………………………… 34
任务一　简单的家庭照明电路设计 … 35
任务二　基于 Multisim 的家庭照明
　　　　电路仿真分析 …………… 46
任务三　正弦电路中电参数的分析、
　　　　计算与仿真 ……………… 60
任务四　荧光灯电路的研究实验 …… 74
任务五　三相电路电压、电流的
　　　　测量实验 ………………… 77

项目三　磁路与变压器 …………… 86

项目导读 ……………………………… 86
任务一　简单输配电系统的设计 …… 86
任务二　简单输配电系统的仿真 …… 99
任务三　特殊用途变压器 ………… 105

任务四　互感绕组电路的研究
　　　　实验 …………………… 108

项目四　三相异步电动机及其
　　　　　控制 ………………… 112

项目导读 …………………………… 112
任务一　安全用电 ………………… 112
任务二　三相异步电动机的认识 … 117
任务三　三相异步电动机连续运行控制
　　　　电路设计、仿真及安装调试 … 128
任务四　三相异步电动机正反转控制电路
　　　　设计、仿真及安装调试 …… 143

项目五　常用半导体器件 ………… 148

项目导读 …………………………… 148
任务一　扩音器电路分析 ………… 148
任务二　基于 Multisim 的二极管
　　　　电路仿真分析实验 ……… 150
任务三　基于 Multisim 的单相桥式
　　　　整流电路仿真分析实验 … 162
任务四　基于 Multisim 的直流稳压
　　　　电源仿真分析实验 ……… 165
任务五　基于 Multisim 的共射极
　　　　放大电路测试实验 ……… 167

项目六　数字电路基础 …………… 181

项目导读 …………………………… 181
任务一　十字路口交通信号灯的
　　　　逻辑功能分析 …………… 181
任务二　简单逻辑电路的分析 …… 190

任务三　基于 Multisim 的基本逻辑电路仿真 …………………… 197

任务四　与非门逻辑功能测试实验 … 201

项目七　组合逻辑电路 …………… 210

项目导读 ……………………………… 210

任务一　交通信号灯的故障检测电路分析 ………………… 210

任务二　单方向交通信号灯的故障检测电路设计 ………………… 215

任务三　基于 Multisim 的交通信号灯故障检测电路仿真分析 …… 219

任务四　基于 Multisim 的 8 线-3 线优先编码器 74148 验证 …… 223

任务五　基于 Multisim 的七段译码器 7447N 逻辑功能验证 ……… 227

项目一

直流电路

项目导读

 素质目标

具有坚定的理想信念，树立科技报国情怀。
具有与人交往、与人沟通及良好的团队协作能力。
具有自我提升的意识和终身学习的基本素质。
具有质量意识、环保意识、安全意识。

 知识目标

掌握必备的思想政治理论、科学文化基础知识和中华优秀传统文化知识。
掌握与专业相关的法律法规及环境保护、安全消防等知识。
理解电路的基本概念及电路的作用。
理解电压和电流的参考方向。
掌握欧姆定律。
了解电压源、电流源及其等效变换。
理解电路的三种工作状态。
掌握基尔霍夫定律。
掌握支路电流法求解复杂电路。
了解电路的基本电位的概念及计算。

 能力目标

具有探究学习、终身学习、分析问题和解决问题的能力。
能完成基尔霍夫定律的验证实验。
能完成电压源与电流源特性分析实验。
会使用 Multisim 仿真软件对欧姆定律、基尔霍夫定律、支路电流法等进行仿真验证。
会使用 Multisim 仿真软件中的直流电流表、直流电压表、万用表等进行电路中电流、电压和电阻的测量。
会使用直流电流表、直流电压表、万用表，会测量直流电路中的电流、电压（电位）。
会使用万用表的电阻档测量电阻，并能正确读数。

会查阅相关技术资料。

项目导入：亮度可调的手电筒电路

手电筒是常用的照明工具，由白炽灯、电池、控制开关等组成，本项目将通过对亮度可调的手电筒电路的设计和仿真，引入电路模型，介绍电路的组成、电路的基本物理量、欧姆定律、电路参数的计算等。

任务一 手电筒电路的设计

任务导学

请列举生活中用到的简单电路实例，说明电路中包含哪些组成部分，各起什么作用？

任务说明

现有一个 6V 直流电源、一个 5V/1W 的白炽灯、一个安培表、一个电压表、一个标称阻值为 25Ω 的电位器、一个开关、若干导线，将这些元器件连接成一个亮度可调的手电筒电路，并简述该手电筒电路的工作过程，绘制出设计原理图。

任务实施

1）将手电筒电路的接线示意图绘制在图 1-1 中。接线要点：直流电源、电位器、开关、白炽灯通过导线串联组成一个闭合回路；安培表用来测量流过白炽灯的电流，串联在电路中；电压表用来测量白炽灯两端的电压，并联在白炽灯两端。

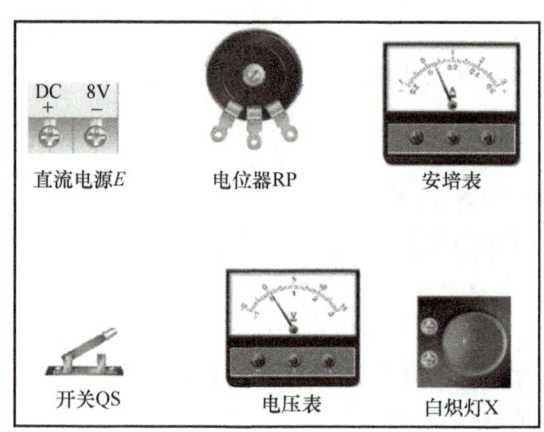

图 1-1 亮度可调的手电筒电路连接示意图

2）简述手电筒电路的工作过程。（提示：什么情况下白炽灯能亮，如何调节其亮度，什么情况下白炽灯不亮）

3）白炽灯的能量转换过程如何？白炽灯可以等效为什么样的理想电气元器件模型。

_____

_____

4）还有哪些理想电气元器件？分别写出它们的文字符号和图形符号。
文字符号：_____
图形符号：_____

5）将亮度可调的手电筒电路中的元器件都用理想电气元器件来表示，按照国家标准中的电气制图规范，将手电筒电路的理想电路模型绘制在图1-2中。

6）当白炽灯用纯电阻 R 来等效时，写出其阻值的计算公式，计算出5V/1W的白炽灯的电阻（额定功率为 P_N，额定电压为 U_N）。

_____

_____

图 1-2 手电筒电路的理想电路模型

 **知识链接**

一、电路的组成

单位时间内通过导体横截面的<u>电荷量</u>叫作<u>电流强度</u>，简称<u>电流</u>。什么是电路？所谓<u>电路</u>，就是由一些电气设备和电子元器件组成的<u>电流流通的闭合路径</u>。随着科技的进步，电的应用越来越广泛。例如，大到跨地区的输电、配电网络电路，小到方寸之间的微电子技术的集成芯片电路，电路的形式多种多样。但是，不论电路的具体形式和复杂程度如何变化，从能量转换的角度看，它们都是由一些最基本的元器件组成。下面以图1-3所示的手电筒电路为例，来探析电路的基本组成。

组成电路的基本元器件如下：

1）<u>电源</u>——把其他形式的能量转换为电能，是电路中能量的来源，是"生产方"。例如，干电池将化学能转换成电能，发电机将机械能转换成电能。电源在电路中起激励作用，是事物的"因"，在其作用下产生的响应（电流和电压）是事物的"果"。

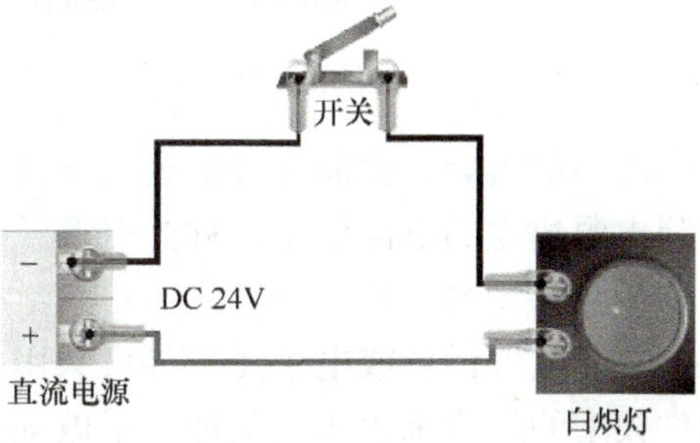

图 1-3 手电筒电路

2）<u>负载</u>——电路中的用电设备，是电路中的"消耗方"，把电能转换成其他形式的能量。例如，白炽灯将电能转换成热能和光能，电动机将电能转换成机械能。

3）<u>中间环节</u>——电路中的连接导线及控制电路通断的开关电器，将电源和负载连接起来，形成电流通路。中间环节还包括保证安全用电所需的保护电器（如熔断器、热继电器）等。

二、电路模型

实际中的电路是由一些电气设备（如各种电源、电动机）和电阻器、电容器、线圈及晶体管等组成的，人们使用这些电气设备和电子元器件是为了利用它们的某种电磁性质，进行电能与其他形式能量之间的转换。按照它们在电路中所表现的电磁性质和能量转换过程，可以归纳为以下几种：

1）向电路提供电能，表现为电源性。

2）在电路中对流过的电流呈现阻碍作用，将电能转换成热能，不可逆的损耗掉了，这种性质称为电阻性。

3）在电路中，电流建立磁场，储存磁场能，表现为电感性。

4）在电路中，带电体上的电荷建立电场，储存电场能，表现为电容性。

当电流流过实际电气设备和电子元器件时，所发生的电磁现象是很复杂的。例如，电路中最常用的电阻器除了具有电阻性之外，电流通过电阻器时还会产生磁场和电场，具有电感性和电容性。如果把所有的电磁性质都考虑进来，会使电路的分析与计算变得非常复杂，甚至难以进行。值得注意的是，实际电气设备和电子元器件所表现出的多种电磁性质在主次和强弱程度上是各不相同的。例如，电阻器、白炽灯、电阻炉等，它们的电磁性质主要表现为电阻性，其电感性和电容性则十分微弱，在一定条件下可忽略不计。实际应用中电感线圈的主要电磁性质是电流建立磁场、储存磁场能，突出表现为电感性。而电容器的主要电磁性质是电荷建立电场、储存电场能，突出表现为电容性。因此，在一定条件下，忽略实际电气设备和电子元器件的一些次要性质，只保留一个主要电磁性质，并用一个足以反映该主要性质的电路模型——理想电气元器件来表示。每一种理想电气元器件都只包含一种电磁性质，例如，理想的电阻元件只包含电阻性，理想的电感元件只包含电感性，理想的电容元件只包含电容性。几种常用的理想电气元器件的图形符号和文字符号如图1-4所示。

电阻元件　　电感元件　　电容元件　　电压源　　电流源

图1-4　理想电气元器件的图形符号和文字符号

理想电气元器件简称理想电路元件（或理想元件）。图1-4中的电压源和电流源是根据实际电源建立的电源模型，称为有源元件。与之对应的，电阻、电感和电容这三种理想元件则称为无源元件或负载元件。

有些电气设备或电子元器件可只用一种电路元件模型来表示，但有一些则需用几种电路元件模型的组合来表示。例如，干电池为一直流电源，既有电源性（具有一定大小的电动势），又有一定的内阻，因此，用电压源与电阻元件的串联组合来表示。这样图1-3所示的手电筒电路就可以用图1-5所示的电路模型表示。所谓电路模型就是由理想电路元件来表示电路的组成。电路模型中的导线也等效为理想导体，其电阻为零。

电路模型是对实际电路中电磁性质的科学抽象与归纳，具有普遍适用意义。以图1-5为例，电压源E和电阻元件R_0的串联组合既可以表示成干电池，也可以表示成任何实际的直流电源。电阻元件R既可以表示成白炽灯，也可以表示成电阻炉、电烙铁，不同的只是它们的电参数（阻值）不一样。

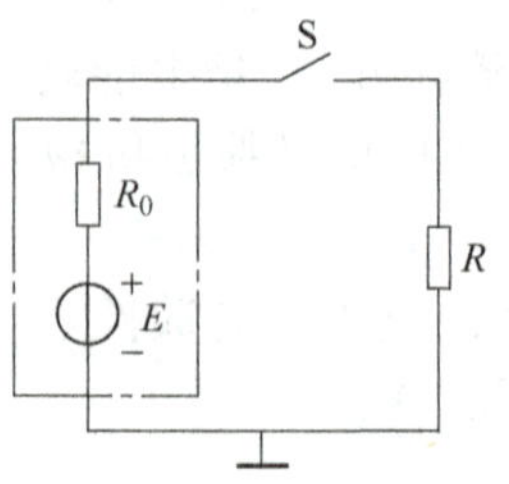

图1-5　手电筒电路的简化电路模型

本书后面所讨论的电路都是由理想电路元件组成的电路模型。

三、电路的作用和分类

电路的基本作用是进行电能和其他形式能量之间的转换。根据侧重点不同，电路可以分为两大类。

一类用于电能的传输、分配与转换。例如，发电厂发电机产生的电能，通过升压变压器升压后，经高压输电线进行高压输电，再通过降压变压器降压后供给用户使用，最后通过电气负载把电能转换为其他形式的能量，这就组成了一个复杂的供配电系统。这类电路的主要要求是传输的电能要足够大、效率要高，通常称这种电路为电力电路，如图1-6所示。

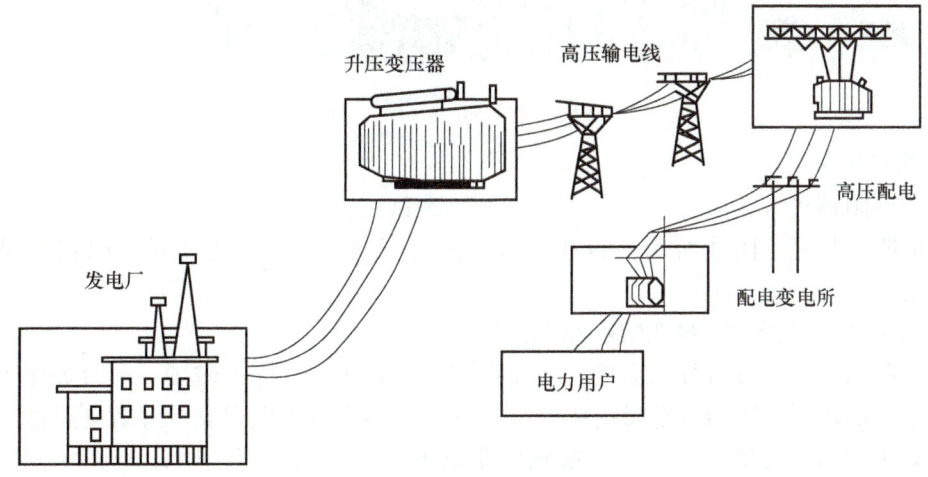

图1-6 电力电路示意图

另一类电路用于信息的传递和处理。例如，各种测量仪器、计算机、自动控制设备及日常生活中的收音机、电视机中的电子电路，在这类电路中的电流或电压携带某种确定的信息，通常电压较低、电流较小，称为信号电路。对信号电路的主要要求是电信号不失真、抗干扰性强。图1-7所示为调频式电涡流位移测量电路，该系统用于测量位移信号。其工作过程：电感线圈与被测金属物体之间的距离为 x，线圈中的交变磁场 H_1 会在金属物体表面产生电涡流，该电涡流产生的交变

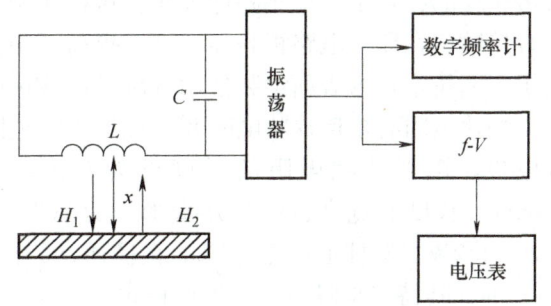

图1-7 调频式电涡流位移测量电路

磁场 H_2 与 H_1 方向相反，将抵抗 H_1 的变化，受电涡流磁场的作用，线圈电感量 L 将发生变化，即位移量 x 的变化转换为线圈电感量 L 的变化，导致 LC 振荡器中振荡频率发生变化，频率可由数字频率计直接测量，也可以通过频率-电压的转换，转换为用电压表测量其电压，并通过所测的频率或电压的变化量来推算出位移的变化量。

四、电阻元件

1. 电阻器

电阻器也称为电阻，在电路中起调节电流、电压的作用（如作为分流器、分压器等），

并将电能转换为热能。据统计,在电子产品中,电阻器约占所用元件总数的35%,是使用最多的电子元件。电阻器在电路模型中可以用理想电阻元件表示。图1-8所示为常见电阻器。

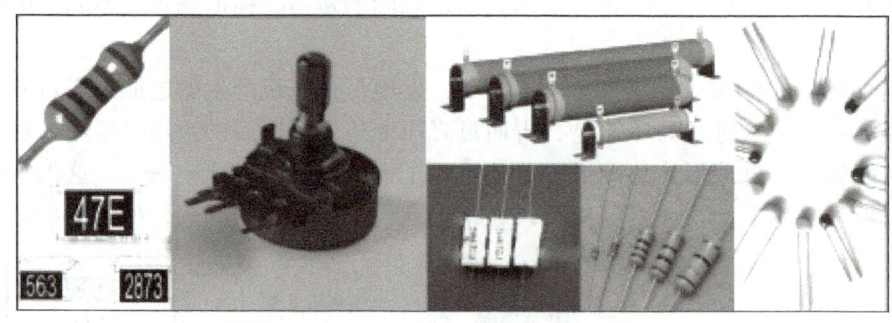

图1-8 常见电阻器

2. 电阻器的分类

常用的电阻器可分为固定电阻器、可变电阻器和敏感电阻器。

固定电阻器依据电阻体所用材料和制造工艺的不同,又可分为薄膜电阻器、线绕电阻器、实心电阻器等。

常用的可变电阻器有滑线变阻器和电位器。

敏感电阻器是指器件特性对温度、电压、湿度、光照、气体、磁场、压力等作用敏感的电阻器。常见的敏感电阻器有热敏电阻器、气敏电阻器、压敏电阻器、湿敏电阻器、光敏电阻器、磁敏电阻器、力敏电阻器等。敏感电阻器的符号是在普通电阻器的符号中间加一斜线,并在旁边标注敏感电阻器的类型。

随着微电子技术的发展,又出现了一种新型电阻器件——表面贴装电阻器,又称贴片电阻。其最主要的特点是小型化和标准化。这种新型电阻体积很小,没有电极引线或引线极短,并可直接贴装在印制电路板表面,极大提高了印制电路板的元件密度和布线密度。这种新型的电子工艺技术称为表面组装技术(Surface Mount Technology,SMT)。

贴片电阻有矩形片状电阻和圆柱形固定电阻,图1-9是其外形图,电阻的两端即为其外部电极。矩形片状电阻的厚度仅为0.5~0.6mm,长度和宽度也仅为几毫米,功率为1/20~1/2W。圆柱形固定电阻的直径通常为1~2mm,其特点是噪声小、工作稳定。

图1-9 贴片电阻

3. 电阻器的参数

了解电阻器的主要参数是合理选择和使用电阻器的前提。其主要参数有标称阻值、额定功率和误差。

标称阻值就是电阻器的"名义"阻值。

额定功率是指在规定使用条件下,电阻器上允许消耗的最大功率。为了保证使用安全,一般要求额定功率比在电路中实际消耗的功率高1~2倍。

误差即电阻器的允许误差,表示其阻值的精度。线绕电阻器的允许误差一般小于±10%,薄膜电阻器的允许误差一般小于±20%。

电阻器的参数有两种标示方法:

1) **直标法**。把标称阻值、额定功率和误差直接标注在电阻体上，如图 1-10 所示。
2) **色标法**。随着新电阻材料的不断出现，再加上集成电路的应用、所需电阻器阻值的减小，使得电阻器的体积越来越小，直标法遇到了困难，色标法的应用得到推广。色标法是用标注在电阻体上的四条或五条不同颜色的色环，表示电阻器的标称阻值和误差。

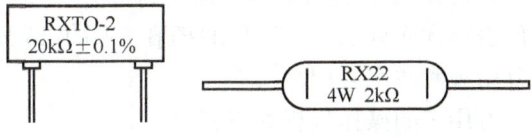

图 1-10 电阻直标法示意图

4. 线性电阻元件的伏安特性

电阻元件对电流的阻碍作用可用其两端的电压 U 与通过元件的电流 I 的关系表示，这种关系称为伏安特性。在 U-I 直角坐标平面上表示这一关系的曲线称为伏安特性曲线。线性电阻元件的伏安特性曲线是一条通过坐标原点的直线，如图 1-11 所示。

5. 电位器

电位器是具有 3 个引出端、阻值可按某种变化规律调节的电阻元件。电位器通常由电阻体（碳膜）和可移动的电刷（滑片）组成。当调节电位器的转轴或滑柄时，动触点在电阻体上滑动，此时在电位器的输出端可获得与电位器外加电压和可动臂转角或行程呈一定关系的输出电阻值或电压。如图 1-12 所示，A、B 为电阻滑轨的两个引出端，是电阻体的两端，P 与可移动滑片的一端连接，转动转轴即可改变滑片在电阻滑轨中的位置，从而改变 AP 和 PB 之间的电阻值。

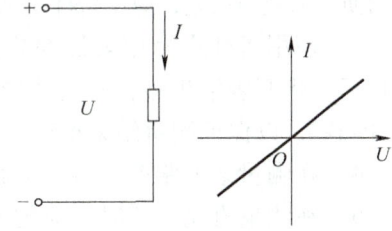

图 1-11 线性电阻元件的伏安特性曲线

6. 欧姆定律

对于线性电阻元件，其伏安特性遵循欧姆定律，即线性电阻元件的伏安特性曲线表明，流过电阻元件的电流 I 与加在其两端的电压 U 成正比。当电流和电压的参考方向为关联参考方向时（见图 1-11），欧姆定律表示为

$$U = IR \qquad (1\text{-}1)$$

式中，R 为电阻元件的电阻，其定量表示电阻元件对电流阻碍作用的大小。在国际单位制中，电阻的单位是欧［姆］(Ω)。

需要注意的是，线性电阻元件的电阻值 R 是常数，与通过它的电流或端电压无关，是电阻器自身的参数，可利用欧姆定律的公式来计算电阻值。

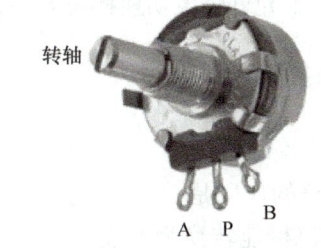

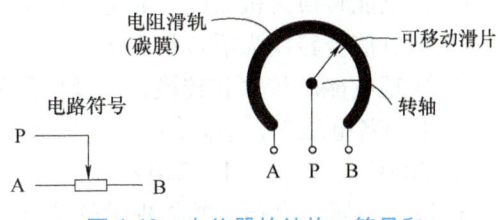

图 1-12 电位器的结构、符号和内部原理简图

非线性电阻元件的伏安特性不遵循欧姆定律，它的电阻值 R 并不是常数，而是与通过它的电流或端电压有关。

五、万用表

万用表（Multimeter）又称多用表，是一种带有整流器并可以测量交/直流电流、电压及电阻等多种电参数的磁电式仪表。对于每一种电参数，万用表一般都有几个量程。万用表是由磁电系电流表（表头）、测量电路和选择开关等组成的。通过选择开关的变换，可方便地对多种电参数进行测量。常见的万用表有指针式万用表和数字万用表。表笔分为红、黑两只。在使用时应将红色表笔插入标有"+"号的插孔，黑色表笔插入标有"-"号的插孔。图1-13所示为指针式万用表和数字万用表。

万用表的操作规程如下：

1）使用前应熟悉万用表各项功能，根据被测量的不同，选择合适的档位、量程及表笔插孔。

2）对于指针式万用表，当被测数据大小不确定时，应先将量程开关置于最大值，再逐步由大量程档往小量程档切换，为减小误差，应使指针指示在满刻度的1/2以上。

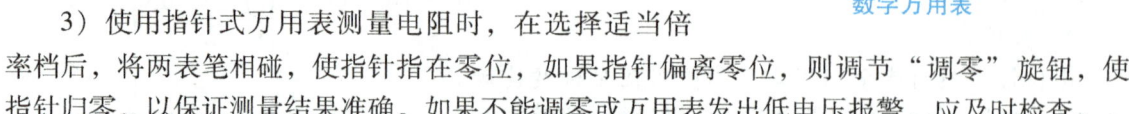

图1-13 指针式万用表和数字万用表

3）使用指针式万用表测量电阻时，在选择适当倍率档后，将两表笔相碰，使指针指在零位，如果指针偏离零位，则调节"调零"旋钮，使指针归零，以保证测量结果准确。如果不能调零或万用表发出低电压报警，应及时检查。

4）在测量某电路电阻时，务必切断被测电路的电源，不得带电测量。

5）在测量直流电压时，应把万用表并联在被测电路上，需注意被测点电压的极性，即把红表笔接电压高的一端，黑表笔接电压低的一端，防止指针反向偏转。

6）在测量直流电流时，应把万用表串联在被测电路中，应注意电流的方向，即把红表笔接电流流入的一端，黑表笔接电流流出的一端，即电流"+"进"-"出。

7）使用万用表进行测量时，要注意人身和仪表设备的安全，测量中不得用手触摸表笔的金属部分，不允许带电切换档位开关，以确保测量准确，避免发生触电和烧毁仪表等事故。

巩固提高

一、选择题

1. 电路的作用是（　　）。
   A. 把机械能转换为电能
   B. 把电能转换为机械能、光能、热能
   C. 把电信号转换为语言和音乐
   D. 实现电能的传输和转换，以及信号的传递和处理

2. 下列各电压中，最高的是（　　）。
   A. 380V　　　　B. 220V　　　　C. -36V　　　　D. -110kV

3. 以下不属于电路主要物理量的是（　　）。
   A. 电流　　　　B. 电压　　　　C. 功率　　　　D. 质量

二、填空题

电路可以说成是由_____、_____、_____三部分组成的。

三、设计题

设计由两个开关控制两盏灯的电路，要求两盏灯相互独立，互不影响，所给元器件有一个电源模块、两个按钮开关、两盏灯、导线若干，如图1-14所示。

1）完成图1-14所示电路中元器件的连接。

2)用理想电路元件(按电路图绘制标准)在图 1-15 中画出对应的电路连接图。

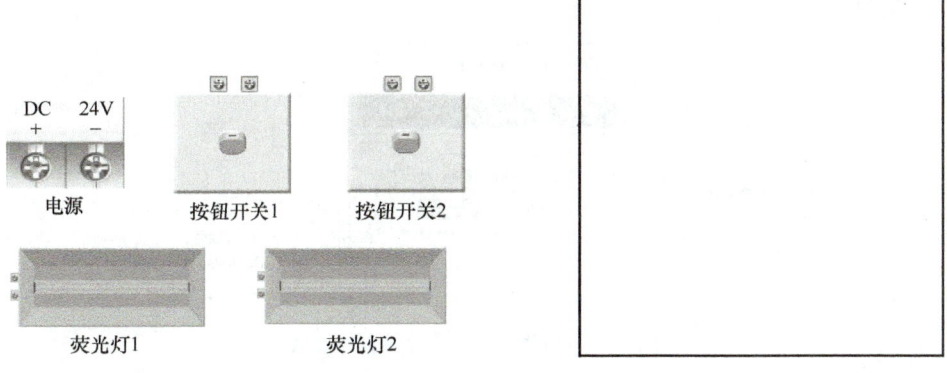

图 1-14　双灯独立控制电路元器件示意图　　　　图 1-15　双灯独立控制电路连接图

任务二　基于 Multisim 的手电筒电路仿真

任务导学

工程中经常需要测量电路中电流的大小或某元器件的端电压,通过查找电流、电压的测量案例,思考在测量电流、电压时仪表应如何接线,以及是否需要考虑正、负极性。

任务说明

基于 Multisim 仿真软件(简称 Multisim)绘制任务一中的手电筒电路模型并进行仿真分析,测出白炽灯的端电压和流过白炽灯的电流,观察电位器改变时白炽灯亮度的变化情况,记录过程中的数据,根据电路中电参数的大小和方向总结白炽灯的伏安特性。然后,更改直流电源的方向,观察万用表的测量值将如何变化。

任务实施

1)根据图 1-16a 所示手电筒电路的电路原理图,基于 Multisim 构建仿真电路,进行仿真接线,完成图 1-16b。

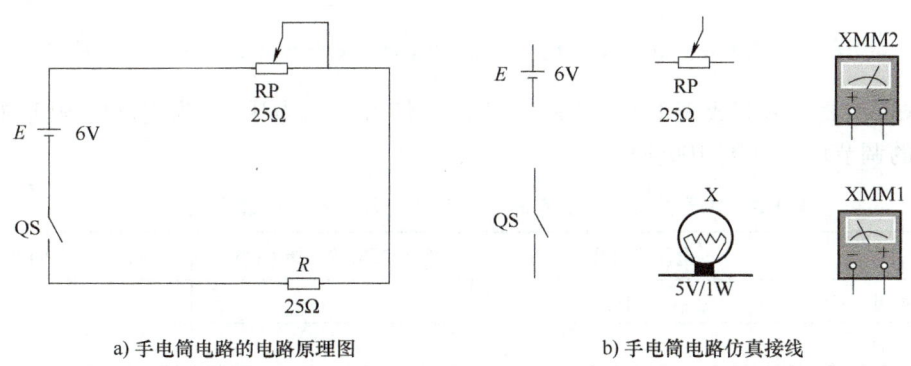

a)手电筒电路的电路原理图　　　　　　　b)手电筒电路仿真接线

图 1-16　手电筒电路的电路原理图及仿真接线

2）图 1-17 所示为 Multisim 仿真软件中的万用表。写出其测量模式和参数类型，完成表 1-1 和表 1-2。

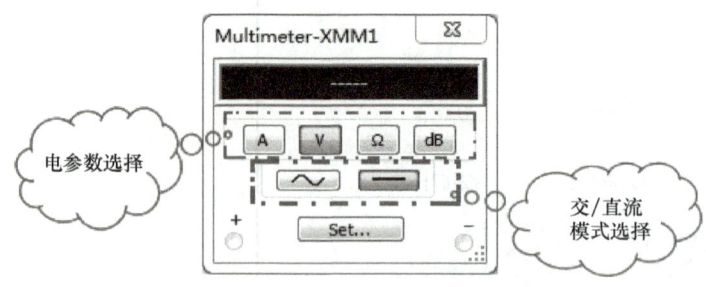

图 1-17　Multisim 中的万用表示意图

表 1-1　Multisim 中万用表电参数的含义

电参数	A	V	Ω	dB
被测电参数				

表 1-2　Multisim 中万用表交/直流模式选择

交/直流模式	~	—
被测模式		

3）应用 Multisim 中万用表测量电参数时，如何选择其测量模式和参数类型，写出操作步骤。图 1-18 所示的万用表 XMM1 和 XMM2 分别表示对什么电参数进行测量？

_____

_____

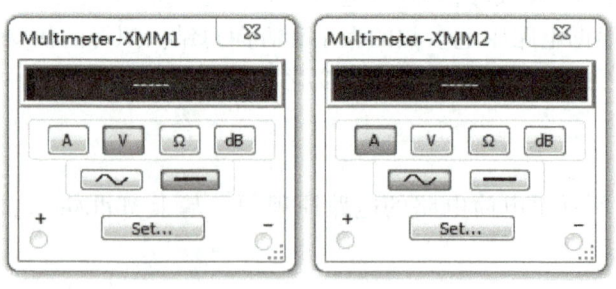

图 1-18　Multisim 中万用表的测量模式和参数类型的选择

4）根据仿真结果完成表 1-3，表中 U_1 为白炽灯 X 的端电压，I 为流过白炽灯的电流，α 为电位器的调节增量（0~100%）。

表 1-3　基于 Multisim 的手电筒电路的电压、电流仿真参数记录表

开关状态	电位器调节增量 α	白炽灯的端电压 U_1/V	流过白炽灯的电流 I/mA
断开	任意		
闭合	0		
闭合	20%		

（续）

开关状态	电位器调节增量 α	白炽灯的端电压 U_1/V	流过白炽灯的电流 I/mA
闭合	40%		
闭合	60%		
闭合	80%		
闭合	100%		

5）观察调节电位器时白炽灯的亮灭变化情况，并总结规律。

6）总结白炽灯的端电压 U_1 和流过的电流 I 与电位器调节增量 α 的变化之间的关系。（提示：从电参数大小进行分析）

7）总结手电筒电路中的电压和电流之间的数值关系（提示：从两种电参数之间的关系进行分析）。

8）通过仿真数据总结电路中各元器件的电压之间的关系，用数学公式表示（假设直流电压源用 E 表示，白炽灯等效电阻 R 的端电压为 U_1，电路中流过的电流为 I，各参数的参考方向已在图1-19中标出）。

9）仅更改直流电源的方向，如图1-20所示。保持万用表的接线不变，重新记录仿真中的参数，填入表1-4。

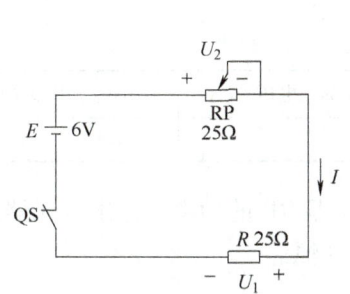

图1-19　手电筒电路中各参数的
符号及参考方向

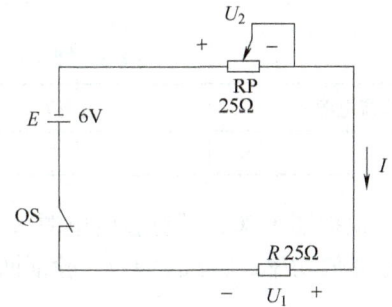

图1-20　仅更改直流电源方向
后的手电筒电路

表1-4　更改直流电源方向后的电压、电流参数记录表

开关状态	电位器调节增量 α	白炽灯的端电压 U_1/V	流过白炽灯的电流 I/mA
断开	任意		
闭合	0		

（续）

开关状态	电位器调节增量 α	白炽灯的端电压 U_1/V	流过白炽灯的电流 I/mA
闭合	20%		
闭合	40%		
闭合	60%		
闭合	80%		
闭合	100%		

10）分析更改直流电源方向后的电路仿真结果，总结规律并说明结果变化的原因。（提示：从电流、电压的方向进行分析）

11）电路中电流、电压的实际方向如何确定？

12）根据欧姆定律、串联回路方程，求解图 1-19 中电阻 R 的端电压 U_1、电位器 RP 的端电压 U_2、回路中的电流 I，完成表 1-5。

表 1-5　手电筒电路中各电参数的计算公式及结果

名称	计算公式	计算结果（RP 中 α=50%）
串联回路中各元器件之间的电压方程		
电路中的电流 I	$I=$	
电阻 R 的端电压 U_1	$U_1=$	
电位器 RP 的端电压 U_2	$U_2=$	

13）将 RP 中 α=50% 时各电参数的仿真结果填入表 1-6 中，与表 1-5 中的计算结果进行对比。

表 1-6　理想化电路模型中各元器件的电参数

直流电源 E	电流 I	电阻 R 的端电压 U_1	电位器 RP 的端电压 U_2

14）根据图 1-20，计算直流电源 E、电阻 R 和电位器 RP 的功率，指出各元器件是吸收功率还是释放功率，完成表 1-7，验证回路中功率是否守恒。

表 1-7　直流电路中各元器件的功率计算表

元器件名称	功率计算公式	功率大小	吸收功率还是释放功率
电压源 E			
电阻 R			
电位器 RP			
结论：			

知识链接

电流、电压是表示电路状态及对电路进行定量分析的基本物理量。电流、电压都是矢量，既有大小，也有方向，如何确定电流、电压的实际方向呢？

一、电流的参考方向

什么是电流？带电粒子有规则地定向运动形成电流。电流的大小用单位时间内通过某导体横截面的电荷量来表示。在直流电路中，电流的大小和方向都不随时间变化。假设在时间 t 内，通过某导体横截面的电荷量为 Q，则电路中的电流 I 可表示为

电流的参考方向

$$I = \frac{Q}{t} \tag{1-2}$$

在国际单位制中，电荷 Q 的单位是库［仑］(C)，时间 t 的单位是秒（s），电流 I 的单位是安［培］(A)。

电流的实际方向如何确定？一般规定电流的实际方向为正电荷的运动方向。在简单电路中，电流的实际方向很容易确定。例如，在图 1-5 所示电路中，电流的实际方向是由电源的正极流出、经过电阻（白炽灯）、流回电源负极。但在较为复杂的电路中，一段电路中电流的实际方向有时很难预先确定。为了分析和计算电路需要，引入电流参考方向这一概念。参考方向也称假定正方向，简称正方向。

什么是参考方向？所谓参考方向，就是在一段电路里，电流的方向有两种可能，在电流可能的两个实际方向中，任意选择一个作为标准，也就是作为参考，并用实线带箭头的线段标出，如图 1-21 所示。当电流的实际方向（用虚线带箭头的线段标出）与该参考方向相同时，电流 I 为正值（$I>0$）；当电流的实际方向与该参考方向相反时，电流 I 为负值（$I<0$），图 1-21 中的方框是表示一段电路的普遍适用方法，它既可以是一个电路元件，也可以是多个电路元件的组合。

通过以上分析可知，电流的参考方向是人为规定的，是用来求解电流实际方向的一种办法。在选定电流的参考方向后，电流 I 为一个代数量（带有正、负符号的数值），可正、可负。参考方向与该代数量结合，才能确定电流的实际方向。

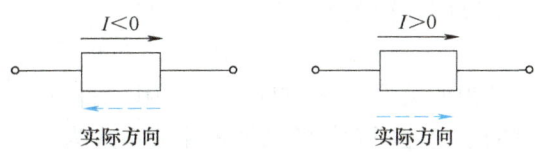

图 1-21　电流的参考方向

二、电压的参考方向

电压是衡量电场力（推动正电荷运动）对电荷做功的能力的物理量。在电路中，A、B 两点之间的电压在数值上等于电场力把单位正电荷从 A 点移动到 B 点所做的功。若电场力移动的电荷量是 Q，所做的功是 W，则 A、B 两点之间的电压可用式（1-3）计算：

电压的参考方向

$$U_{AB} = \frac{W}{Q} \tag{1-3}$$

在国际单位制中，功（能量）W 的单位是焦［耳］(J)。

电压也有方向,电压的实际方向如何确定?规定电压的实际方向为从 高电位点指向低电位点。电场力推动正电荷沿着电压的实际方向运动,电位逐点降低。此时,电场力对正电荷做正功。

如同确定电流的实际方向一样,首先需要对电流选定参考方向。在分析、计算电路问题时,往往也很难预先知道一段电路中电压的实际方向。为此,对电压也要选取参考方向。在图 1-22 所示中,规定 A 为高电位点,标以"+"号,B 为低电位点,标以"-"号,即选取该段电路电压的参考方向从 A 指向 B。当电压的实际方向与参考方向一致时,电压是正值;不一致时,电压是负值。这表明,引入了电压的参考方向之后,电压是一个代数量(带有正、负符号的数值)。借助于电压的正、负值,并结合它的参考方向,就能够确定电压的实际方向。

电压的参考方向可以用以下两种方法表示:

1)用"+""-"号分别表示假设的高电位点和低电位点。
2)用双下标字母表示,如 U_{AB},第一个下标字母 A 表示假设的高电位点,第二个下标字母 B 表示假设的低电位点,因此有 $U_{AB} = -U_{BA}$。

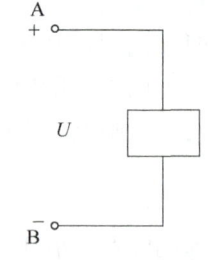

图 1-22 电压参考方向

这两种方法所代表的意义相同,使用时,可任选其中一种。

三、电流、电压的关联参考方向

电压、电流的关联参考方向

从前面的分析可知,电流、电压的参考方向可以任意选取。但是为了分析、计算方便,对于同一段电路的电流和电压,往往采用关联参考方向,什么是关联参考方向?如图 1-23a 所示,电流、电压的关联参考方向就是使两者的参考方向一致,电流自假设的高电位点"+"流向低电位点"-",即电流的流向与电压降的方向一致(电流的流向由"+"到"-",或者由"高"到"低")。与之相反,电流、电压之间采用非关联参考方向,如图 1-23b 所示。

对于线性电阻元件来说,在电流、电压为关联参考方向时,电阻元件的端电压与流过的电流之间满足的欧姆定律关系式为

$$U = IR \quad (1-4)$$

若为非关联参考方向,则电阻元件的端电压与流过的电流之间满足的欧姆定律关系式为

$$U = -IR \quad (1-5)$$

为了简便,今后在分析、计算电路时,同一段电路的电流、电压一般均假设为关联参考方向。

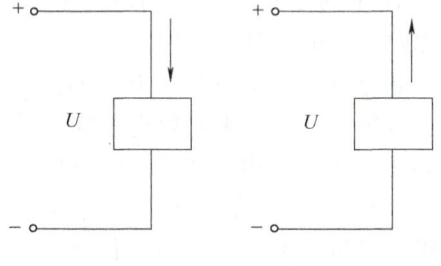

a)关联参考方向　　　b)非关联参考方向

图 1-23 电流、电压的关联参考方向与非关联参考方向

四、电功率

一段电路或某一电路元件在单位时间内所吸收(消耗)或释放(产生)的电能称为电功率。在直流电路中,电功率为

$$P = UI \quad (1-6)$$

在国际单位制中,功率的单位是瓦[特](W)。1 瓦(W)功率等于每秒吸收或提供 1 焦[耳](J)的能量。

相对于确定的参考方向,U 和 I 都有可能是正值或负值,所以用式(1-6)算出的电功

率 P 可能是正值，也可能是负值。以图 1-23a 所示电路为例，当电流 I 和电压 U 为关联参考方向时，若计算得出的 P 为正值，则表明这一段电路是吸收电功率的。这是因为 P 为正值，必然是 U、I 同为正或同为负。物理意义是，这时电流（正电荷）在电场力作用下从高电位点流向低电位点，是电场力做功，将电能转换成其他形式的能量。反之，在电流 I 和电压 U 为关联参考方向时，若计算得出的 P 为负值，则表明这一段电路是释放电功率。

当电流 I 和电压 U 为非关联参考方向时，计算得出的 P 是正值，这一段电路是释放电功率的。反之，计算得出的 P 是负值，则表明这一段电路是吸收电功率的。

五、Multisim 仿真软件中万用表的使用

Multisim 仿真软件提供的普通虚拟数字万用表外观与实际的万用表相似，但测量面板的操作更加方便、灵活，测试功能更加强大。

数字万用表可以用来测量电流、电压、电阻和分贝值等电参数，还可以对直流信号或交流信号进行测量，并根据被测参数的大小自动修正量程。

图 1-24 所示为 Multisim 仿真软件中数字万用表的图标及面板。理想的数字万用表在电路测量时，对电路不会产生任何影响，即电压表不会分流、电流表不会分压，但在实际中都达不到这种理想要求，总会产生测量误差。

虚拟仪器为了仿真这种实际存在的误差，引入了内部设置。在 Multisim 仿真软件中，可以通过设置虚拟数字万用表的内部参数来真实模拟实际仪表的测量结果。在功能设置区有 6 个按钮，当需要选择某项功能时，只需单击相应的按钮即可。

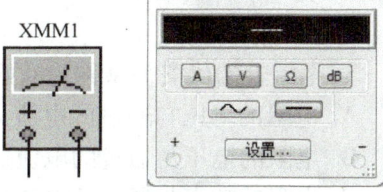

图 1-24 数字万用表的图标及面板

1) A（电流档）：测量电路中某支路的电流。测量时，数字万用表应串联在待测支路中。用作电流表时，数字万用表的内阻非常小（$1n\Omega$）。

2) V（电压档）：测量电路两节点之间的电压（某段电路的端电压）。测量时，数字万用表应与两节点并联。用作电压表时，数字万用表的内阻非常高，可以达到 $1G\Omega$。

3) Ω（欧姆档）：测量电路两节点之间的电阻。被测节点与节点之间的所有元件当作一个"元件网络"。测量时，数字万用表应与"元件网络"并联。

4) dB（分贝档）：测量电路两节点之间电压降的分贝值。

5) 交流信号（~）或直流信号（—）：用于选择被测量是交流信号或直流信号。

6) 设置：单击"设置"按钮，弹出如图 1-25 所示的"Multimeter Settings"（数字万用表设置）对话框，从中可以对数字万用表的内部参数进行设置。

① "Electronic setting"（电气特性设置）选项区的各选项功能如下：

Ammeter resistance（R）：设置测试电流时表头的内阻，其大小影响电流的测量精度。

Voltmeter resistance（R）：设置测试电压时表头的内阻。

Ohmmeter current（I）：设置测试电阻时流过表头的电流值。

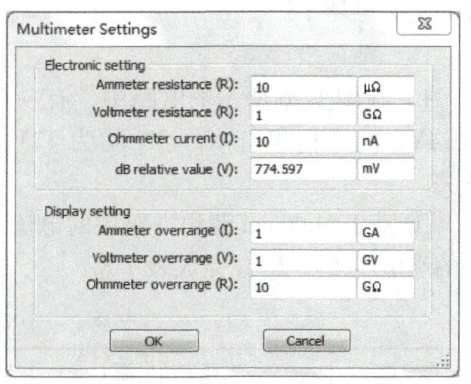

图 1-25 数字万用表设置对话框

dB relative value（V）：用于设置分贝相对值，预先设置为 774.597mV。

②"Display setting"（显示特性设置）选项区各选项功能如下：

Ammeter overrange（I）：设置电流表的测量范围。

Voltmeter overrange（V）：设置电压表的测量范围。

Ohmmeter overrange（R）：设置欧姆表的测量范围。

设置完成后，单击"OK"按钮保存设置；单击"Cancel"按钮取消本次设置。

巩固提高

一、填空题

电阻 R_1、R_2 并联，电阻值比为 $R_1:R_2=2:5$，则电流比为＿＿＿＿＿＿，电压比为＿＿＿＿＿＿，功率比为＿＿＿＿＿＿。

二、选择题

1. 两个阻值相同的电阻器串联后的等效电阻与并联后的等效电阻之比是（　　）。
   A. 4∶1　　　　　B. 1∶4　　　　　C. 1∶2　　　　　D. 2∶1
2. 电阻串联的主要作用是串联分压，其分压规律为（　　）。
   A. 大电阻分低电压　　　　　　　　B. 小电阻分高电压
   C. 大电阻分高电压　　　　　　　　D. 电压保持不变
3. 电阻上的伏安关系称为欧姆定律，是指（　　）。
   A. 电阻的电压与通过的电流成反比
   B. 电阻的电压与通过的电流成正比
   C. 电阻的功率与通过的电流成正比
   D. 电阻的功率与通过的电压成反比
4. 某电阻元件的额定参数为"2kΩ/5W"，正常使用时允许流过的最大电流为（　　）。
   A. 25mA　　　　　B. 2.5mA　　　　　C. 50mA　　　　　D. 20mA
5. 一个电阻元件，当电流减小为原来的 1/2 时，功率减小为原来的（　　）。
   A. 1 倍　　　　　B. 1/2 倍　　　　　C. 1/4 倍　　　　　D. 1/8 倍

三、判断题

1. 电阻并联时的等效电阻值比其中最小的电阻值还要小。　　　　　　　　（　　）
2. 若干电阻串联时，其中阻值越小的电阻，通过的电流也越小。　　　　　　　　　　　　　　　　　（　　）

四、仿真设计题

1）在图 1-26 所示的电路中，有一个直流电源 E 为 24V，两个白炽灯 X_1、X_2 均为 12V/10W，QS 为开关。

①基于 Multisim 测出电路中的电流 I 和两个白炽灯的端电压 U_1、U_2，完成表 1-8。

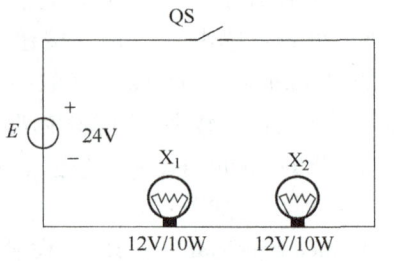

图 1-26　仿真电路图 1

表 1-8　仿真电路的电参数

电参数	电路中的电流 I	X_1 白炽灯的端电压 U_1	X_2 白炽灯的端电压 U_2
仿真数值			

② 计算白炽灯的电阻。

③ 总结电路中的电流和电压特性，并用公式表示。

2）在图 1-27 所示的电路中，直流电源 E 为 12V，两个白炽灯 X_1、X_2 均为 12V/10W，QS 为开关。

① 测出电路中的总电流 I、流过白炽灯 X_1 的电流 I_1、流过白炽灯 X_2 的电流 I_2 及两个白炽灯的端电压 U_1、U_2，完成表 1-9。

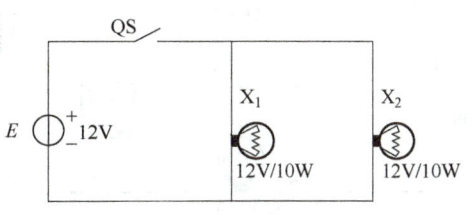

图 1-27　仿真电路图 2

表 1-9　仿真电路的电参数

电参数	电路中的总电流 I	流过白炽灯 X_1 的电流 I_1	流过白炽灯 X_2 的电流 I_2	白炽灯 X_1 的端电压 U_1	白炽灯 X_2 的端电压 U_2
仿真数值					

② 总结电路中的电流和电压特性。

任务三　照明电路工作状态分析

任务导学

生产生活中的照明电路（如手电筒电路）存在几种工作状态？为什么有时灯不亮？为什么有时灯不够亮或者太亮？开关设备为什么会跳闸？

任务说明

基于亮度可调的手电筒电路，分析电路的工作状态，总结各种工作状态中电参数的特点。

任务实施

1）如图 1-28 所示，当开关 QS 断开时，电路中两个万用表的数值是多少？其中万用表 1（XMM1）用来测量白炽灯的端电压，万用表 2（XMM2）用来测量电路中的电流。

2）当图 1-28 中开关 QS 闭合时，电路中两个万用表的数值是多少（假设电位器 RP 的调节量 $\alpha = 50\%$）。

3）如图 1-29 所示，开关 QS 闭合，电位器调到最小档位（电位器调节增量 $\alpha=0$），白炽灯的两端用一导线连接时，电路中两个万用表的数值是多少？

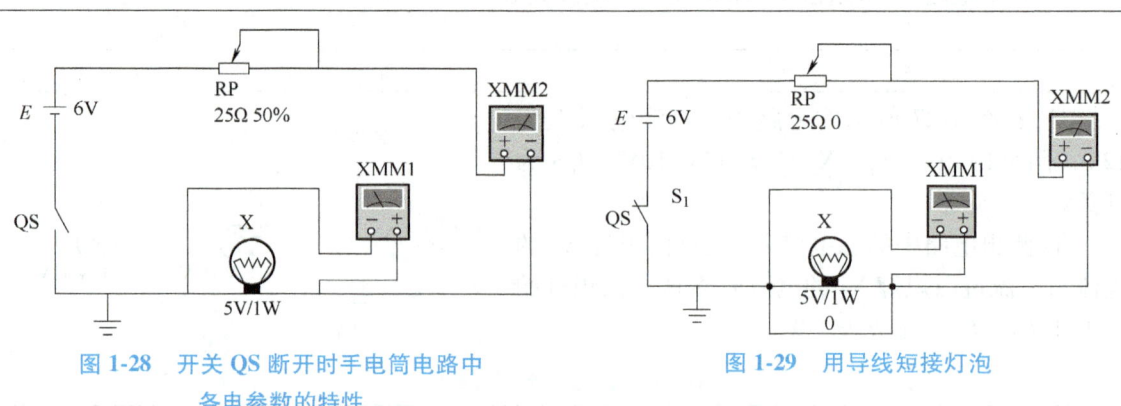

图 1-28　开关 QS 断开时手电筒电路中各电参数的特性

图 1-29　用导线短接灯泡

4）如图 1-30 所示，开关 QS 闭合，电路中串联两个白炽灯 X_1、X_2，其中白炽灯 X_1 用导线短接，电路中三个万用表的数值是多少（假设电位器 RP 的调节量 $\alpha=50\%$）？其中万用表 1（XMM1）测量电路中的电流，万用表 2（XMM2）测量白炽灯 X_1 的端电压，万用表 3（XMM3）测量白炽灯 X_2 的端电压。

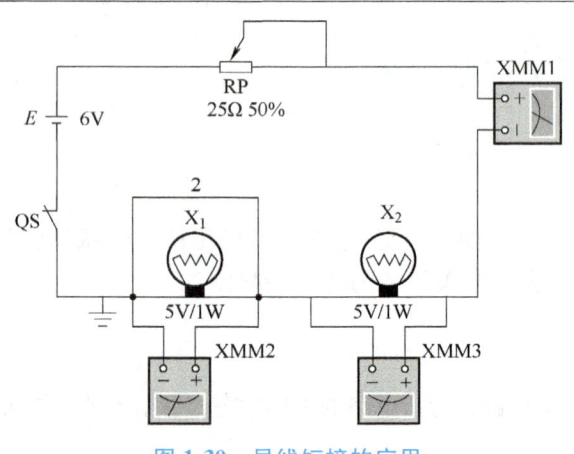

图 1-30　导线短接的应用

5）思考第 4 步中把白炽灯 X_1 用导线短接的做法在实际工程中是否有应用？（提示：可从电路检修、排故等方面分析）

知识链接

一、开路

当负载不用电或者检修电源设备及排除电路故障时，都需要把负载与电源隔开，如图 1-31

所示，E 为电源电动势，R_0 为电源的等效内阻，QS 为开关，R 为负载。负载与电源之间用开关 QS 隔开，电路的这种状态称为开路，又称断路。

开路状态下，电路电流为零。电源不向负载释放功率，又称为空载状态。

负载一侧的电压 $U_1=0$。电源一侧的电压 $U=E$，利用这个特点可以用电压表测出电源的电动势。

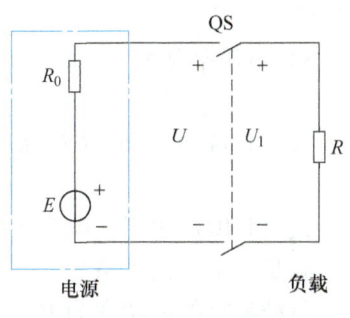

图 1-31　电路开路状态

二、短路

从广义上说电路的任何一部分被电阻等于零的导线连接起来（图 1-32 中虚线连接部分），使该电路两端电压等于零，这种现象称为短路。图 1-32 所示是电源两端被短路的情况，其中，E 为电源电动势，R_0 为电源的等效内阻，QS 为开关，R 为负载，U 为负载端电压，I 为流过负载的电流，I_{SC} 为短路电流。

由于电源两端直接经过短路导线形成闭合回路，使其端电压 $U=0$，流过负载的电流 $I=0$，负载吸收的电功率为零。

此时流过电源的电流 $I_{SC}=\dfrac{E}{R_0}$，称为短路电流。通常电源的内阻 R_0 很小，所以短路电流 I_{SC} 很大，可能是正常工作电流的几十倍，甚至更大。电源产生的电功率 P 全部消耗在内阻上，$P=I_{SC}^2R_0$ 将产生大量热量，会造成人员伤害或设备损坏，是一种严重的事故，应尽力避免。为此要在电路上加装保护电器，如熔断器。

除了电源短路之外，有时还根据需要，将电路的某一部分或某一元件短路。如图 1-33 所示，当不需要测量电流时，可以用闭合开关 QS 的方法，将电流表短路，以保护电流表。

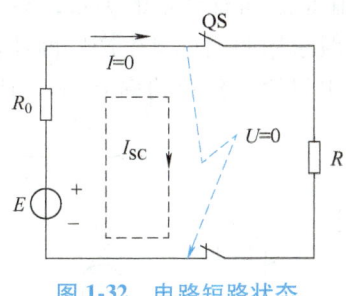

图 1-32　电路短路状态

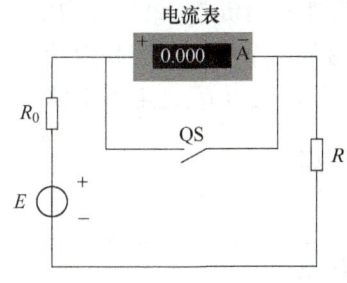

图 1-33　有用短路

三、负载工作状态和电气设备的额定值

如图 1-34 所示，当开关闭合，电源与负载接通，电源向负载提供电功率，这种状态就是负载工作状态。其中，E 为电源电动势，R_0 为电源的等效内阻，QS 为开关，R 为负载，U 为负载端电压，I 为流过负载的电流。

负载工作状态下，电路中的各电参数如下：

1）电流

$$I=\dfrac{E}{R_0+R} \tag{1-7}$$

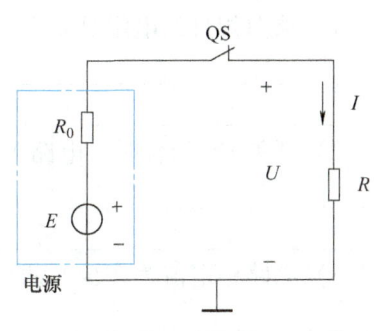

图 1-34　负载工作状态

2）电源的端电压，即负载电压
$$U = IR = E - IR_0 \tag{1-8}$$
3）电压平衡方程
$$E = IR_0 + IR \tag{1-9}$$

式（1-9）两边乘以 I，得到功率平衡方程为
$$EI = I^2 R_0 + I^2 R \tag{1-10}$$

式（1-10）表明，电源产生的总电功率 $P_E = EI$，是电源内阻 R_0 和负载 R 吸收电功率之和，满足功率平衡关系。

负载吸收的电功率为 $P_R = I^2 R = UI$。

电源输出的电功率为 $P = EI - I^2 R_0$，且 $P_R = P$。

对于任何一个电气设备，所能承受的电压、电流等都有一定的限额，使用时如果超过其承受限额，会导致设备发热、温升过高或内部绝缘材料受损，降低设备使用寿命。为了使电气设备长期安全可靠运行，就必须规定一些必要的限额使用数值，如额定电压 U_N、额定电流 I_N、额定功率 P_N 等，总称为设备的额定值。电气设备的额定值一般都标示在设备的铭牌上或列入产品说明书及产品使用手册中。

实际使用时，如果设备刚好运行在额定值下，则称为额定工作状态。这时设备得到最充分、最经济合理的应用。设备在低于额定值的状态下运行，设备不仅未被充分利用，还会出现工作不正常的情况（如照明灯具亮度不足、电动机转速过低等），严重时还会损坏设备。设备在高于额定值下运行，若超过不多，持续时间不长，不一定造成明显事故，但可能影响设备的使用寿命，所以一般也是不允许的。

每一个电气设备及电路元件都有若干个额定值，这些额定值之间有确定的关系。因此，在它们的铭牌上或产品说明书中往往只给出最主要、最常用的部分额定值，其他额定值可自行计算。对于电阻性质的负载，由于其 P_N、U_N、I_N 及电阻 R 之间有确定的关系，只要给出其中任意两个，另外两个值就可容易地计算出来。所以一般家用照明灯具生产厂商往往只给出额定功率 P_N 和额定电压 U_N，电子电路中使用的电阻器也只给出额定功率 P_N 和电阻值 R_N。

巩固提高

1. 通路、_____、_____是电路的三种状态。

2. 如图 1-35 所示，直流电源 E 为 18V，两个 5V/1W 的白炽灯 X_1、X_2，QS 为开关。

1）求白炽灯的电阻是多少？

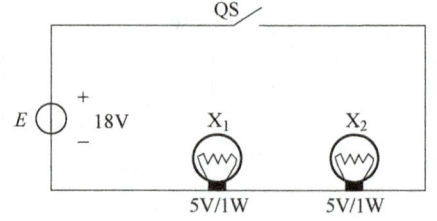

图 1-35 电路工作状态图

2）开关 QS 闭合时，电路工作在什么状态？

3）电路中电流为多少？两个白炽灯能正常工作吗？

任务四 复杂直流电路的分析、计算和仿真

任务导学

在复杂电路中,如何求解电参数?什么是电荷守恒定律?什么是电压守恒定律?

任务说明

复杂电路示例如图 1-36 所示,$U=10\text{V}$,$I_S=0.15\text{A}$,X_1、X_3 为 5V/1W 的白炽灯,X_2、X_4、X_5 为 4V/0.5W 的白炽灯。计算流过各白炽灯的电流和各白炽灯的端电压及电流源的端电压,分析各白炽灯的工作状态。

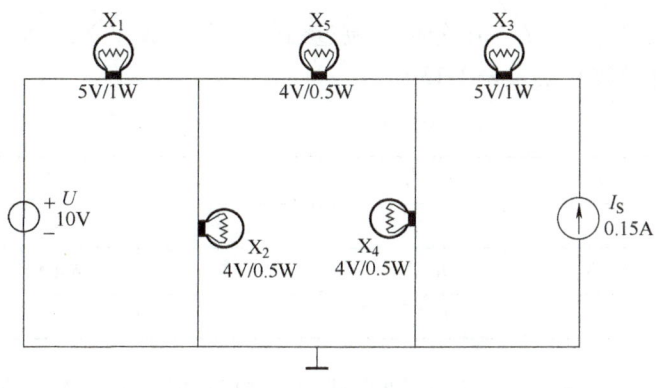

图 1-36 复杂电路示例

任务实施

1)将图中 1-36 中的白炽灯用理想元件来等效,计算各白炽灯的电阻值,完成表 1-10。

表 1-10 复杂电路中的等效电阻

元件名称	白炽灯 X_1	白炽灯 X_2	白炽灯 X_3	白炽灯 X_4	白炽灯 X_5
阻值					

2)用理想化电路模型重新绘制图 1-36 电路于图 1-37 中。

3)图 1-37 中包含哪些支路、节点、回路和网孔,填入表 1-11。

4)由图 1-37 可知,电路有_____个未知电参数,分别是:_____;电路中共有_____个节点,可列_____个独立的 KCL 方程;共有_____个网孔,可列_____个独立的 KVL 方程。分别列出求解电参数所需的独立的 KCL、KVL 方程于表 1-12 中。

图 1-37 理想化电路模型

表 1-11 复杂电路中的支路、节点、回路和网孔

支路	
节点	
回路	
网孔	

表 1-12 复杂电路 KCL、KVL 方程

基尔霍夫电流定律方程（KCL 方程）	基尔霍夫电压定律方程（KVL 方程）

5) 支路电流 I_1、I_2、I_3、I_4、I_5 分别为流过白炽灯 X_1、X_2、X_3、X_4、X_5 的电流。代入参数，联立求解各电参数并填入表 1-13 中。

表 1-13 电路中电参数的求解

支路电流	I_1	I_2	I_3	I_4	I_5
数值/A					
元器件端电压	$R_1(X_1)$	$R_2(X_2)$	$R_3(X_3)$	$R_4(X_4)$	$R_5(X_5)$
数值/V					

6) 支路电流 I_1、I_2、I_3、I_4、I_5 分别为流过白炽灯 X_1、X_2、X_3、X_4、X_5 的电流。基于 Multisim 求解图 1-36 中各支路的电流和元器件的端电压，完成表 1-14。

表 1-14 基于 Multisim 求解的电参数

支路电流	I_1	I_2	I_3	I_4	I_5
数值/A					
元器件端电压	$R_1(X_1)$	$R_2(X_2)$	$R_3(X_3)$	$R_4(X_4)$	$R_5(X_5)$
数值/V					

7) 根据计算和仿真结果，分析各白炽灯的工作状态，说明该工作状态在实际电路中是否被允许。

知识链接

在一个电路内部，各部分电流、电压之间相互影响、相互制约，成为一个统一的整体，基尔霍夫定律从电路的整体和全局上，揭示了电路各部分电流、电压之间所必须遵循的规律。

介绍基尔霍夫定律之前，先来学习几个电路中常用的名词：

1) **支路**：一段包含电路元件的无分支电路，如图 1-38 所示，1-U_1-R_1-a 为一个支路。

2) **节点**：三条或三条以上支路的交汇点。图 1-38 中，a、b 均为节点，但 1、2 之间

是一条电阻为零的导线,两者是等电位点,从电气特性上看是同一点,我们将其标注为 c,c 也是一个节点。

3) 回路:电路中任一个由支路组成的闭合路径。图 1-38 中,U_1-R_1-a-R_5-b-U_2-R_4-2-c-1-U_1 为一个回路。

4) 网孔:中间没有支路穿过的回路称为网孔。图 1-38 中,1-R_2-a-R_5-b-U_2-R_4-2-c-1 为一个网孔。

可以认为,网孔是最简单的回路。图 1-38 中,1-R_2-a-R_5-b-U_2-R_4-2-c-1 是网孔,而 U_1-R_1-a-R_5-b-U_2-R_4-2-c-1-U_1 是回路,但不是网孔。因此网孔一定是回路,但回路不一定是网孔。

基尔霍夫定律包含基尔霍夫电流定律和基尔霍夫电压定律。

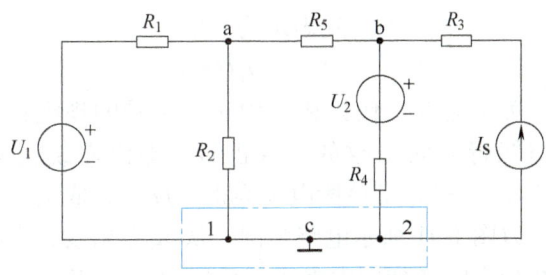

图 1-38 复杂电路示例

一、基尔霍夫电流定律

1. 基尔霍夫电流定律

基尔霍夫电流定律(英文缩写 KCL)是有关节点电流的定律,用来确定各支路及各部分电流之间的关系。其内容可表述为,在任意时刻,流入某一节点的电流总和等于流出该节点的电流总和。

基尔霍夫电流定律(KCL)

以图 1-39 所示电路中的 a 节点为例,I_1 流入该节点,I_2、I_3 流出该节点,所以有

$$I_1 = I_2 + I_3 \quad (1-11)$$

式(1-11)也可以改写为

$$I_1 - I_2 - I_3 = 0 \quad (1-12)$$

可得基尔霍夫电流定律普遍适用的表达形式

$$\sum I = 0 \quad (1-13)$$

图 1-39 基尔霍夫电流定律

式(1-13)表明,**任意时刻,流经任意节点的电流代数和等于零。**

可以规定流入节点的电流为正、流出节点的电流为负。当然,也可以做相反的规定。

基尔霍夫电流定律的理论依据是电流的连续性原理,即电荷在电路中的运动是连续的,在任何地方都不能消失、不能创造。该定律体现了电荷守恒定律。

2. 基尔霍夫电流定律的扩展应用

依据电流连续性原理,基尔霍夫电流定律不仅适用于节点,还可扩展应用于电路的某一部分。以图 1-40 所示电路为例,将这部分电路用一个假想的封闭面包围起来,可看作是一个大节点,称为广义节点,则有

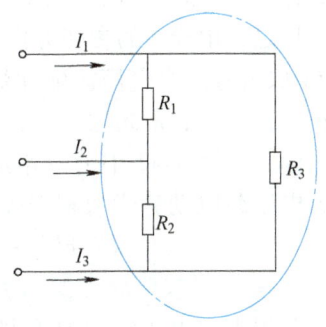

图 1-40 基尔霍夫电流定律的扩展应用

$$I_1 + I_2 + I_3 = 0 \quad (1-14)$$

基尔霍夫电压
定律（KVL）

二、基尔霍夫电压定律

1. 基尔霍夫电压定律

基尔霍夫电压定律（英文缩写 KVL）是确定一个回路内各部分电压之间关系的定律。其内容可表述为，在任意时刻，沿任意闭合路径绕行一周，各段电压的代数和为零。用公式表示为

$$\sum U = 0 \quad (1\text{-}15)$$

关于电压"代数和"中正、负号的规定：电压参考方向与绕行方向一致的，取正号，即沿着绕行方向电压由"+"到"−"，即该段电压为正；反之，取负号。

以图1-41所示电路为例，从 A 点出发，取顺时针方向为绕行方向（如图中虚线所示），绕行一周，再回到 A 点。

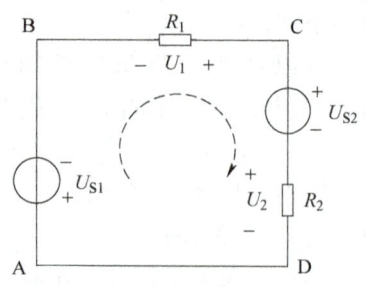

图1-41 基尔霍夫电压定律

基尔霍夫电压定律方程

$$U_{S1} - U_1 + U_{S2} + U_2 = 0 \quad (1\text{-}16)$$

基尔霍夫电压定律的理论依据是电位的单值性原理，即相对于电位参考点，任何一点都有确定的电位值。沿任意闭合路径绕行一周，其间有电位升，也有电位降。但电位升的总和一定等于电位降的总和，即代数和是零，以确保重新回到原出发点，该点电位值不变，体现了能量守恒定律。

式（1-15）是基尔霍夫电压定律普遍适用的形式。由于不涉及电路元件的性质，所以既适用于线性电路，也适用于非线性电路。

如果电路中只包含线性电阻元件和电压源，且用欧姆定律表示电阻元件的端电压，用电动势表示电压源的端电压，则基尔霍夫电压定律可表示式为

$$\sum IR = \sum E \quad (1\text{-}17)$$

式（1-17）可表述为，任意时刻，沿闭合回路绕行一周，各线性电阻电压降的代数和等于各电压源电动势的代数和。

同样，式（1-17）中代数量的正、负号也有规定：电流 I 的参考方向与绕行方向一致的，电阻电压降 IR 取正号；反之，电流 I 的参考方向与绕行方向相反的，电阻压降 IR 取负号。当电压源电动势的方向与绕行方向一致的，取正号；反之，取负号。

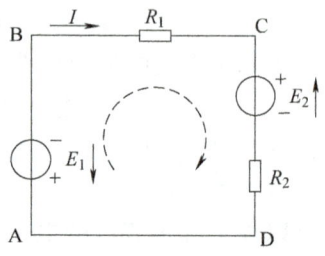

图1-42 基尔霍夫电压定律
（电压源用电动势表示）

因此，图1-42中的电路用线性电阻压降的代数和等于各电压源电动势代数和来表示，则有

$$IR_1 + IR_2 = -E_1 - E_2 \quad (1\text{-}18)$$

2. 基尔霍夫电压定律的扩展应用

基尔霍夫电压定律也有扩展应用。即基尔霍夫电压定律不仅适用于实际的闭合回路，也适用于假想的闭合回路。例如，要计算图1-43所示电路中 A、C 两点间的电压 U_{AC}，可假想 A、C 之间是连通的，构成了闭合回路

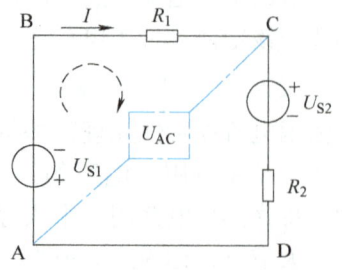

图1-43 基尔霍夫电压定律扩展应用

A-B-C-A。条件是 A、C 两点间的电压 U_{AC} 保持不变。

可得 KVL 方程为

$$U_{S1}+IR_1-U_{AC}=0 \tag{1-19}$$

三、支路电流法

支路电流法

电路分析、计算的主要任务是，在给定电路结构及元器件参数的条件下，计算出各支路的电流和元器件的端电压。简单电路可以用电阻串联、并联等效变换的方法，把电路化简后用欧姆定律求解。复杂电路则不能用电阻串联、并联等效变换的方法求解。可以用什么方法来求解复杂电路中的电流呢？支路电流法就是多种分析、计算复杂电路的方法之一，也是一种最基本的方法。

支路电流法是以支路电流为未知量，按照 KCL、KVL 列出足够数量的独立方程，然后联立求解。

以图 1-44 为例，求解各支路的电流和电流源的端电压，已知电压源 U_1、电流源 I_S，以及线性电阻 R_1、R_2 和 R_3。

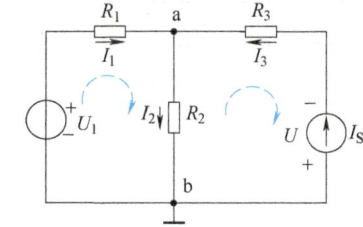

图 1-44 支路电流法

求解步骤如下：

1）明确电路结构、电路参数及待求量。

本电路有两个节点、三条支路、三个回路（两个网孔）。三个支路电流、电流源的端电压是待求量。

2）在列写 KCL、KVL 方程之前，首先要假定各支路电流的参考方向，支路电流 I_1、I_2、I_3 和电流源端电压 U 的参考方向如图 1-44 所示。

3）列写 KCL 方程。

$$节点\ a：I_1-I_2+I_3=0 \tag{1-20}$$
$$节点\ b：I_2-I_1-I_3=0 \tag{1-21}$$

显然，以上两个方程只有一个是独立的，另一个可以从前一个方程经过变换、推导得出，对于联立求解没有意义，不需列出。由此可知，该电路共有两个节点，只能列出一个独立的 KCL 方程。

4）列写 KVL 方程。

先要选择绕行方向。假设选择顺时针方向作为绕行方向，并用虚线带箭头的线段标示在图中。该电路有三个回路，能列出三个 KVL 方程，但其中只有两个是独立的。

对于左侧网孔 U_1-R_1-a-R_2-b-U_1，按顺时针的方向可列 KVL 方程为

$$-U_1+I_1R_1+I_2R_2=0 \tag{1-22}$$

对于右侧网孔 b-R_2-a-R_3-I_S-b，按顺时针的方向可列 KVL 方程为

$$-I_2R_2-I_3R_3-U=0 \tag{1-23}$$

还可以对 U_1-R_1-a-R_3-I_S-b-U_1 回路列写 KVL 方程，但这个方程可以由以上两个方程相加得到，不是独立的，不需要列出。

综上所述，对于本电路可列出一个独立的 KCL 方程、两个独立的 KVL 方程，能够联立求解三个未知的支路电流（$I_3=I_S$ 是隐含的已知条件）。

$$\begin{cases} I_1-I_2+I_3=0 \\ -U_1+I_1R_1+I_2R_2=0 \\ -I_2R_2-I_3R_3-U=0 \end{cases} \tag{1-24}$$

5）代入数据后，联立求解。

用支路电流法计算复杂电路的<u>关键</u>之一是<u>列出足够数量的独立方程</u>，总结规律如下：如果电路总共有 n 个节点，则<u>只能列出 $n-1$ 个独立的 KCL 方程</u>，即对最后一个节点所列方程是不独立的，不需要列出。用<u>网孔列出的 KVL 方程都是独立的</u>。

根据上述规律列出的 KCL、KVL 独立方程的数量一定与待求的支路电流的数目相等，即所列方程是<u>必要且充分</u>的。

巩固提高

电路如图 1-45 所示，已知 $U_1 = 45V$，$U_2 = 40V$，$R_1 = R_3 = 5\Omega$，$R_2 = 10\Omega$，用支路电流法计算各支路的电流。

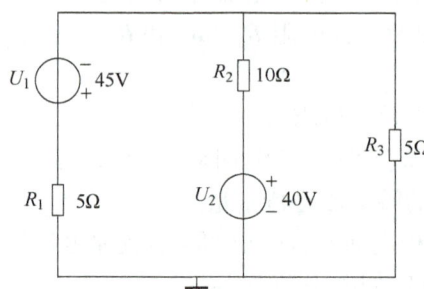

图 1-45 支路电流法求解电流电路

任务五　基尔霍夫定律的验证实验

任务导学

基尔霍夫定律的内涵是什么？

任务说明

应用可调直流稳压电源、直流数字电压表、直流数字电流表、实验电路板等，按规范正确使用电流插头、插座测量各支路电流，验证基尔霍夫电流定律（KCL）和基尔霍夫电压定律（KVL），写出实验过程中的注意事项，简述实验结论。

任务实施

一、实验内容与步骤

1）实验电路如图 1-46 所示，在图中标出电路中必要的电流、元器件的端电压的参考方向，U_{S1} 用 0~+30V 的可调电压输出端，并将输出电压调到+6V（以直流数字电压表读数为准），U_{S2} 用恒压源中的+12V 输出端。

2）将电流插头的红色接线端插入数字毫安表的红色（正）接线端，电流插头的黑色接线端插入数字毫安表的黑色（负）接线端。

3）根据第 1 步所标的电参数，计算出待测的电流 I_1、I_2、I_3 和各电阻的端电压 U_{R1}、U_{R2}、U_{R3}、U_{R4}、U_{R5}，并记录在表 1-15、表 1-16 中，以便实验测量时可以正确的选定电流表和电压表的量程。

4）将电流插头分别插入三条支路的三个电流插座中，读出各电流值。按规定：在节点 A，电流表读数为"+"表示电流流出节点，读数为"−"，表示电流流入该节点，然后根据所标电流的参考方向，确定支路电流的正、负号，并记录至表 1-15 中。

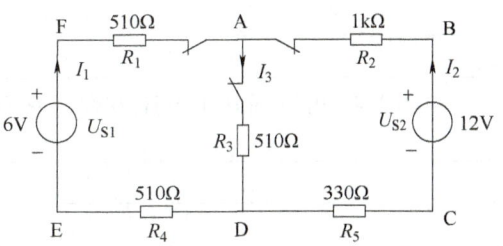

图 1-46　基尔霍夫定律验证电路图

表 1-15　电路中各支路的电流

被测量	I_1/mA	I_2/mA	I_3/mA
计算值			
测量值			
相对误差			

5）用直流数字电压表分别测量两个电压源 U_{S1}、U_{S2} 和各电阻元件（R_1、R_2、R_3、R_4、R_5）上的端电压 U_{R1}、U_{R2}、U_{R3}、U_{R4}、U_{R5}，将数据记录表 1-16 中，测量时电压表的红（正）接线端应插入被测电压参考方向的高点位（正）端，黑（负）接线端应插入被测电压参考方向的低点位（负）端。

表 1-16　电路中各元器件的端电压

被测量	U_{S1}/V	U_{S2}/V	U_{R1}/V	U_{R2}/V	U_{R3}/V	U_{R4}/V	U_{R5}/V
计算值							
测量值							
相对误差							

二、实验注意事项

1）所有需要测量的电压值，均以电压表测量的读数为准，不以电源的指示值为准。
2）防止稳压电源两端碰线短路。

三、分析实验中产生误差的原因

四、实验结论与思考

1）从实验数据的总结分析中得出基尔霍夫定律的正确性，请用数据和公式说明结论的正确性。

2)图 1-46 中 A、D 两个节点的电流方程是否相同?为什么?

3)图 1-46 可以列几个电压方程,它们与绕行方向是否有关系?

任务六 电压源与电流源特性分析实验

任务导学

常用的两种电源为电压源和电流源,理想的电压源和电流源具有哪些基本性质?

任务说明

利用可调直流稳压电源(0~30V 可调)、恒流源(0~1A 可调)、直流数字电压表、直流数字电流表、实验电路板等建立电源模型,根据测试结果分析并验证电压源和电流源特性。

任务实施

一、实验内容与步骤

1. 测定电压源(恒压源)与实际电压源的外特性

(1)测定恒压源的外特性

如图 1-47 所示,电源 U_S 用恒压源中的+5V 的输出端,R_1 为 200Ω 的固定电阻,调节电位器 RP(470Ω),令其阻值由大到小变化,分别将电流表、电压表的读数 I_1、U_1 记录至表 1-17 中。

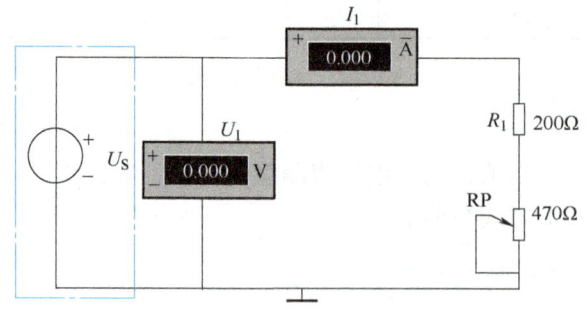

图 1-47 电压源外特性测试图

表 1-17 恒压源的外特性测量值记录表

RP/Ω	470	400	300	200	100	0
I_1/mA						
U_1/V						

(2) 测定实际电压源的外特性

如图 1-48 所示,将恒压源改成实际电压源,R_0 为 51Ω 的固定电阻,调节电位器 RP,令其阻值由大到小变化,分别将电流表、电压表的读数记录至表 1-18 中。

表 1-18　实际电压源的外特性测量值记录表

RP/Ω	470	400	300	200	100	0
I_1/mA						
U_1/V						

2. 测定电流源（恒流源）与实际电流源的外特性

如图 1-49 所示,I_S 为恒流源,调节其输出为 10mA(用毫安表测量),在 R_S 分别为 1kΩ(接入)和∞(断开)两种情况下,调节电位器 RP,令其阻值由大至小变化,将电流表、电压表的读数计入表 1-19 和表 1-20 中。

测定电流源（恒流源）与实际电流源的外特性。

1) 当 R_S 为∞时,模拟理想电流源,测得电路中的 I_1、U_1 填入表 1-19 中。

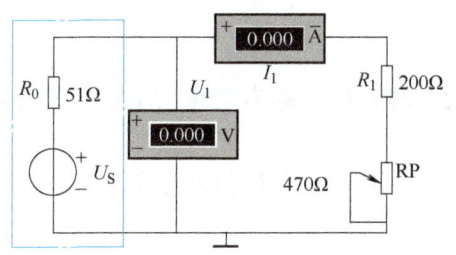

图 1-48　实际电压源的外特性测试图

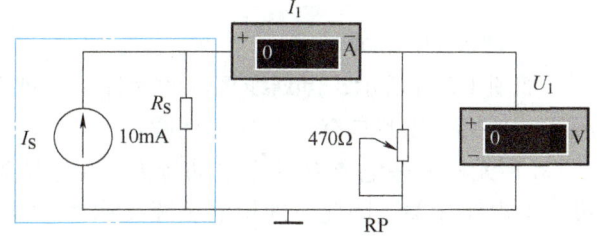

图 1-49　电流源外特性测试电路

表 1-19　恒流源的外特性测量值记录表

RP/Ω	470	400	300	200	100	0
I_1/mA						
U_1/V						

2) 当 R_S 为 1kΩ 时,模拟实际电流源,测得电路中的 I_1、U_1 填入表 1-20 中。

表 1-20　实际电流源的外特性测量值记录表

RP/Ω	470	400	300	200	100	0
I_1/mA						
U_1/V						

二、实验注意事项

1) 在测电压源外特性时,要测一次空载时的电压值,即 $I_1 = 0A$。
2) 在测电流源外特性时,要测一次短路时的电流值,即 $U_1 = 0V$。

3）连接电路时，必须关闭电源开关。

4）直流仪表的接入应该注意极性与量程。

三、实验结论与思考

从实验中可以得出电压源和电流源的哪些特性？

知识链接

电阻元件、电感元件和电容元件都属于无源元件，而电压源、电流源是两种电源元件，实际使用的电源种类繁多，但它们在电路中所起的作用却是相同的。电源在电路中起激励作用，在电源的作用下，电路产生电流和电压（响应）。因此，在电路理论中，有时就把电源称为激励，而把电流和电压称为响应。从能量的观点看，电源是电路中电能的来源。在分析、归纳了所有电源的共性之后，可以得到两种电源模型：电压源和电流源。

一、电压源

1. 理想的电压源

如图 1-50a 所示，点划线框内的元件是一种理想的电源元件，称为理想电压源，简称电压源。理想电压源具有两个基本性质：

1）元件的端电压 U 等于电动势 E，并保持为恒定值。该恒定值 U 与外电路无关，与流过它的电流无关。因此，理想电压源又称恒压源。

2）流过理想电压源的电流完全由与之相连的外电路确定。

电源元件的特性用它的端电压 U 与输出电流 I 的关系表示，这就是电源的伏安特性，又称电源的外特性。理想电压源的外特性如图 1-50b 所示，它是一条平行于水平轴（I 轴）的直线。图中表明当外接负载电阻变化时，电源提供的电流变化，但其端电压始终保持恒定 $U=E$。

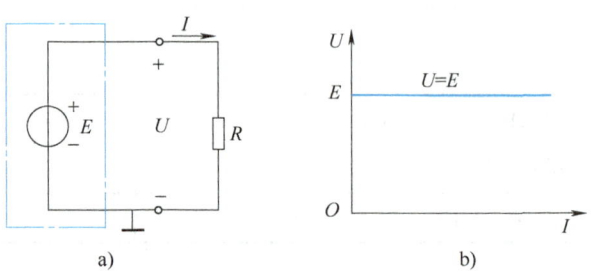

图 1-50 理想电压源的电路模型及其外特性

2. 实际电压源模型

理想电压源的这种理想情况显然是不存在的。以电池为例，随着输出电流的加大，其端电压不是保持不变，而是略有降低。这是因为实际电源总会有一定的内电阻，当输出电流增加时，内阻电压降增加，造成电源的端电压降低，图 1-51a 点划线框内为实际电压源模型。这种实际电源的特性可以用一个理想电压源（电动势为 E）与等效内电阻 R_0 的串联电路模型表示，称为实际电源的电压源模型。这种实际电源模型的伏安关系式为

$$U = E - IR_0 \tag{1-25}$$

伏安特性曲线表示在图 1-51b 中。端电压 U 随着电流 I 增加而下降，内阻 R_0 越小，特性曲线就越靠近图中的虚线，就越接近理想情况。

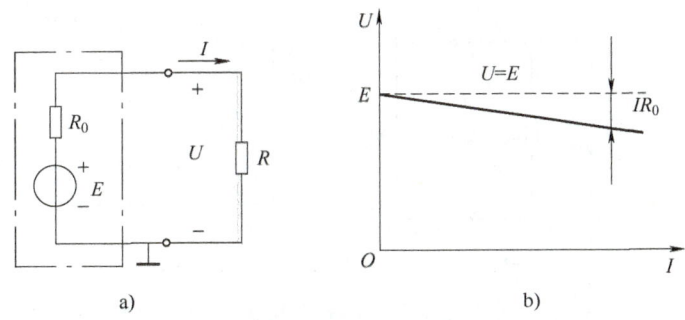

图 1-51 实际电压源的电路模型及其伏安特性曲线

二、电流源

1. 理想的电流源

图 1-52a 中点划线框内的元件是<u>理想电流源</u>,简称<u>电流源</u>。理想电流源也具有<u>两个基本性质</u>:

1)产生并输出<u>恒定电流 I_S</u>,该电流与所接外电路无关,与其端电压 U 无关。

2)理想电流源的<u>端电压 U 由与之相连的外电路决定</u>。

理想电流源的外特性如图 1-52b 所示。这是一条平行于纵轴(U 轴)的直线,表明它输出的电流 I 始终等于 I_S,保持恒定,所以理想电流源又称<u>恒流源</u>。

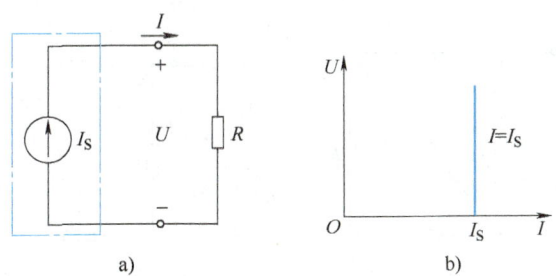

图 1-52 理想电流源的电路模型及其外特性

2. 实际电流源模型

一个实际电流源的特性可以用理想电流源 I_S 与内阻 R_S 的<u>并联组合</u>表示,图 1-53a 所示点划线框图中的电流源和内电阻 R_S 的并联表示实际的电流源,称为实际电源的电流源模型。

由于有内阻 R_S 的分流作用,所以输出到负载 R 的电流 I 小于 I_S。流过 R_S 的电流是 (U/R_S),故 $I_S = I + (U/R_S)$。可得实际电源中电流源模型的伏安关系式为

$$I = I_S - \frac{U}{R_S} \tag{1-26}$$

经变换可得

$$U = I_S R_S - I R_S \tag{1-27}$$

由式(1-27)得到实际电流源模型的伏安特性曲线如图 1-53b 所示。当负载端开路时,电流 $I=0$,此时电流源模型的端电压($U=I_S R_S$)最高。随着输出电流 I 的增加,电压 U 降低,表明这个电路模型能够表示实际电流源的伏安关系。

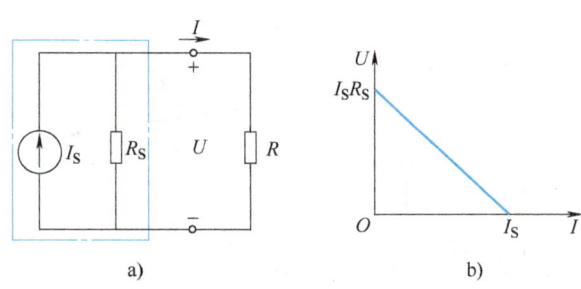

图 1-53　实际电流源电路模型及其伏安特性曲线

通过以上分析可知，实际电源的电压源模型与电流源模型都能够表示实际电源的特性。因此，一个实际电源在电路中所起的作用，既可以用电压源模型表示，也可以用电流源模型表示。

三、电压源与电流源之间的等效变换

1. 单口网络的概念

由若干元件组成的部分电路，不论其内部如何复杂，但最终只有两个端口与电路的其他部分相连。在电路分析中就可以把这部分电路看作一个整体，称为单口网络或二端网络，例如，图 1-54 中点划线所框部分即为单口网络。单口网络分为两类，图 1-54a 中不包含电源，称为不含源单口网络；图 1-54b 中包含电源，称为含源单口网络。

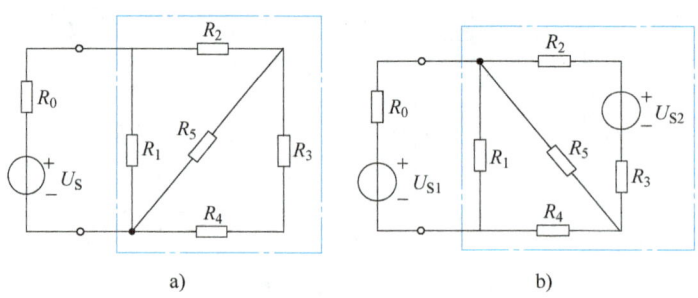

图 1-54　不含源单口网络和含源单口网络

单口网络作为一个整体，它在电路中所起的作用，对电路其余部分的影响完全由其端口间的电流、电压确定，即由端口的伏安关系确定。

2. 两种电源模型的等效变换

前面介绍了实际电源的两种模型——电压源模型和电流源模型，而一个实际电源在电路中所起的作用既可以用电压源模型表示，也可以用电流源模型表示。这表明两种电源模型之间存在等效变换的关系。

图 1-55a 所示是一个电压源 E 与电阻 R_0 并联的模型，根据戴维南定理，得到其等效电路如图 1-55b 所示。这样就把一个电压源模型用电流源模型来等效变换，等效变换的条件是

$$\begin{cases} I_S = \dfrac{E}{R_0} \\ R_S = R_0 \end{cases} \tag{1-28}$$

同样，把一个电流源模型等效变换成电压源模型，等效变换的条件是

$$\begin{cases} E = I_S R_S \\ R_0 = R_S \end{cases} \quad (1\text{-}29)$$

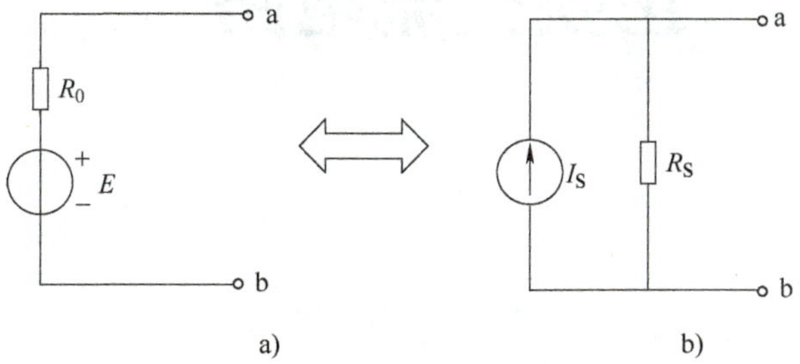

图 1-55 两种电源模型的等效变换

巩固提高

一、选择题

1. 理想电压源输出恒定的电压，其输出电流（　　）。
   A. 恒定不变　　　　B. 等于零　　　　C. 由内电阻决定　　D. 由外电路决定
2. 理想电流源输出恒定的电流，其输出端电压（　　）。
   A. 恒定不变　　　　B. 等于零　　　　C. 由内电阻决定　　D. 由外电路决定

二、判断题

1. 与理想电压源并联的支路，对外等效时可以去掉。　　　　　　　　　　（　　）
2. 与理想电流源串联的支路，对外等效时可以去掉。　　　　　　　　　　（　　）

项目二 正弦交流电路

项目导读

 素质目标

具有法制意识,遵纪守法。
具有社会责任感、担当精神和社会参与意识。
具有良好的道德情操,诚实守信。
具有安全生产、尊重生命的意识。

 知识目标

掌握正弦交流电路的基本概念。
掌握正弦交流电路的基本规律和计算方法。
熟悉正弦交流电路的串联和并联特点。
了解三相电源的概念及两种不同的接法(星形、三角形)。
掌握不同接法下相电压与线电压、相电流与线电流的关系及三相交流电路的分析方法。

 能力目标

具有良好的语言、文字表达能力和沟通能力。
完成串联交流电路的研究实验。
完成三相交流电路的电压、电流测试实验。
会应用 Multisim 仿真软件对单一参数正弦电路电量的仿真和对三相交流电路的仿真分析。
会使用交流电流表、交流电压表、万用表,会测量交流电路中的电流、电压等电参数。
会查阅相关技术资料。

 项目导入:家庭照明电路

家庭照明电路是生活中常用的交流电路,交流电与直流电有什么区别?交流电有哪些参数,如何设计家庭照明电路,如何计算交流电路中的电参数,如何基于 Multisim 进行交流电路中电参数的仿真。工业上常用的三相交流电路、三相交流电源有什么特征,如何进行连接,如何分析、计算和仿真三相负载的星形联结电路和三角形联结电路。

项目二　正弦交流电路

任务一　简单的家庭照明电路设计

任务导学

简要阐述家庭照明电路的控制特点？家庭照明电路中所用到的电气元器件有哪些？各起什么作用？如何使用这些元器件？元器件上面的参数表示什么意思？

任务说明

家庭照明电路中有些灯是单控的，如厨房灯；也有些灯是双控的，如走廊灯和卧室灯。根据使用要求设计家庭照明电路，分析各元器件在电路中所起的作用，绘制电路模型，简述其工作过程。

任务实施

如图2-1所示，现有一个220V的单相交流电源、一个单相电能表、一个低压断路器、一个双控开关、一个荧光灯、导线若干，根据所给元器件设计由双控开关控制荧光灯亮灭的电路，要求该电路能计算用电量。

1）图2-2中AC 220V电源中AC的含义是什么？220V指的是什么值？符号L和N各表示什么？完成表2-1。

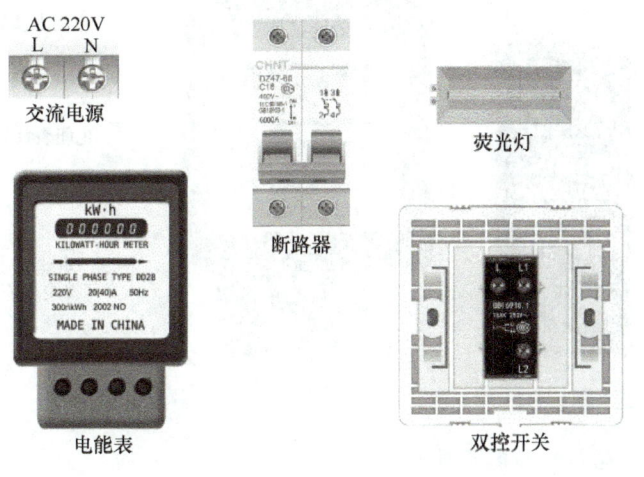

图2-1　家庭照明电路元器件图

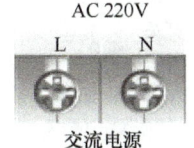

图2-2　交流电源示意图

表2-1　交流电源参数

名称	AC	220V	L	N
含义				

2）正弦交流电参数的表示方式有哪些？分别包含哪些要素？完成表2-2（以正弦交流电压为例）。

表 2-2　正弦交流电压的表示法及其要素

表示方式	表达式	包含的要素
瞬时值表示法		
相量表示法		

3）假设图 2-2 中的交流电源的初相角为 0°，用瞬时值表示法和相量表示法写出该交流电源的表达式（见表 2-3）。

表 2-3　220V 正弦交流电源的表示法

表示方式	表达式
瞬时值表示法	
相量表示法	

4）图 2-3 为双控开关的内部接线端子示意图，实际使用中如何进行接线？哪个端子相当于 COM 端？L、L1、L2 三个端子共有几种组合状态？

5）图 2-4 为单相电能表示意图，电能表的作用是什么？在线路中四个端子如何接线？电能表的参数有哪些？各参数的含义是什么？完成表 2-4。

图 2-3　双控开关接线端子示意图　　　　图 2-4　单相电能表示意图

表 2-4　电能表相关信息

电能表的作用				
电能表读数（kW·h）的含义				
电能表端子 1、2、3、4 的接法				
电能表参数的含义				
参数	220V	20(40)/A	50Hz	300r/(kW·h)
含义				

6）请根据图 2-1 将各元器件的功用填入表 2-5 中。

表 2-5　双控开关控制荧光灯电路中各元器件的功用

名称	AC 220V 交流电源	电能表	断路器	双控开关	荧光灯
功用					

7）根据图 2-1 所给的元器件设计家庭照明电路，要求用双控开关控制荧光灯的亮和灭，并用单相电流表测其使用的电能，在图 2-1 中用导线正确连接各元器件，注意横平竖直的布线方式。

8）荧光灯中的灯管和整流器用理想化的元器件模型来等效，填入表 2-6，将荧光灯的电路模型绘制在图 2-5 中。

表 2-6　荧光灯中灯管和整流器的等效元件

名称	荧光灯	整流器
理想化的电路元件		

图 2-5　荧光灯电路模型

9）简述荧光灯亮灭控制电路的工作过程。

知识链接

一、正弦交流电的特征

电路中输送电能和传递电信号的电流和电压，就其对时间的变化规律来看，主要分为两大类：一类是直流电，其大小和方向相对时间都不改变，项目一中描述的即为直流电；另一类是交流电，其大小和方向都随时间按某种规律变化。在交流电路中，应用最广泛的是正弦交流电，正弦交流电能获得广泛应用，其原因主要有几点：第一，正弦交流电易于产生、传输和转换，从而具有成本低廉的优势；第二，用电设备方面，由三相交流电源供电的三相异步电动机结构简单、价格便宜、使用维护方便，是使用最多的动力设备；第三，在需要使用直流电的地方，利用整流设备可以方便地将交流电转换为直流电；第四，正弦交流电便于计算，因为同频率的正弦量相加减或对时间的导数和积分仍是同频率的正弦量。本项目中所提到的交流电和交流电路都是指正弦交流电和正弦交流电路。

正弦交流电量的三要素

正弦交流电的数值随时间按照正弦规律变化，其波形能够直接在示波器上显示出来。

1. 正弦交流电的三要素

在分析计算正弦交流电路时，首先要假定正弦交流电的参考方向。在图 2-6a 所示的电路中，正弦电流 i 的参考方向用箭头标示。相应的电流波形如图 2-6b 所示，在波形的正半周，i 是正值，表明这时电流的实际方向与图示参考方向一致；反之，在波形的负半周，i 是负值，表明这时电流的实际方向与图示参考方向相反。与波形图相对应，该正弦电流的数学表达式为

$$i = I_m \sin(\omega t + \varphi_i) \tag{2-1}$$

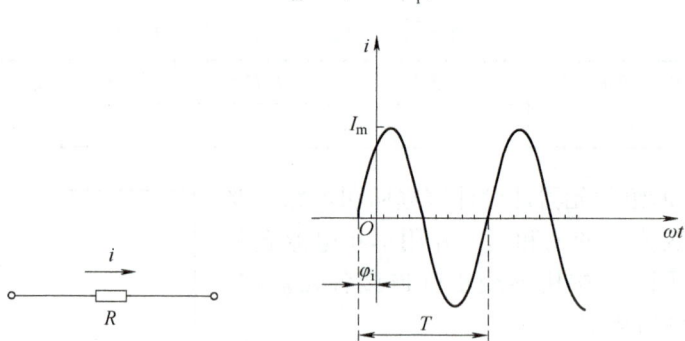

图 2-6　正弦交流电流的参考方向和波形

正弦电量随时间按正弦规律变化。其在每一瞬时的数值称为**瞬时值**，规定用**英文小写字母** i、u、e 分别表示正弦电流、正弦电压、正弦电动势的**瞬时值**。式（2-1）就是正弦电流的瞬时值表达式，该式表明一个正弦电量随时间变化的特征是由三个物理量决定的：最大值 I_m、角频率 ω 和初相角 φ_i。这三个物理量通常又被称为正弦电量的三要素。下面来分析正弦电量的三要素的特征。

（1）最大值和有效值

正弦电量瞬时值中的**最大数值**就称为**最大值**，又称峰值、振幅值等，用**带下标 m 的大写字母来**表示。对于一个确定的正弦电量，其最大值为常数，表示正弦电量数值大小的特征。

在工程实际应用中，为了直接反映**交流电量的作用效果**，更常用的是使用**有效值**表示交流电量的大小，用**大写字母**表示。

什么是交流电量的有效值？所谓有效值就是使一个交流电量的做功与一个确定大小的直流电量的做功相等，这个直流电量的数值就是该交流电量的有效值。因此，可根据**电流的热效应**，对交流电量的有效值定义如下：交流电流 i 和直流电流 I 分别流过电阻值相同的电阻 R，如果在交流电流一个周期时间间隔 T 内，两者产生的热量相等，即热效应相同，则该直流电流的数值 I 就是交流电流 i 的有效值，其表达式为

$$I^2 RT = \int_0^T i^2 R \, dt \tag{2-2}$$

则有效值的表达式为

$$I = \sqrt{\frac{1}{T} \int_0^T i^2 \, dt} \tag{2-3}$$

式（2-3）表明，交流电的有效值是瞬时值的方均根值。

当周期电流为正弦交流电时，即 $i = I_m \sin \omega t$，则可得

$$I = \sqrt{\frac{1}{T} \int_0^T I_m^2 \sin^2 \omega t \, dt} = \frac{I_m}{\sqrt{2}} \tag{2-4}$$

同理可得，正弦交流电压和正弦交流电动势的有效值分别是

$$U = \frac{U_m}{\sqrt{2}} \tag{2-5}$$

$$E = \frac{E_m}{\sqrt{2}} \tag{2-6}$$

在实际应用中所说交流电量的数值一般都是指有效值，如民用交流电的电压220V、低压动力用电的电压380V，其相应的最大值分别是311V和537V。交流仪表指示的数据一般也是有效值。

（2）周期、频率和角频率

周期、频率和角频率都是表示正弦电量随时间变化快慢的物理量。正弦电量随时间变化一周所经历的时间称为周期，用大写字母T表示，单位是秒（s）。正弦电量在每秒时间内重复变化的周期数称为频率，用小写字母f表示，单位是赫[兹]（Hz）。假设正弦电量1s内变化一个周期，则其频率就是1Hz。

周期与频率互为倒数，有

$$f = \frac{1}{T} \tag{2-7}$$

我国发电厂提供的交流电能的频率是$f=50$Hz，其周期是$T=0.02$s。这一频率称为工业标准频率，简称工频。在其他工程技术领域还使用着不同频率的交流电，如电热技术中的中频电炉使用的频率是500~8000Hz、高频电炉使用的频率是200~300kHz、无线电技术使用的频率范围大致是10^5~3×10^{11}Hz等。

正弦电量随时间变化的快慢还可以用角频率ω表示。正弦电量变化一个周期对应变化了2π个弧度，角频率ω就是正弦电量在1s内变化的角度。

$$\omega = \frac{2\pi}{T} = 2\pi f \tag{2-8}$$

角频率ω的单位是弧度/秒（rad/s）。工频交流电的角频率是$\omega=100\pi$ rad/s=314rad/s。为了避免和机械角度混淆，通常把正弦电量随时间变化的角度称为电角度。因此，角频率又称为电角频率或电角速度。

在交流电量的波形图中，其横坐标轴（时间轴）既可以用时间（t）标注，也可以用电角度（ωt）标注，波形图如图2-7所示。

（3）初相角

以正弦电流为例，其最大值I_m和角频率ω确定之后，正弦电量随时间变化的进程就由它的电角度（$\omega t + \varphi_i$）确定。所谓随时

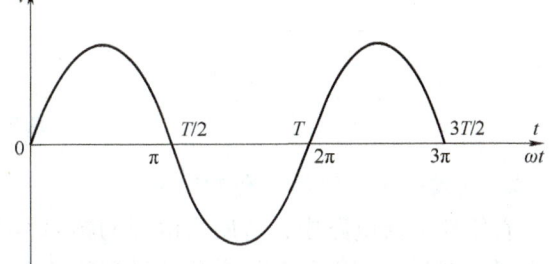

图2-7 波形图时间轴的标注

间变化的进程就是正弦电量随时间变化到任一时刻t_1，在时间轴上为一确定点，并决定了该时刻正弦量的状态：正、负值，数值大小和变化趋势。如图2-8所示，$t=t_1$时，对应波形的A点，该点瞬时值$i(t_1)>0$，为正；数值大小由其在纵轴上的截距决定，数值变化趋势是数值增加。正是电角度（$\omega t + \varphi$）确定了正弦电量随时间变化的进程，决定了正弦电量的状态，因此称$\omega t + \varphi$为相位角，简称相位。

初相角φ是正弦电量在计时起点（$t=0$）时，所对应的电角度，称为初相角，又称初相位，简称初相，它决定了$t=0$时正弦电量的状态。由于正弦电量在任意时刻的相位角（$\omega t + \varphi$）都与初相角φ有关，所以初相角φ成为正弦电量的三要素之一。以图2-9为例，该正弦电流

i 的初相角 φ_i，它决定了 $t=0$ 时 i 状态，包含其数值 $i(0)=I_m\sin\varphi_i$，是正值，以及变化趋势为数值增加。

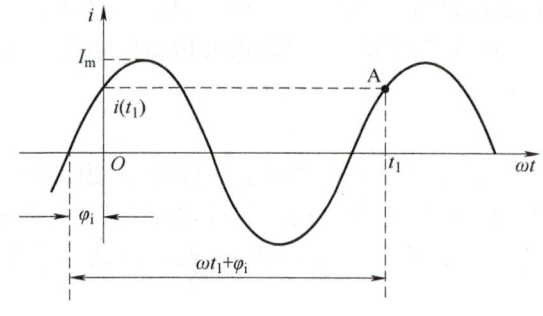

图 2-8 正弦电量的相位角

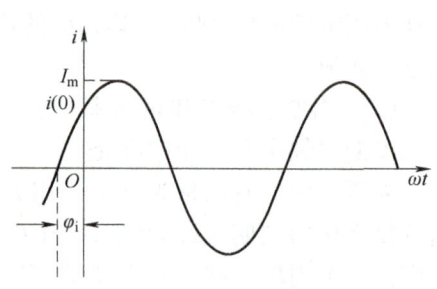

图 2-9 正弦电量的初相角

初相角 φ_i 与计时起点（$t=0$）有关，而计时起点是人为选取的。图 2-9 所示的情况是 $\varphi_i>0$，为正值，$i(0)>0$。

图 2-10a 所表示的情况是 $\varphi_i<0$，为负值，这时 $i(0)<0$。图 2-10b 所示的情况是的 $\varphi_i=0$，这时认为 $i(0)=0$。

由于正弦电量是周期性变化的，特规定初相角在绝对值小于 π 的主值范围内选取，即 $|\varphi|\leq\pi$。

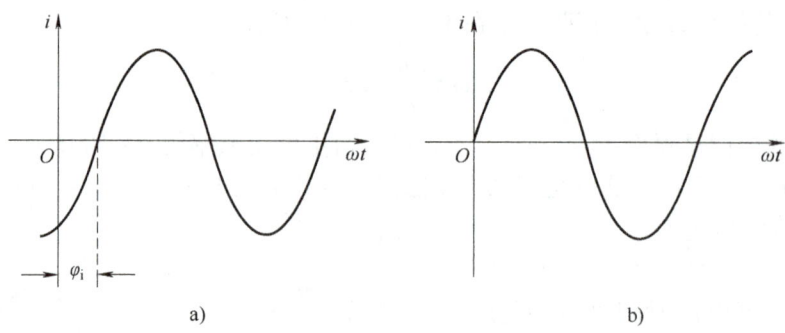

图 2-10 初相角与计时起点的关系

2. 同频率正弦电量之间的相位差

在线性交流电路中，若所有电源的频率相同，则各支路的电流、电压也都是同频率的正弦电量，但是，它们随时间变化的进程往往不一样，也就是随时间变化的进程有先有后。为了描述同频率正弦交流电量随时间变化的先后顺序，引入了相位差的概念。

什么是相位差呢？两个同频率正弦电量的相位角之差称为相位差，用字母 φ 表示。例如，正弦电压 $u=U_m\sin(\omega t+\varphi_u)$，正弦电流 $i=I_m\sin(\omega t+\varphi_i)$，则同频率正弦电压 u 与电流 i 之间的相位差 φ 由式（2-9）决定：

$$\varphi=(\omega t+\varphi_u)-(\omega t+\varphi_i)=\varphi_u-\varphi_i \qquad (2\text{-}9)$$

由式（2-9）可知，两个同频率正弦电量的相位差 φ 就等于它们的初相位之差。

相位差有以下几种情况：

1）当 $\varphi_u>\varphi_i$ 时，相位差 $\varphi=\varphi_u-\varphi_i>0$，此时 u 的变化进程领先于 i 一个 φ 角。u 总是比 i 先通过零点达到正最大值，且领先的角度保持为相位差 φ。这种情况称为 u 超前于 i，或 i 滞

后于 u。波形如图 2-11a 所示。

2）当 $\varphi_u < \varphi_i$ 时，相位差 $\varphi = \varphi_u - \varphi_i < 0$，此时 u 的变化进程滞后于 i 一个 φ 角，或 i 超前于 u 一个 φ 角。波形如图 2-11b 所示。

3）当 $\varphi_u = \varphi_i$ 时，相位差 $\varphi = \varphi_u - \varphi_i = 0$，此时 u 的变化进程与 i 保持一致，称为 u 与 i 同相。波形如图 2-11c 所示。

4）当相位差 $\varphi = \varphi_u - \varphi_i = \pm\pi$，此时 u 与 i 相位相反，称为反相。波形图如图 2-11d 所示。

在描述相位差时，要说明哪个变量超前（滞后）于另一变量多少度。当选择的计时起点不同时，正弦电量的初相不同，但两个同频率正弦电量的相位差与计时起点无关。

需要注意的是，<u>不同频率正弦电量之间没有确定的相位差</u>，也无法比较它们之间的超前、滞后关系。因此，它们之间不存在相位差问题。

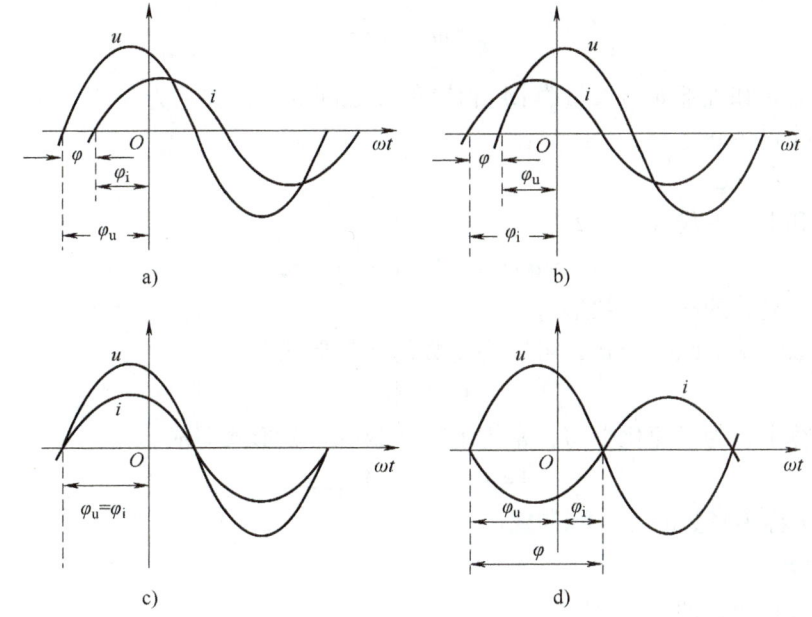

图 2-11 同频率正弦电量的相位差

二、正弦电量的相量表示法

瞬时值表示式（也称三角函数式）和波形图是表示正弦电量随时间变化规律的基本形式。但是用这两种形式进行正弦电路的分析、计算则十分烦琐，很不方便。为此，有必要找到一种便于分析、计算的表示正弦电量的数学形式，这就是正弦电量的相量表示法。

正弦电量的相量表示法

相量表示法就是用复数表示正弦电量，并以此为基础形成在电路理论中被广泛应用的相量计算法。

在学习相量之前，先简要了解复数及复数运算的基本知识。

1. 复数的表示形式

一个复数 A 是由<u>实部</u>和<u>虚部</u>组成的，如

$$A = a + jb \tag{2-10}$$

这就是复数的<u>代数形式</u>。其中，a 是复数的实部，b 是复数的虚部，$j = \sqrt{-1}$（$j^2 = -1$）， j 是虚数单位。

在复数坐标平面上，复数 A 与一个确定的点相对应。该点在实数轴（横轴）和虚数轴（纵轴）上的投影分别是 a 和 b，如图 2-12 所示。

如果用有向线段把坐标原点 O 和该确定点 A 连接起来，在线段末端加上带箭头的符号，则该有向线段成为一个矢量。该矢量就与复数 A 对应，称为**复数矢量**。式（2-10）又称为复数的**直角坐标形式**。

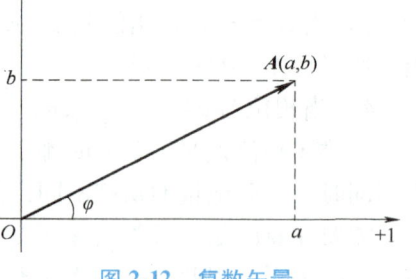

图 2-12 复数矢量

由图 2-12 可知，矢量模为

$$|A| = \sqrt{a^2+b^2} \tag{2-11}$$

矢量与**实数轴**的夹角称为**辐角**

$$\varphi = \arctan\frac{b}{a} \tag{2-12}$$

复数的实部 a 和虚部 b 与矢量模 $|A|$ 和辐角 φ 之间的转换关系为

实部：$a = |A|\cos\varphi$

虚部：$b = |A|\sin\varphi$

将实部 a 和虚部 b 代入式（2-10），得

$$A = a+jb = |A|(\cos\varphi+j\sin\varphi) \tag{2-13}$$

式（2-13）称为复数的三角函数形式。

根据高等数学中的欧拉公式，可以将复数的指数形式写成

$$A = |A|e^{j\varphi} \tag{2-14}$$

在电路计算中，为了简化书写，常把上述复数的指数形式写成

$$A = |A|e^{j\varphi} = |A|\angle\varphi \tag{2-15}$$

$A = |A|\angle\varphi$ 称为复数的**极坐标形式**。

2. 复数的运算

假设有两个复数，即

$$A_1 = a_1+jb_1 = |A_1|\angle\varphi_1 \tag{2-16}$$

$$A_2 = a_2+jb_2 = |A_2|\angle\varphi_2 \tag{2-17}$$

（1）加、减运算

复数的加、减运算用**代数形式**进行，方法是**实部和虚部分别相加（相减）**。

$$A = A_1 \pm A_2 = (a_1 \pm a_2) + j(b_1 \pm b_2) \tag{2-18}$$

（2）乘、除运算

复数的乘除运算用**极坐标形式**进行。

乘运算是**模相乘，辐角相加**。

$$A_1 \cdot A_2 = |A_1| \cdot |A_2| \angle(\varphi_1+\varphi_2) \tag{2-19}$$

除运算是**模相除，辐角相减**。

$$A_1/A_2 = \frac{|A_1|}{|A_2|} \angle(\varphi_1-\varphi_2) \tag{2-20}$$

复数乘以一个 $+j$ 或 $-j$ 是复数乘法运算的特例，首先，将 $+j$ 和 $-j$ 转换为极坐标的形式，有

$$+j = 0+j = 1\angle 90° \tag{2-21}$$
$$-j = 0-j = 1\angle -90° \tag{2-22}$$

那么，复数 A 乘以 $+j$ 有

$$+jA = 1\angle 90° \cdot |A|\angle \varphi = |A|\angle (\varphi+90°) \tag{2-23}$$

以上计算表明，任意一个复数 A 乘以 $+j$，其模不变，辐角增加 $90°$，对应的矢量逆时针方向旋转 $90°$，如图 2-13 所示。

复数 A 乘以 $-j$，有

$$-jA = 1\angle -90° \cdot |A|\angle \varphi = |A|\angle (\varphi-90°) \tag{2-24}$$

以上计算表明，任意一个复数 A 乘以 $-j$，其模不变，辐角减小 $90°$，对应的矢量顺时针方向旋转 $90°$。因此，j 被称为旋转 $90°$ 的算子。

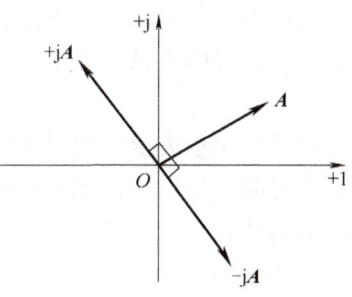

图 2-13　复数 A 乘以 $\pm j$

三、相量

通过前面的学习可知，在线性正弦交流电路中所涉及的正弦电量都是同频率的正弦电量，因此，在求解未知正弦电量时，只需确定其最大值（有效值）和初相角就可以了，而这两个特征量可以用直角坐标平面上的一个矢量表示。

假设有一正弦电压 $u = U_m\sin(\omega t+\varphi_u)$，在 $t = 0$ 时，$u(0) = U_m\sin\varphi_u$。如图 2-14 所示，在直角坐标平面上画一个矢量，它的模等于正弦电压的最大值 U_m，矢量与横轴的夹角等于正弦电压的初相角 φ_u，则该矢量在纵轴上的投影就等于此时正弦电压的数值 $u(0) = U_m\sin\varphi_u$。

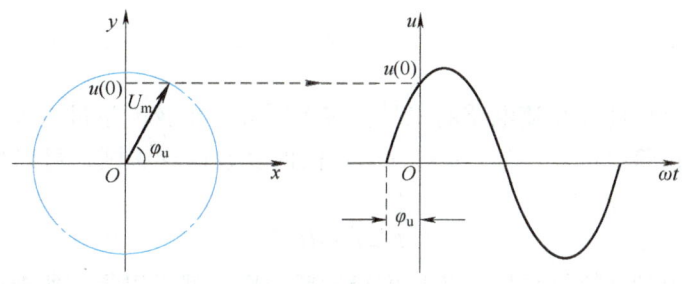

图 2-14　用矢量表示正弦电量的最大值和初相角

由于一个正弦电量的最大值和初相角能够用矢量表示，而矢量又可以用复数表示。那么，正弦电量的最大值和初相角也必然能够用复数表示，这就是为什么正弦电量能用相量来表示的原因。

仍以上面的正弦电压为例，$t = 0$ 时，对应矢量的复数表示式是

$$\dot{U}_m = U_m e^{j\varphi_u} = U_m\angle \varphi_u \tag{2-25}$$

由于在工程实践中大多使用有效值表示正弦电量的大小，因此，用有效值代替最大值来表示复数的模，有

$$\dot{U} = Ue^{j\varphi_u} = U\angle \varphi_u \tag{2-26}$$

把这种表示正弦电量有效值和初相角的复数称为有效值相量，简称相量，并在电量的大写字母正上方加"·"，以便与普通复数进行区别。而式（2-25）所表示 $\dot{U}_m$ 的称为最大值相量。

同理可得，正弦电流 $i = I_m\sin(\omega t+\varphi_i)$ 的相量是

$$\dot{I} = Ie^{j\varphi_i} = I\angle\varphi_i \tag{2-27}$$

正弦电动势 $e = E_m\sin(\omega t+\varphi_e)$ 的相量是

$$\dot{E} = Ee^{j\varphi_e} = E\angle\varphi_e \tag{2-28}$$

应该指出的是，相量只是正弦电量的表示式，两者并不相等。因为在正弦电量中包含幅值、角频率、初相位这三要素，而相量中没有角频率这个要素。正弦电量与表示它的相量之间有单一的对应关系，如

$$u = U_m\sin(\omega t+\varphi_u) \Leftrightarrow \dot{U} = U\angle\varphi_u \tag{2-29}$$

在了解相量表示法的引出思路后，当给出一个正弦电量后，就要能够写出它所对应的相量；同样的，当已知正弦电量的相量，并已知其角频率 ω，就能够写出相对应的正弦电量的瞬时值表达式。

1. 相量图

什么是相量图？相量在复数平面上的几何图形表示就是相量图。

假设有正弦电压，$u = 220\sqrt{2}\sin(\omega t+60°)$ V，转换为相应的相量形式为 $\dot{U} = 220\angle 60°$ V；正弦电流 $i = 10\sqrt{2}\sin(\omega t-45°)$ A，转换为相应的相量形式为 $\dot{I} = 10\angle -45°$ A。电压相量和电流相量的模可按照各自确定的比率选取，相量图如图 2-15 所示。

需要注意的是，在同一个相量图中各相量所代表的正弦电量的频率必须是相同的。因为只有这样，才能比较它们的相位关系。因此，不同频率正弦电量的相量不能画在同一个相量图中。

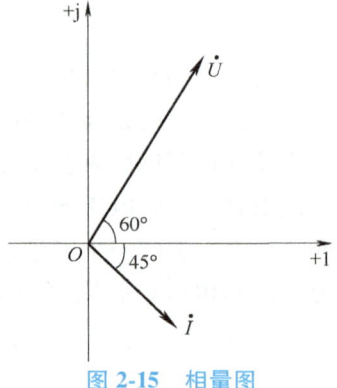

图 2-15　相量图

2. 相量计算法

相量计算法是分析计算交流电路的工具。多个同频率正弦电量进行加、减运算，其运算结果仍是同频率的正弦电量。例如，$u = u_1 \pm u_2$。根据复数运算法则，可以将前式变换成相应的相量形式

$$\dot{U} = \dot{U}_1 \pm \dot{U}_2 \tag{2-30}$$

通过相量运算得到运算结果后，相量再经过反变换，就可以得到所求正弦电量的瞬时值表示式。

四、单相电能表

电能表又称电度表、火表、千瓦小时表。单相电能表是一种用于测量单相电能的装置，采用机械式或电子式测量原理。一般是民用，接 220V 的设备。计量单位是 $kW\cdot h$，即 1kW 负荷工作 1h 所消耗电能。其主要由电压线圈、电流线圈、转盘、转轴、制动磁铁、齿轮、计度器等组成。电能表是利用电压和电流线圈在铝盘上产生的涡流与交变磁通相互作用产生电磁力，使铝盘转动，同时引入制动力矩，使铝盘转速与负载功率成正比，通过轴向齿轮传动，由计度器计算出转盘转数而测定出电能。

单相电能表实物图和仿真软件中的电能表示意图如图 2-16 和图 2-17 所示。

家用单相电能表接线方法：四个接线柱，从左到右分别接相线进线、相线出线、零线进线、零线出线。例如，从左往右分别是端子 1、2、3、4。端子 1、2 接相线，一般 1 进 2 出；

端子 3、4 接零线，一般 3 进 4 出，如图 2-18 所示。

图 2-16　单相机械式电能表实物图、仿真软件中单相机械式电能表示意图

图 2-17　单相电子式电能表实物图、仿真软件中
单相电子式电能表示意图

图 2-18　单相电能表接线示意图

五、双控开关

双控开关，也称单刀双掷开关（Single Pole Double Throw，SPDT）。图形符号如图 2-19 所示，有三个接线端，分别是 L、L_1、L_2，当将 L、L_2 接入回路中时，若触头在 L、L_2 之间，则回路接通；当触头在 L、L_1 之间，则回路断开。家庭照明电路中使用的双控开关在仿真软件中的实物图（正反面）如图 2-20 所示。

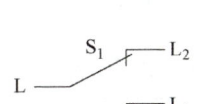

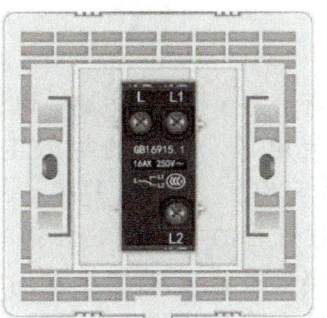

图 2-19　双控开关
图形符号

图 2-20　双控开关实物图、反面示意图

巩固提高

一、填空题

1. 正弦交流电量的三要素：_____、_____、_____。
2. 工频交流电的频率是_____Hz。
3. 周期、频率和角频率三者间满足的关系是_____。
4. 已知 $u = 20\sin(314t+\pi/4)$ V，则 u 的幅值是_____，有效值是_____，角频率是_____，初相角是_____。
5. 用电流表测得一正弦交流电路的电流为 8A，则其最大值为_____。

二、选择题

1. 已知正弦量 $i = 10\sin(20\pi t+30°)$，$u = 220\sin(20\pi t-120°)$，则电压 u 与电流 i 的相位关系是（ ）。
   - A. 电压超前电流 150°
   - B. 电流超前电压 150°
   - C. 电压超前电流 90°
   - D. 电流超前电压 90°
2. 标有"220V/40W"的白炽灯，其中 220V 指的是所接电压的（ ）。
   - A. 瞬时值
   - B. 最大值
   - C. 平均值
   - D. 有效值
3. 某正弦电压最大值为 380V，频率为 50Hz，计时始数值等于 380V，其瞬时值表达式为（ ）。
   - A. $u = 380\sin 314t$ V
   - B. $u = 380\sqrt{2}\sin(314t+90°)$ V
   - C. $u = 380\sin(314t+90°)$ V
   - D. $u = 380\sin(314t+45°)$ V

任务二 基于 Multisim 的家庭照明电路仿真分析

任务导学

如何计算荧光灯电路中的电流和电压，如何基于 Multisim 仿真软件对电流、电压的数值和相位进行测量？

任务说明

如图 2-21 所示为一荧光灯电路，电源 u 为单相 220V 的交流电源，灯管的等效电阻 R 为 250Ω，整流器的电感 L 为 1.47H，电阻 R_L = 50Ω，计算流过灯管的电流 $\dot{I}_R$、灯管的端电压 $\dot{U}_R$、整流器的端电压 $\dot{U}_{RL}$、灯管的平均功率 P_R、荧光灯电路的平均功率 P 及功率因数 $\cos\varphi_1$。基于 Multisim 仿真软件对该荧光灯电路中的参数进行测量，并与计算数值进行对比。

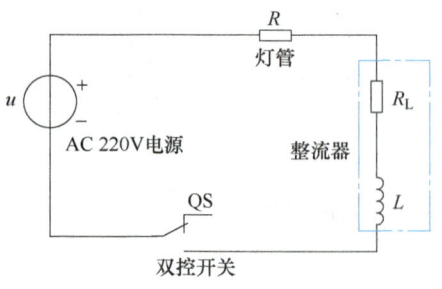

图 2-21 双控开关控制的荧光灯电路

任务实施

1) 在图 2-21 中标出电路中各未知电参数的符号和方向。
2) 求解整流器的感抗 X_L、整流器的等效阻抗 Z_1。

3) 求解荧光灯电路的总阻抗 Z。

4) 写出荧光灯电路中各未知电参数的计算公式并算出结果，完成表 2-7。

表 2-7　荧光灯电路中的参数的计算公式及计算结果

电参数名称	计算公式	计算结果	电参数名称	计算公式	计算结果
$\dot{I}_R$			P_R		
$\dot{U}_R$			P		
$\dot{U}_{RL}$			$\cos\varphi_1$		

5) 说明如何提高荧光灯电路的功率因数。

6) 基于 Multisim 仿真软件测出 $\dot{I}_R$、$\dot{U}_R$、$\dot{U}_{RL}$。在 Multisim 仿真软件中构建仿真电路模型，将仪器仪表安装正确，将测量结果与步骤 4) 中的计算结果进行对比，完成表 2-8。

表 2-8　荧光灯电路参数仿真测量结果 1

参数	仿真结果	计算结果	误差	参数	仿真结果	计算结果	误差
I_R				$\dot{I}_R$ 辐角			
U_R				$\dot{U}_R$ 辐角			
U_{RL}				$\dot{U}_{RL}$ 辐角			

7) 基于 Multisim 仿真软件测出 P_R、P、$\cos\varphi_1$，在 Multisim 仿真软件中构建仿真电路模型，将仪器仪表安装正确，将测量结果与步骤 4) 中的计算结果进行对比，完成表 2-9。

表 2-9　荧光灯电路参数仿真测量结果 2

参数	仿真结果	计算结果	误差
P_R			
P			
$\cos\varphi_1$			

知识链接

电路中的元器件有些呈电阻性，有些呈电感性或电容性，有些则是电阻、电感、电容等的串联、并联组成的复杂电路。在学习各元件的复杂电路之前先来学习单一参数的交流电路中的规律，即电路中只包含线性电阻、电感、电容元件中的某一种元件的交流电路。

一、电阻元件的交流电路

1. 电压与电流的关系

在交流电路中，通过电阻元件的电流与其两端的电压，在任何时刻都遵循欧姆定律。

电阻元件的正弦交流电路

如图 2-22 所示，只包含电阻元件 R 的单一参数交流电路，电压与电流的参考方向如图中所示。

现设电阻元件的端电压和电流分别为

$$u = U_m \sin(\omega t + \varphi_u) \quad (2\text{-}31)$$

$$i = \frac{U_m}{R}\sin(\omega t + \varphi_u)$$

$$= I_m \sin(\omega t + \varphi_i) \quad (2\text{-}32)$$

图 2-22 电阻元件交流电路

式（2-32）表明线性电阻元件电压与流过电阻元件的电流之间的关系如下：

（1）电阻元件的频率关系

通过电阻元件的电流与该电阻元件的端电压是同频率的正弦电量。

（2）电阻元件的数值关系

$$I_m = \frac{U_m}{R} \quad (2\text{-}33)$$

式（2-33）两端都除以 $\sqrt{2}$，可得有效值之间的关系式满足式（2-34）：

$$I = \frac{U}{R} \quad (2\text{-}34)$$

式（2-34）表明，线性电阻元件的电流有效值与电压有效值之间满足欧姆定律的形式。

（3）电阻元件的相位关系

$\varphi_u = \varphi_i$，电压 u 与电流 i 同相位，波形图如图 2-23 所示。

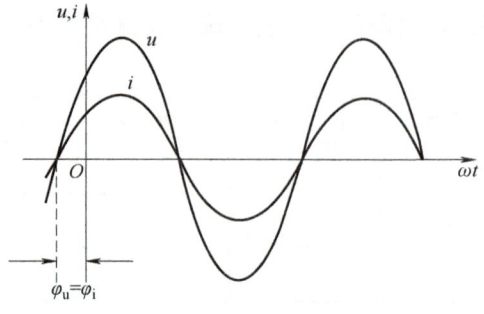

图 2-23 电阻元件电压与电流的波形图

2. 欧姆定律的相量形式

总结以上分析，可得线性电阻元件端电压与电流的相量关系式为

$$\dot{U} = U\angle\varphi_u = IR\angle\varphi_i = I\angle\varphi_i R$$

$$\dot{U} = \dot{I}R \quad (2\text{-}35)$$

或

$$\dot{I} = \frac{\dot{U}}{R} \quad (2\text{-}36)$$

式（2-35）和式（2-36）表示了电压、电流的数值 $\left(I = \frac{U}{R}\right)$ 与相位（$\varphi_u = \varphi_i$）之间的关系，称为欧姆定律的相量形式。相应的相量图如图 2-24 所示。

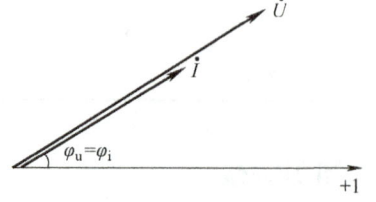

图 2-24 电阻元件电压和电流的相量图

3. 功率

（1）电阻元件的瞬时功率

在交流电路中，电流、电压都是按正弦规律变化的，电阻元件吸收的电功率一定也是随时间变化的。电阻元件在每一瞬时的电功率称为瞬时功率，用小写字母 p 表示，等于电压瞬时值乘以电流瞬时值，即

$$p = ui \tag{2-37}$$

现假定电阻元件的端电压 $u = U_m \sin\omega t$，通过的电流与之同相，$i = I_m \sin\omega t$，则

$$\begin{aligned} p &= U_m \sin\omega t \cdot I_m \sin\omega t \\ &= U_m I_m (\sin\omega t)^2 \\ &= UI(1-\cos 2\omega t) \end{aligned} \tag{2-38}$$

电阻元件瞬时功率绘制成波形图如图 2-25 所示。

由于电阻元件的电压 u、电流 i 同相位，它们的瞬时值总是同为正或同为负，所以瞬时功率总满足 $p \geq 0$。这表明电阻元件是耗能元件，它总是在吸收电功率，并转换成为热能。

（2）电阻元件的平均功率

瞬时功率 p 不能表示电阻元件的实际耗能效果。为此取瞬时功率 p 在一个周期内的平均值，称为平均功率，并用大写字母 P 表示。平均功率又称有功功率。

$$P = \frac{1}{T}\int_0^T p\,\mathrm{d}t = \frac{1}{T}\int_0^T UI(1-\cos 2\omega t)\,\mathrm{d}t = UI \tag{2-39}$$

将式（2-34）代入式（2-39）得平均功率的计算式为

$$P = UI = I^2 R = \frac{U^2}{R} \tag{2-40}$$

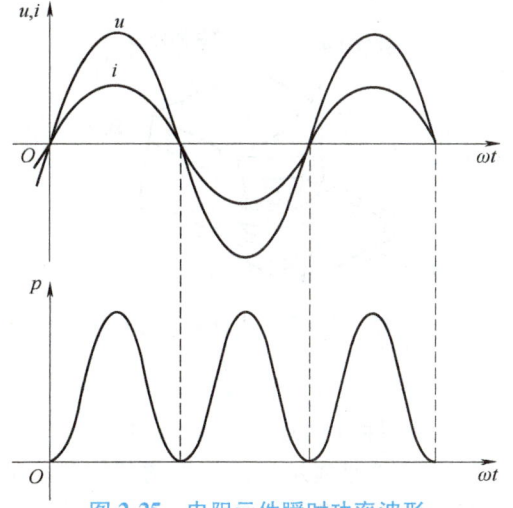

图 2-25　电阻元件瞬时功率波形

平均功率表示的是电阻元件的实际耗能效果。

当正弦电压、电流用有效值表示时，电阻元件的平均功率与直流电路中功率的计算公式相同。

二、电感元件的交流电路

电流通过导线，在导线周围就会产生磁场。为了增强磁场，满足工程实际需要，用导线密密地绕成线圈，就称为电感线圈，又称为电感器。电感线圈是电工电子电路的基本元件之一，它在电路中所起的作用各不相同，主要有以下 4 种：

电感元件的正弦交流电路

1）限流作用：电感线圈有阻止高频电流通过，而让低频或直流电流通过的作用。例如，在整流电路中用作滤波器、在电子电路中用作高频扼流线圈。

2）调谐与选频作用：电感器与电容器构成谐振电路，将所需要频率的信号选择出来。例如，收音机接收广播信号的电路就是这种谐振电路。

3）用作镇流器：是荧光灯等节能电光源电路中的重要元件。

4）用作电抗器：在交流电焊机中，用改变线圈电感量的方法，调节电弧电流，满足焊接工艺要求。

图 2-26 所示就是几种常见的电感线圈。

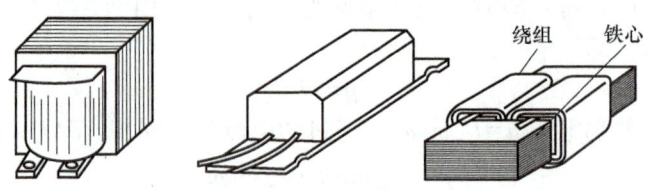

图 2-26　几种常见的电感线圈

贴片电感外形一般呈矩形或圆柱形，按结构分主要有绕线型、多层型和卷绕型等，在这种电感器的内部采用了高导磁的铁氧体磁心，以提高电感量。图 2-27 是绕线型贴片电感的结构，其电感量范围在 0.1~1000μH，额定电流最高可达 300mA。图 2-28 是多层型贴片电感的结构，其电感量较小，一般为 0.1~200μH，额定电流为 100mA。

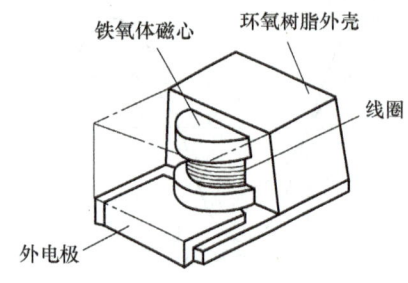

图 2-27　绕线型贴片电感的结构

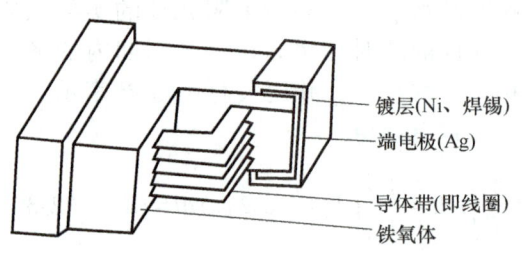

图 2-28　多层型贴片电感的结构

1. 电感元件的伏安关系

（1）线性电感元件

电感元件是表示电流建立磁场、储存磁场能这一电磁现象的理想电路元件。电感线圈的原理示意如图 2-29a 所示。若线圈的匝数是 N，通过的电流是 i，则将在电感线圈内集中建立磁场。设穿过每匝线圈的磁通为 Φ，其与 N 匝线圈交链，乘积 $\Psi=N\Phi$ 称为线圈的磁链。忽略极小的导线电阻和匝间电容，可认为该电感线圈是一个理想电感元件，具有储存磁场能的功能，如图 2-29b 所示。

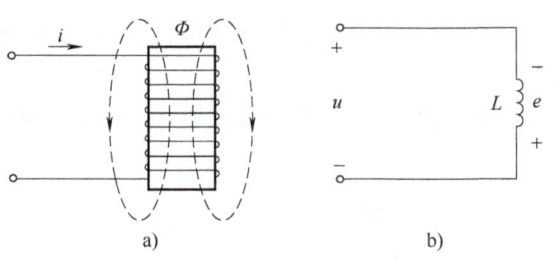

图 2-29　电感线圈和理想电感元件

如果电感线圈周围的介质是非铁磁物质，那么磁链 Ψ 会与电流 i 成正比，比例系数用 L 表示，它是一个常数，称为电感系数。

$$\Psi = Li \tag{2-41}$$

这样的电感元件称为线性电感元件。在国际单位制中，磁链 Ψ 的单位是韦［伯］(Wb)，电流 i 的单位是安［培］(A)，电感 L 的单位是亨［利］(H)。本项目都只涉及线性电感元件。

电感元件在某时刻的磁场能量与电感系数 L 和该时刻通过它的电流 $i(t)$ 有关，储能的

表示式为

$$W(t) = \frac{1}{2}Li^2(t) \tag{2-42}$$

（2）电感元件的伏安关系

通过电感元件的电流是交变的，磁通 Φ 和磁链 Ψ 也相应发生变化。根据电磁感应定律，导体置于变化的磁场中将在导体内部产生感应电动势。因此，电感元件置于变化的磁场中在电感线圈内也会产生感应电动势，其数值大小正比于磁通对时间的变化率，在规定的参考方向下，有

$$e = -\frac{d\Psi}{dt} \tag{2-43}$$

线性电感元件的 $\Psi = Li$，代入式（2-43），得

$$e = -L\frac{di}{dt} \tag{2-44}$$

根据基尔霍夫电压定律，有

$$u = -e \tag{2-45}$$

电感元件的伏安关系式为

$$u = L\frac{di}{dt} \tag{2-46}$$

式（2-46）表明，电感元件的端电压与通过它的电流对时间的变化率成正比。如果电流不变化，是恒定值，则 $e=0$，便不会产生感应电动势，电感元件的端电压为零。所以在直流电路中，电感元件相当于一条无阻值导线。

2. 正弦交流电路中电感元件端电压与流过的电流之间的关系

假设通过电感元件的电流是正弦电流为

$$i = I_m \sin\omega t \tag{2-47}$$

则电感元件的端电压为

$$\begin{aligned} u &= L\frac{d}{dt}(I_m \sin\omega t) \\ &= \omega L I_m \sin(\omega t + 90°) \\ &= U_m \sin(\omega t + 90°) \end{aligned} \tag{2-48}$$

式（2-48）表明，电感元件端电压与流过电感元件电流的关系如下：

（1）电感元件的频率关系

电感元件端电压与流过电感元件的电流是同频率的正弦电量。

（2）电感元件的数值关系

$$U_m = \omega L I_m \tag{2-49}$$

$$I_m = \frac{U_m}{\omega L} \tag{2-50}$$

两边同除以 $\sqrt{2}$ 得有效值表达式为

$$I = \frac{U}{\omega L} = \frac{U}{X_L} \tag{2-51}$$

式中，$X_L = \omega L$，称为感抗，单位是欧[姆]（Ω）。

引入感抗 X_L 这一概念后，电感元件的端电压与电流的有效值之间也具有欧姆定律的形式。当电压的有效值 U 一定时，X_L 越大，电流的有效值 I 越小。可以认为，**感抗 X_L 是表征电感元件对流过电流呈现阻碍作用大小的物理量。**

将 $\omega = 2\pi f$ 代入感抗公式，得

$$X_L = \omega L = 2\pi f L \tag{2-52}$$

式（2-52）表明，感抗 X_L 与电流的频率 f 成正比。利用电感线圈在高频时感抗 X_L 大的特点，可以制作扼流线圈，阻止高频电流通过。在直流电路中，因为频率 $f=0$，所以感抗 $X_L=0$，此时，电感元件相当于无阻值导线，即相当于电感元件被短路。

（3）电感元件的相位关系

式（2-47）和式（2-48）表明，电感元件端电压 u 的初相角 $\varphi_u = 90°$，电流 i 的初相角 $\varphi_i = 0°$，相位差 $\varphi_u - \varphi_i = 90°$，电压 u 比电流 i 超前 $90°$，波形如图 2-30a 所示。

电感元件端电压与流过的电流之间的关系用相量来表示有

$$\dot{U} = U\angle\varphi_u = IX_L\angle(\varphi_i + 90°) = I\angle\varphi_i \cdot X_L\angle 90° = \dot{I} \cdot jX_L$$

或

$$\dot{I} = \frac{\dot{U}}{jX_L} \tag{2-53}$$

式（2-53）同时包含了电感元件端电压与流过的电流之间的有效值的数值关系和相位关系。相量图如图 2-30b 所示。

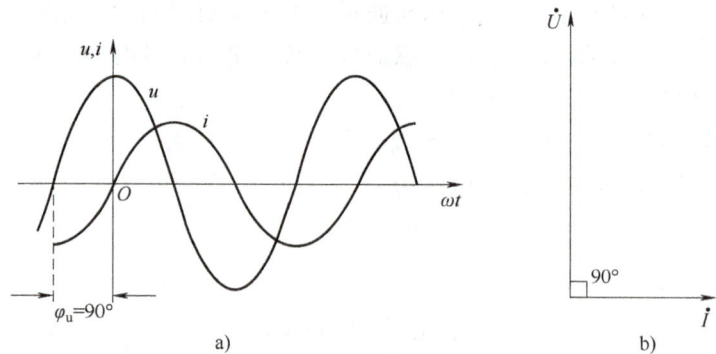

图 2-30　电感元件电压、电流的波形图和相量图

3. 功率

（1）电感元件的瞬时功率 p

将 u 和 i 的公式代入电感元件的瞬时功率公式，得

$$\begin{aligned}
p &= ui \\
&= U_m \sin(\omega t + 90°) \cdot I_m \sin\omega t \\
&= U_m I_m \cos\omega t \cdot \sin\omega t \\
&= \frac{U_m I_m}{2}\sin 2\omega t \\
&= UI\sin 2\omega t
\end{aligned} \tag{2-54}$$

式（2-54）表明，瞬时功率的最大值为 UI，并以 2ω 的角频率随时间按正弦规律变化，其波形如图 2-31 所示。

从图 2-31 可以看出，在 u 和 i 的第一个和第三个 1/4 周期，电压 u 和电流 i 的符号相同，即同是正值或同是负值，此时计算所得瞬时功率 p 是正值。在此期间，电流 i 的数值从零增长到最大值，电感元件建立磁场（磁场强度的大小是电流 i 的单值函数，并与之成正比），并将从电源处吸收的电能转换为磁场能，储存在磁场中。

在 u 和 i 的第二个和第四个 1/4 周期，电压 u 和电流 i 一个是正值、一个是负值，此时计算所得瞬时功率 p 是负值。在此期间，电流 i 的数值从最大值减小到零，电感元件中的磁场在消失。电感元件把原来储存的磁场能量释放出来，返还给电源。之后各周期都重复上述过程。因此，电感元件是一个储能元件，它本身并不消耗电功率，其平均功率一定为零。这可以从其数学计算加以证明。

（2）电感元件的平均功率 P

瞬时功率在一个周期内的平均值就是平均功率

$$P = \frac{1}{T}\int_0^T p\,dt$$
$$= \frac{1}{T}\int_0^T UI(\sin 2\omega t)\,dt$$
$$= 0 \qquad (2\text{-}55)$$

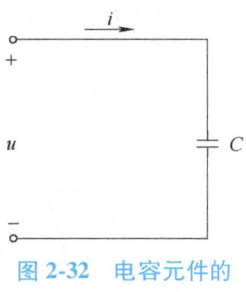

图 2-31　电感元件瞬时功率波形图

（3）电感元件的无功功率 Q

电感元件的平均功率 $P=0$，但其存在电源与电感之间的能量交换，所以瞬时功率不为零。而且这种能量交换需占用电源的一部分电流，这对有效使用交流电源及减小输电线路上的功率损耗有重要影响。为了衡量这种能量交换的规模，取瞬时功率的最大值为衡量标准，称为无功功率，用大写字母 Q 表示，即

$$Q = UI = I^2 X_L = \frac{U^2}{X_L} \qquad (2\text{-}56)$$

由式（2-56）可知，无功功率与平均功率有相同的单位（量纲），但是为了从概念上对两者加以区分，无功功率 Q 的单位采用乏（var）或千乏（kvar）。

三、电容元件的交流电路

当电容元件外接交流电源时，因端电压 u 的变化，电容元件处于不断的充放电中，极板上储存的电荷 q 也发生变化，于是电荷在连接导线上定向移动，形成电流，即电容元件的充放电电流 i，在图 2-32 所示参考方向下，有

$$i = \frac{dq}{dt} = \frac{d(Cu)}{dt} = C\frac{du}{dt} \qquad (2\text{-}57)$$

图 2-32　电容元件的伏安特性

式（2-57）就是电容元件的伏安特性表达式。

1. 正弦交流电路中电容元件端电压与流过的电流的关系

设电容元件外加正弦电压为 $u = U_m\sin\omega t$，电容元件的电流为

$$i = C\frac{du}{dt} = C\frac{d(U_m\sin\omega t)}{dt}$$

电容元件的正弦交流电路

$$= \omega C U_m \cos\omega t$$
$$= \omega C U_m \sin(\omega t + 90°)$$
$$= I_m \sin(\omega t + 90°) \tag{2-58}$$

式（2-58）表明，电容元件端电压与流过的电流满足以下关系：

（1）电容元件的频率关系

电容元件的端电压 u 与流过电容元件的电流 i 是同频率的正弦电量。

（2）电容元件的数值关系

$$I_m = \omega C U_m = \frac{U_m}{\frac{1}{\omega C}} \tag{2-59}$$

式（2-59）两边同时除以 $\sqrt{2}$ 得有效表达式为

$$I = \omega C U = \frac{U}{\frac{1}{\omega C}} = \frac{U}{X_C} \tag{2-60}$$

式中，

$$X_C = \frac{U}{I} = \frac{1}{\omega C} = \frac{1}{2\pi f C} \tag{2-61}$$

X_C 等于电压有效值与电流有效值之比，单位是欧［姆］（Ω），称为容抗。

引入容抗 X_C 的概念之后，电压有效值与电流有效值之间也具有欧姆定律的形式。因此，当电压 U 一定时，容抗 X_C 越大，电流 I 越小。可见容抗是表征电容元件对电流阻碍作用大小的物理量。由式（2-61）各参数之间的关系可知，电容 C 一定时，电流的频率 f 越高，容抗 X_C 越小。对于直流电路，频率 $f=0$，电容呈现的容抗 $X_C \to \infty$，此时电路可视为开路，这就是电容元件的"隔直流"作用。而对于高频电流，电容元件呈现的容抗值很小，使高频电流易于通过。

（3）电容元件的相位关系

在以上分析中，假设电压的初相角 $\varphi_u = 0°$，则电流的初相角 $\varphi_i = 90°$，相位差 $\varphi = \varphi_u - \varphi_i = -90°$。表明电容元件的端电压 u 比流过电容元件的电流 i 滞后 90°，其波形如图 2-33a 所示。

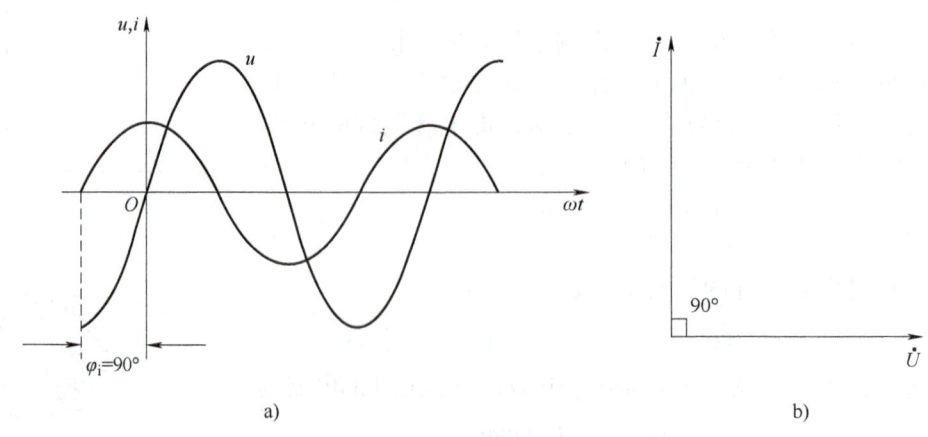

图 2-33　电容元件电压、电流的波形图和相量图

电容元件端电压与流过电容元件的电流之间的关系用相量形式表示为

$$\dot{I} = I\angle\varphi_i = \frac{U}{X_C}\angle(\varphi_u+90°) = \frac{U\angle\varphi_u}{X_C}\angle 90° = j\frac{\dot{U}}{X_C} \quad (2\text{-}62)$$

$$\dot{U} = -jX_C\dot{I} = -j\frac{1}{\omega C}\dot{I} \quad (2\text{-}63)$$

式（2-63）同时包含了电容元件的端电压与流过电容元件的电流之间有效值和相位角之间的关系，相量图如图 2-33b 所示。

2. 功率

（1）电容元件的瞬时功率 p

$$\begin{aligned} p &= ui \\ &= U_m\sin\omega t \cdot I_m\sin(\omega t+90°) \\ &= U_mI_m\sin\omega t \cdot \cos\omega t \\ &= \frac{U_mI_m}{2}\sin 2\omega t \\ &= UI\sin 2\omega t \end{aligned} \quad (2\text{-}64)$$

瞬时功率的波形图如图 2-34 所示。

由公式和波形图分析可知，瞬时功率 p 的最大值等于 UI，以 2ω 的角频率随时间按正弦规律变化。图 2-34 显示，在 u 和 i 的第一个和第三个 1/4 周期内，电压 u 和电流 i 同为正或同为负，此时，瞬时功率 $p\geq 0$。在这段时间内，电压 u 的数值从零增加到最大值，电容充电，建立电场，并把从电源处得到的电能储存在电场中。在 u 和 i 的第二个和第四个 1/4 周期内，电压 u 和电流 i 其中一个是正值，另一个是负值，此时瞬时功率 $p\leq 0$。在这段时间内，电压 u 的数值从最大值减小到零，电容放电，并把储存的电场能释放出来，返还给电源。在之后的各周期均重复上述过程。

总结以上分析，电容元件并不消耗电功率，因此其平均功率一定为零，所以它也是一个储能元件。

（2）电容元件的平均功率 P

$$\begin{aligned} P &= \frac{1}{T}\int_0^T p\,dt \\ &= \frac{1}{T}\int_0^T UI(\sin 2\omega t)\,dt \\ &= 0 \end{aligned} \quad (2\text{-}65)$$

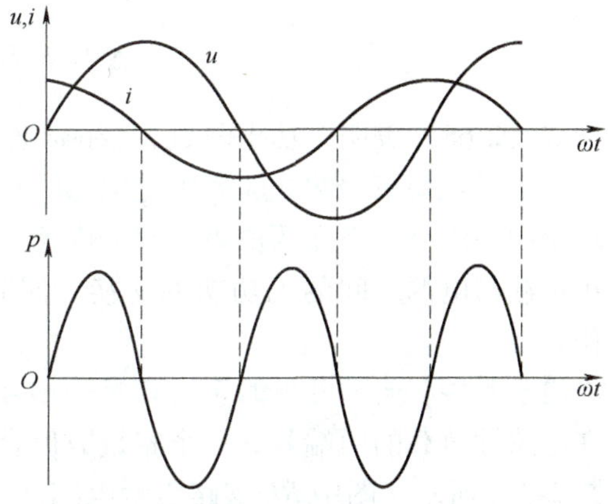

图 2-34　电容元件瞬时功率波形图

（3）电容元件的无功功率 Q

与电感元件一样，采用无功功率衡量电容元件与电源之间能量交换的规模。无功功率 Q 等于瞬时功率的最大值 UI。

$$Q = UI = I^2 X_C = \frac{U^2}{X_C} \quad (2\text{-}66)$$

同样，无功功率的单位是乏（var）或千乏（kvar）。

四、功率因数的提高

提高供电系统的功率因数是一个关系到充分发挥现有发电设备潜力、节约能源的重要问题，具有重要的经济意义。

正弦交流电路的平均功率 P 与功率因数 $\lambda = \cos\varphi$ 有关，而 $\cos\varphi$ 取决于负载的性质和参数。在交流供电系统中，工业负载多为电感性负载，例如，大量使用的三相异步电动机就是电感性负载。当电动机满载运行时，其功率因数为 0.8~0.9，而轻载运行时（大马拉小车）其功率因数只有 0.2~0.3。再例如，日常生活中常用的照明荧光灯电路，由于串联了镇流器（等效为电阻与电感的串联），也是电感性负载，它的功率因数约为 0.5。因此，整个供电系统是电感性电路，功率因数小于 1。功率因数低会产生以下两个问题：

1. 发电设备的容量未能被充分利用

发电设备的容量 S_N 是由其额定电压 U_N 和额定电流 I_N 决定的，视在功率 $S_N = U_N I_N$ 是发电设备可能提供的最大电功率。显然，当功率因数 $\lambda = \cos\varphi = 1$ 时，此时平均功率 $P = S_N = U_N I_N$，发电设备得到最充分的利用。若功率因数 $\lambda = \cos\varphi < 1$，则平均功率 $P = U_N I_N \cos\varphi < S_N$。这说明发电设备已经处于额定工作状态，但它所发出的电能并不全部转换为负载的平均功率。$\lambda = \cos\varphi$ 越小，平均功率 P 就越小，发电设备也就越没得到充分利用。

2. 功率因数低，输电线路的损耗大

当输电线路的上的电压 U 一定，并且负载所需的功率 P 一定时，由于 $P = UI\cos\varphi$，此时，电流 I 与 $\lambda = \cos\varphi$ 成反比，即

$$I = \frac{P}{U\cos\varphi} \tag{2-67}$$

如果输电线路本身的电阻为 R，则输电线路上的功率损耗 ΔP 与功率因数 $\lambda = \cos\varphi$ 的二次方成反比，即

$$\Delta P = I^2 R = \left(\frac{P}{U}\right)^2 R \frac{1}{\cos^2\varphi} \tag{2-68}$$

式（2-68）表明，功率因数 $\lambda = \cos\varphi$ 越小，则输电线路上的功率损耗 ΔP 就越大。

供电系统功率因数低的原因是电感性负载与电源之间存在无功功率的往返交换，这种无功功率的往返交换必然要占用一部分电流。 因此，想要提高供电系统的功率因数就要想办法减小负载与电源之间的无功功率交换。同时，既要提高功率因数，又不能影响负载的正常工作。

电感元件与电容元件的无功功率是相互补偿的。 因此，提高供电系统功率因数的方法就是在电感性负载的两端**并联**一个容量数值合适的电容器 C，称为补偿电容。其工作原理电路如图 2-35a 所示。图中 RL 支路表示电感性负载，C 为补偿电容。

图 2-35b 所示为该电路所对应的相量图。以电压 $\dot{U}$ 作为参考相量，在未并联电容 C 之前，感性负载支路的电流 $\dot{I}_{RL}$ 滞后于电压，滞后的角度为 φ_1，总电流 $\dot{I} = \dot{I}_{RL}$，所以整个电路的功率因数就是 $\lambda_1 = \cos\varphi_1$。

在并联补偿电容 C 之后，产生了电容支路的电流 $\dot{I}_C$，$\dot{I}_C$ 比电压 $\dot{U}$ 超前 90°，使电源提供的总电流 $\dot{I} = \dot{I}_{RL} + \dot{I}_C$，有效值 $I < I_{RL}$。且总电流 $\dot{I}$ 与电压 $\dot{U}$ 之间的相位差角 $\varphi_2 < \varphi_1$，因此加入电容 C 之后的补偿电路的功率因数 $\lambda_2 = \cos\varphi_2 > \lambda_1 = \cos\varphi_1$。

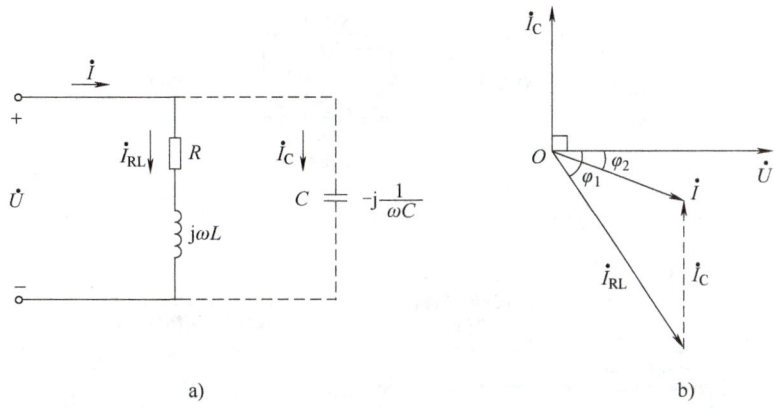

图 2-35 提高供电系统的功率因数

这时感性负载的工作状态，包括电流、电压、功率等均未发生变化，它自身的功率因数（$\lambda_1 = \cos\varphi_1$）也没有变化。但是，却提高了整个电路（把感性负载支路和电容支路并联的电路作为一个整体）的功率因数（$\lambda_2 = \cos\varphi_2$），也可以说是提高了整个供电系统的功率因数。

为了把供电系统的功率因数从 $\lambda_1 = \cos\varphi_1$ 的提高到 $\lambda_2 = \cos\varphi_2$，应该并联的补偿电容器的电容量 C 可依据相量图得出，其计算式为

$$C = \frac{I_C}{\omega U} = \frac{P}{\omega U^2}(\tan\varphi_1 - \tan\varphi_2) \tag{2-69}$$

五、Multisim 仿真软件中虚拟仪器的使用

1. 功率表

功率表用来测量电路的交流、直流功率，功率的大小是流过电路的电流和电压差的乘积，单位为 W。功率表也能测量功率因数，功率因数是电压和电流相位差角的余弦值。功率表的图标、接线符号、面板示意图如图 2-36 所示。

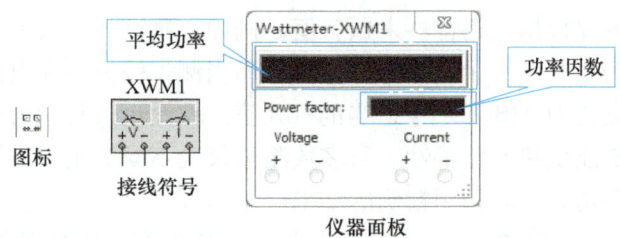

图 2-36 功率表的图标、接线符号、面板示意图

2. 伯德图仪

伯德图仪（Bode Plotter）能产生一个频率范围很宽的扫描信号，用于测量电路的幅频特性和相频特性。伯德图仪的图标、接线符号如图 2-37 所示，其面板如图 2-38 所示。

注意： 使用伯德图仪测量幅频特性和相频特性曲线时，电路输入端必须接有信号源。若没有信号源，电路将不能仿真。使用何种信号源并不会影响测量结果，例如，用函数发生器或用元器件库中的 AC_POWER 作为电路输入端信号源，效果一样。

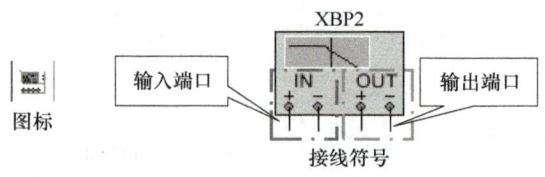

图 2-37 伯德图仪的图标、接线符号

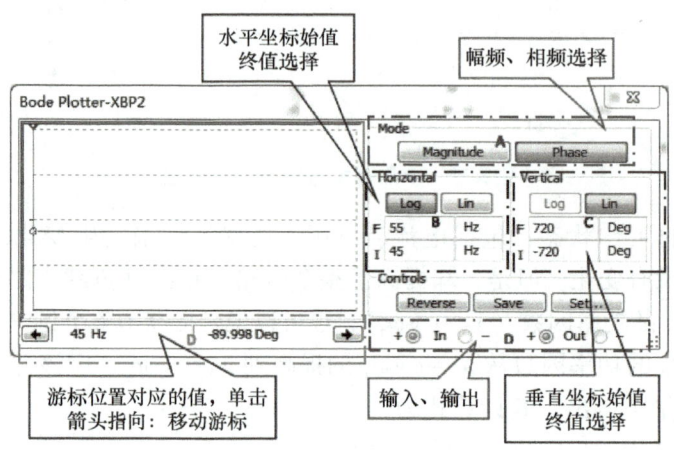

图 2-38 伯德图仪的面板

（1）Mode 模式选择

1）**幅频特性测量。** 幅频（Magnitude）特性是指在一定频带内，两个测试点之间（如电路输入 in 和电路输出 out）的幅度比率随频率变化的特性。例如，电压放大器的电压增益在一定频带内并非一致。为了解在一个频带内放大器各频率点的电压增益，就要对放大器进行电压增益的幅频特性的测量。将伯德图仪与被测电路相连，用鼠标单击 Magnitude 按钮，伯德图仪显示屏上就会绘制出幅频特性曲线。

注意： 伯德图仪显示屏水平轴和垂直轴的初始值和最终值要预置一个值。水平轴设置某一频带段，垂直轴需要根据电路特性来预置值。例如，测试一个放大电路，垂直轴的初始值和最终值分别设置为 0dB 和一个适当的+dB 值，而当测试滤波单元电路时，垂直轴的初始值和最终值可以分别设置为 0dB 和一个适当的-dB 值。在测试过程中可改变这些预置值，使伯德图仪显示的曲线更能反映电路特性。与多数测量仪表不同的是，如果伯德图仪被移动到别的测试点，最好重新仿真，以得到精确的结果。

2）**相频特性的测量。** 相频（Phase）特性曲线，是指在一定的频带段内，两个测试点之间（如电路输入 in 和电路输出 out）的相位差值。与测量幅频特性一样，用鼠标单击 Phase 按钮，相频特性曲线就会绘制出来。

幅度比率和相位差都是频率（Hz）的函数。

（2）测量方法

将仪器输入端口正极与电路输入的正极相连，将仪器输出端口正极与电路输出正极相连。将仪器输入端口的负极与仪器输出端口的负极一并接地。

如果测量是针对一个组件的，则将伯德图仪正极分别接到组件输入和输出两端，负极一并接地。

1) 水平轴与垂直轴的设置。

① 基本设置。当比值或增益有较大变化范围时,坐标轴一般设置为对数的方式,这时频率通常也用对数表示。

当刻度由对数(log)形式变为线性形式时,可以不必重新仿真,如图 2-39 所示。

② 水平轴(Horizontal)刻度。水平轴(X 轴)显示的是频率。它的刻度由横轴的初始值和最终值决定。当要分析的频率范围比较大时,应使用对数刻度。

设置水平轴初始值(I)和最终值(F)时,**一定要使 I<F**,Multisim 不允许 I>F 的情况出现。

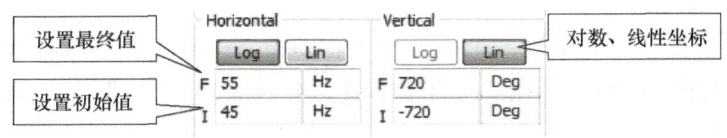

图 2-39 伯德图仪坐标轴的设置示意图

③ 纵轴(Vertical)刻度。纵轴(Y 轴)的刻度和单位是由测量的内容决定的,见表 2-10。

表 2-10 测量内容

测量内容	使用坐标	最小初始值	最大最终值
幅频增益	log	−200dB	200dB
幅频增益	lin	0	10^9
相频	lin	−720°	720°

测量电压增益时,纵轴显示的是电路输出电压与输入电压的比率,使用对数坐标时,单位是分贝。使用线性时,显示输出电压与输入电压的比率。当测量相频响应曲线时,纵轴刻度显示相位角的差值,单位为度。

2) **垂直游标的使用**。垂直游标使用前一般都在伯德图仪屏幕的左边沿上,如图 2-40 所示。移动伯德图仪的垂直游标到某一频率上,与该频率相对应增益或相位的差值将被显示出来。

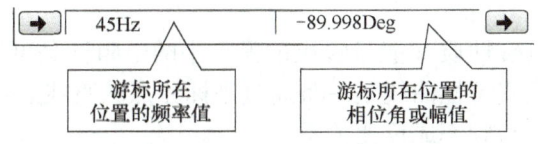

图 2-40 游标所在位置频率对应测量值

移动垂直游标的两种方法如下:

① 用鼠标单击伯德图仪底部的向左 ← 或向右 → 的箭头,**可精细调整垂直游标位置**。

② 用鼠标单击伯德图仪左边沿上部倒立小三角 ▽ 不放,再移动鼠标即拖动垂直游标到测试点的位置,该方法**可粗略调试垂直游标的位置**。

注意:用伯德图仪测试电路幅频特性和相频特性曲线时,电路中要有信号源。

巩固提高

一、选择题

1. 已知复数 $A=3+4j$，则复数 A 的辐角为（　　）。
   A. 30°　　　　B. 37°　　　　C. 53°　　　　D. 60°

2. 若电路中某元件的端电压 $u=36\sin(314t-180°)$ V，电流 $i=4\sin(314t-180°)$ A，则该元件是（　　）。
   A. 电阻　　　B. 电感　　　C. 电容　　　D. 二极管

3. 已知某元件的端电压 $u=50\sin(2t-45°)$ V，电流 $i=25\sin(2t+45°)$ A。则该元件是（　　）。
   A. 电容　　　B. 电感　　　C. 电阻　　　D. 以上都不是

4. 已知一个电感 $L=2$H，接在 $u=220\sqrt{2}\sin(314t-60°)$ V 的电源上，则电感元件的无功功率 Q 为（　　）。
   A. 66var　　　B. 77var　　　C. 88var　　　D. 99var

5. 在 SI（国际单位制符号）中，电感的单位为（　　）。
   A. 亨利　　　B. 赫兹　　　C. 欧姆　　　D. 法拉

6. 已知一个电容 $C=100\mu F$，接在 $u=220\sqrt{2}\sin(1000t-45°)$ V 的电源上，则流过电容元件的电流为（　　）。
   A. 11A　　　B. $11\sqrt{2}$A　　　C. 22A　　　D. $22\sqrt{2}$A

7. 电容一定时，容抗与频率的关系是（　　）。
   A. 成正比关系　　B. 成反比关系　　C. 没关系　　D. 以上都不对

二、填空题

1. 正弦电压 $u=15\sqrt{2}\sin(314t-25°)$ V，对应的相量表达式为_____。
2. 在 RC 串联电路中，$U_R=3$V，$U_C=4$V，则总电压为_____。
3. 阻值为 15Ω 的电阻中通过 3A 的正弦电流，则电阻两端的电压大小为_____。
4. 一个额定电压为 220V、功率为 100W 的电烙铁，该电烙铁的电阻值为_____。

三、判断题

1. 同一个相量图上的正弦电量具有相同的频率。（　　）
2. 不同频率正弦电量之间没有确定的相位差，也无法比较它们的超前、滞后关系。（　　）
3. 负载所表现出的电磁性质（能量转换过程）中的电阻性是可逆的。（　　）
4. 线性电阻元件的伏安特性曲线是一条通过坐标原点的直线。（　　）
5. 电感一定时，感抗与频率成反比关系。（　　）
6. 在直流电路中，电感元件相当于短路。（　　）

任务三　正弦电路中电参数的分析、计算与仿真

任务导学

交流电路中电参数的计算与直流电路中电参数的计算有什么异同？

任务说明

收音机的原理是把从天线接收到的高频信号经检波（解调）还原成音频信号，送到耳机变成音波。由于广播事业的发展，天空中有了很多不同频率的无线电波。为了选择所需要的广播，在接收天线后，有一个选择性电路，它的作用是把所需的信号（电台）挑选出来，并把不需要的信号"滤掉"，以免产生干扰，这就是收听广播时使用的选台按钮。计算广播电路中的各电参数，分析收音机实现选台功能的原理。

任务实施

收音机接收信号电路如图 2-41a 所示，各种频率的广播信号被收音机的磁性天线接收后，在线圈 Ⅱ 内感应出微弱的不同频率的信号电压 u_1、u_1、…，图 2-41b 是线圈 Ⅱ 电路的电路模型。改变可调电容器 C 的电容量，就能够使电路对所需广播信号发生串联谐振。现已知 $L=320\mu H$，$R=16\Omega$，接收 $f_0=826kHz$ 的广播信号，完成以下任务点。

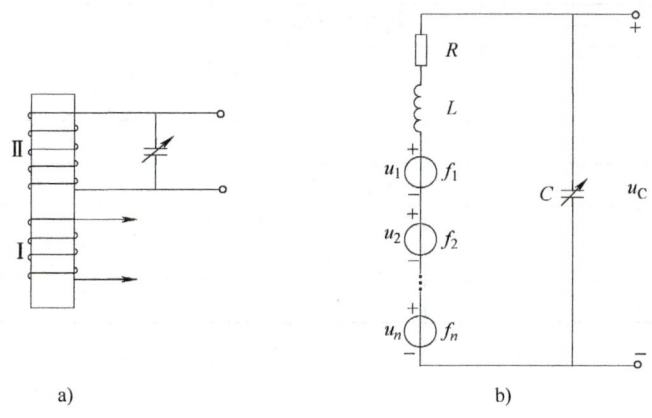

图 2-41　收音机选频电路示意图

1）串联谐振发生的条件是什么？改变可调电容器 C 的电容量，就能使电路对所需广播信号发生串联谐振，现要接收 $f_0=826kHz$ 的广播信号，计算可调电容器的电容量 C。

_____

2）什么是谐振的品质因数？为什么要引入谐振的品质因数？求出谐振电路的品质因数 Q。

_____

3）假设该频率信号的电压有效值 $U=14\mu V$，计算电路中的电流 I 及电容器两端的电压 U_C。

_____

4）假设信号频率为 $f=818kHz$，计算其电容器的容抗和电路的电抗，计算电路中总阻抗 Z。

_____

5）假设信号频率为 $f = 818\text{kHz}$，其电压有效值也是 $U = 14\mu\text{V}$，计算电路中的电流 I' 及电容器两端的电压 U'_C。

6）在输入信号电压有效值相同时，比较谐振频率 $f_0 = 826\text{kHz}$ 和非谐振频率 $f = 818\text{kHz}$ 下电容器两端电压的数值关系。

7）基于 Multisim 仿真软件仿真以上电路中的电参数，并将仿真结果和计算结果填入表 2-11 中（提示：用 Multisim 仿真软件中的交流分析模块进行交流电路中电参数的分析）。

表 2-11　收音机选频电路仿真结果

	计算数值 （有效值）	仿真数值 （幅值）	仿真数值 （有效值）	误差
频率 $f_0 = 826\text{kHz}$				
电容端电压 U_C $V(1)-V(2)$				
回路电流 I				
频率 $f = 818\text{kHz}$				
电容端电压 U'_C $V(1)-V(2)$				
回路电流 I'				

知识链接

一、RLC 串联电路的分析与计算

工程实际电路的模型往往是由多个电阻元件、电感元件和电容元件组成的串联、并联电路或串并联的混合。下面来学习电阻元件、电感元件和电容元件串联电路和并联电路中的电压、电流关系及功率特性。

电阻元件、电感元件和电容元件（RLC）串联交流电路，如图 2-42 所示。

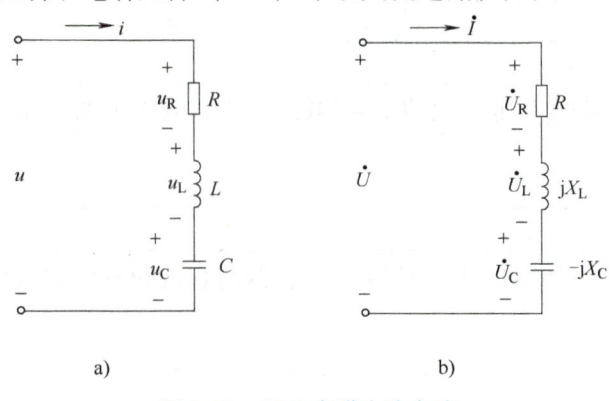

图 2-42　RLC 串联交流电路

1. RLC 串联交流电路中电压、电流关系

假设图 2-42a 所示电路中流过的正弦电流为

$$i = I_m \sin\omega t \tag{2-70}$$

按图示参考方向可知，各元件的端电压（电阻 R 的端电压 u_R，电感 L 的端电压 u_L，电容 C 的端电压 u_C）为

$$u_R = I_m R\sin\omega t = U_{Rm}\sin\omega t \tag{2-71}$$

$$u_L = I_m X_L \sin(\omega t + 90°) = U_{Lm}\sin(\omega t + 90°) \tag{2-72}$$

$$u_C = I_m X_C \sin(\omega t - 90°) = U_{Cm}\sin(\omega t - 90°) \tag{2-73}$$

根据基尔霍夫电压定律有，总电压为

$$u = u_R + u_L + u_C \tag{2-74}$$

同频率的正弦电量 u_R、u_L、u_C 相加之和 u 仍是同频率正弦电量。

以上瞬时值表示式可转换为相量式，并采用相量形式运算

$$\dot{U} = \dot{U}_R + \dot{U}_L + \dot{U}_C \tag{2-75}$$

式（2-75）称为基尔霍夫电压定律的<u>相量形式</u>，是计算串联交流电路的基本公式之一。

$$\dot{U}_R = \dot{I}R \tag{2-76}$$

$$\dot{U}_L = jX_L\dot{I} \tag{2-77}$$

$$\dot{U}_C = -jX_C\dot{I} \tag{2-78}$$

RLC 串联交流电路中回路总电压的相量与电流的相量之间的关系式为

$$\dot{U} = \dot{I}Z \tag{2-79}$$

$$\dot{I} = \frac{\dot{U}}{Z} \tag{2-80}$$

$$Z = \frac{\dot{U}}{\dot{I}} \tag{2-81}$$

Z 称为电路的<u>复数阻抗</u>，简称为<u>阻抗</u>，单位是欧［姆］（Ω）。引入复数阻抗的概念之后，电压相量与电流相量之间满足欧姆定律的形式。

以上电压、电流的相量关系式可以通过电路的相量模型直接得出。所谓<u>相量模型</u>就是将图 2-42a 电路中的<u>正弦电量都用各自的相量表示</u>，电路参数 L 和 C 分别用 jX_L（称为复数感抗）和 $-jX_C$（称为复数容抗）表示，电阻元件仍用 R 表示，这就构成了图 2-42b 所示的电路<u>相量模型</u>。图 2-42a 电路中的电压、电流都用瞬时值标注，是时间的函数，所以称图 2-42a 是电路的<u>时域模型</u>。

在后续计算正弦交流电路参数时主要使用电路的相量模型和相量计算方法。

2. 复数阻抗 Z

（1）复数阻抗的两种表示形式

复数有代数形式和极坐标的形式，因此复数的阻抗也有这两种表示形式，先来看下复数阻抗的代数形式：

$$Z = R + jX \tag{2-82}$$

复数和复数的运算

可以认为复数阻抗的代数形式直接与串联电路的参数相对应。它的<u>实部</u>就是串联电路的<u>电阻 R</u>；<u>虚部</u> $X = X_L - X_C$，称为<u>电抗</u>，电抗 X 是串联电路的感抗 X_L 与容抗 X_C 之差，其单位是欧［姆］（Ω）。

复数阻抗的极坐标形式如下：

$$Z = \frac{\dot{U}}{\dot{I}} = \frac{U\angle\varphi_u}{I\angle\varphi_i}$$

$$= \frac{U}{I}\angle(\varphi_u - \varphi_i)$$

$$= |Z|\angle\varphi \tag{2-83}$$

复数阻抗的极坐标形式则表示了电压与电流之间的<u>数值关系</u>和<u>相位关系</u>，也就是在更深的层面上显示了电路的电气特性。

其中，$|Z|$ 称为<u>阻抗模</u>，$|Z|=\dfrac{U}{I}$ 是<u>电压有效值与电流有效值之比</u>，表示了两者的<u>数值关系</u>。

辐角 $\varphi = \varphi_u - \varphi_i$ 称为<u>阻抗角</u>，是电压超前于电流的角度，表示了两者的<u>相位关系</u>。

复数阻抗角表明了电路呈现的电磁性质，$\varphi=0$ 电路呈现电阻性，$\varphi>0$ 电路呈现电感性，$\varphi<0$ 电路呈现电容性。值得注意的是，<u>复数阻抗 Z</u> 只是在计算过程中产生的一个复数计算量，它<u>不是相量</u>。

因此，特别注意的是，复数阻抗只是用大写字母 Z 表示，上面并不加"·"。

（2）阻抗三角形

复数阻抗的两种表示形式可以进行互换，与复数的极坐标形式和代数形式相互转换的算法一致。假设有一复数阻抗为

$$Z = R + jX = |Z|\angle\varphi \tag{2-84}$$

已知复数阻抗的极坐标形式 $|Z|$ 和 φ 时，则其代数形式有

电阻：
$$R = |Z|\cos\varphi \tag{2-85}$$

电抗：
$$X = |Z|\sin\varphi \tag{2-86}$$

已知复数阻抗的代数形式实部 R 和虚部 X，则极坐标形式：

阻抗模：
$$|Z| = \sqrt{R^2 + X^2} \tag{2-87}$$

阻抗角：
$$\varphi = \arctan\frac{X}{R} = \arctan\frac{X_L - X_C}{R} \tag{2-88}$$

以上 R、X、$|Z|$ 和 φ 之间的关系可以用图 2-43 所示的直角三角形表示，该直角三角形称为<u>阻抗三角形</u>。

（3）根据交流电流频率和电路参数的不同，阻抗角 φ 不同，电压、电流的相位关系不同

<u>当 $X_L > X_C$ 时</u>，电抗 $X>0$，阻抗角 $\varphi>0$，电压 u 超前于电流 i，电路呈电感性，称为<u>电感性电路</u>，电感性电路的相量图如图 2-44a 所示。

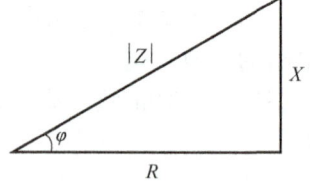

图 2-43 阻抗三角形

<u>当 $X_L < X_C$ 时</u>，电抗 $X<0$，阻抗角 $\varphi<0$，电压 u 滞后于电流 i，电路呈电容性，称为<u>电容性电路</u>，电容性电路的相量图如图 2-44b 所示。

<u>当 $X_L = X_C$ 时</u>，电抗 $X=0$，阻抗角 $\varphi=0$，电压 u 与电流 i 同相位，<u>电路呈谐振状态</u>。

相量图的画法是，在串联电路中一般取电流作为参考正弦量，其初相角 $\varphi_i=0$。与此相应，电流相量 $\dot{I}$ 就是参考相量。$\dot{U}_R$ 与 $\dot{I}$ 同相位，$\dot{U}_L$ 比 $\dot{I}$ 超前 90°，$\dot{U}_C$ 比 $\dot{I}$ 滞后 90°，三个

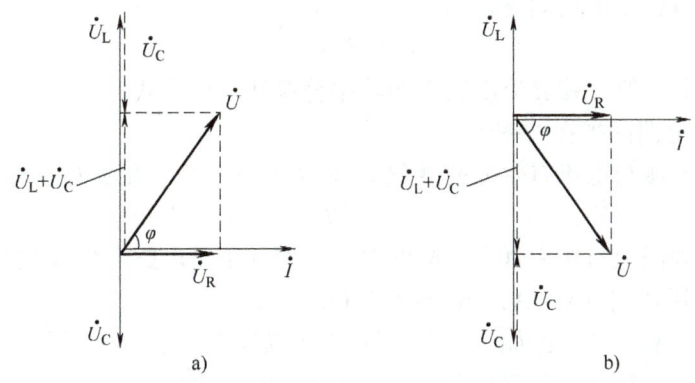

图 2-44 RLC 串联电路的相量图

电压相量按照多边形法则合成后，得到总电压相量 $\dot{U}$。

3. 正弦交流电路的功率

以图 2-42a 所示 RLC 串联电路为例，分析正弦交流电路的功率。

已知输入端电压和电流分别为

$$u = U_m \sin(\omega t + \varphi_u) \tag{2-89}$$

$$i = I_m \sin(\omega t + \varphi_i) \tag{2-90}$$

（1）正弦交流电路的瞬时功率

$$p = ui \tag{2-91}$$

经三角函数变换后得

$$p = UI\cos\varphi - UI\cos(2\omega t + \varphi_u + \varphi_i) \tag{2-92}$$

式中，$\varphi = \varphi_u - \varphi_i$。

（2）正弦交流电路的平均功率 P

$$P = \frac{1}{T}\int_0^T p\,dt = UI\cos\varphi \tag{2-93}$$

平均功率 P 不仅与电压、电流的有效值乘积 UI 有关，还与 $\cos\varphi$ 有关。φ 是电路中电压、电流的相位差（阻抗角）。令 $\lambda = \cos\varphi$，称为功率因数，φ 又称功率因数角。

式（2-93）是计算正弦交流电路平均功率（有功功率）普遍适用的公式。

平均功率 P 表示的是电路的实际耗能效果。由于电感、电容元件的平均功率是零，所以整个电路的平均功率 P 与所有电阻元件消耗的功率之和相等。因此，假设电路中有 n 个电阻，则电路的平均功率 P 也可以用式（2-94）计算。

$$P = \sum_{k=1}^{n} I_k^2 R_k \tag{2-94}$$

（3）正弦交流电路的无功功率

由 R、L、C 组成的正弦交流电路中，储能元件 L、C 与电源之间存在能量交换，用无功功率 Q 衡量这种能量交换的规模。

电路的无功功率 Q 由两部分组成：一部分是电感元件的无功功率 Q_L；另一部分是电容元件的无功功率 Q_C。分析表明，这两部分无功功率是相互补偿的。即电感元件吸收电能量时，电容元件正在释放能量，反之亦然。电路与电源进行的能量交换只是两者的差值。

经过推导，可以得出电路的**无功功率**为

$$Q = UI\sin\varphi \tag{2-95}$$

式（2-95）也是计算正弦交流电路无功功率普遍适用的公式。

（4）正弦交流电路的视在功率 S

正弦交流电路电压与电流有效值的乘积 UI 称为视在功率，用大写字母 S 表示。

$$S = UI \tag{2-96}$$

视在功率虽然表面上与功率具有相同的单位，但并不是电路实际吸收的电功率，所以它的单位不用 W，而用伏安（V·A）或千伏安（kV·A）。

视在功率具有实际意义。例如，**交流电源**（交流发电机、变压器等）都有确定的额定电压、额定电流，**其视在功率就表示了该交流电源的发电能力，即所能够提供的最大电功率，称为交流电源的容量。**

（5）正弦交流电路的功率三角形

通过式（2-94）、式（2-95）和式（2-96）可以分析得出，视在功率 S、平均功率 P 和无功功率 Q 存在如下关系：

$$S = \sqrt{P^2 + Q^2} \tag{2-97}$$

即 S、P 和 Q 之间的关系可以用直角三角形表示，并称为功率三角形，如图 2-45 所示，该功率三角形与阻抗三角形是对应的，**平均功率 P 对应电阻 R**，因为只有电阻性元件才是真正消耗能量的元件；**无功功率 Q 对应电抗 X**，包含感抗和容抗，是衡量电感和电容与电源之间进行能量交换的规模的物理量，不消耗电能；角度 φ 是电路中电压与电流之间的相位差与阻抗三角形中的 φ（电抗与电阻之间的夹角）一致；**视在功率 S 则与电路的总阻抗 Z 相对应**，S 与 φ 组合共同说明电路中的平均功率、无功功率和总功率之间的关系。

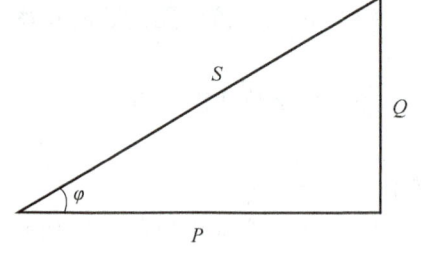

图 2-45 功率三角形

二、阻抗串联的正弦交流电路

工程实用电路的模型有时是多个阻抗串联的交流电路，图 2-46 所示为阻抗串联电路。

对于多个阻抗串联电路可以用一个等效阻抗代替，这是一个不含源单口网络的等效变换问题。

基尔霍夫电压定律的相量形式有：

总电压相量 $\dot{U} = \dot{U}_1 + \dot{U}_2 + \cdots + \dot{U}_n$ (2-98)

式中，$\dot{U}_1 = \dot{I}Z_1$；$\dot{U}_2 = \dot{I}Z_2$；…；$\dot{U}_n = \dot{I}Z_n$。

可得 $\dot{U} = \dot{I}Z_1 + \dot{I}Z_2 + \cdots + \dot{I}Z_n = \dot{I}(Z_1 + Z_2 + \cdots + Z_n) = \dot{I}Z$ (2-99)

式中，Z 是串联阻抗的等效阻抗，等于各个串联阻抗之和

$$Z = Z_1 + Z_2 + \cdots + Z_n \tag{2-100}$$

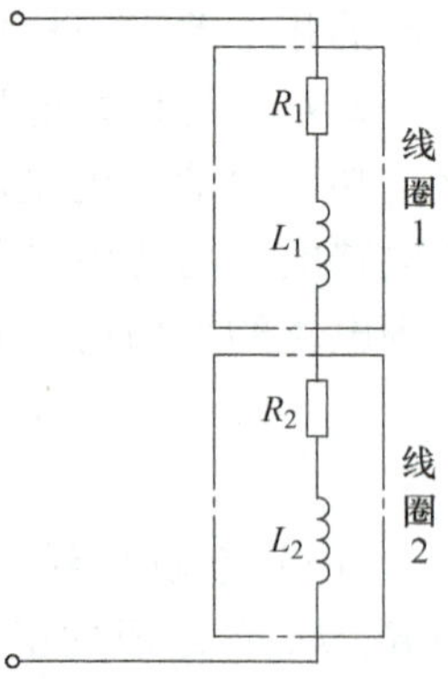

图 2-46 阻抗串联电路

三、阻抗并联交流电路

在供电电路中，额定电压相同的负载都是并联的，例如，照明灯具及家用电器等都是并

联在供电电路两端。现以图 2-47 所示的两个阻抗 Z_1 和 Z_2 并联电路为例，介绍并联交流电路的分析方法。

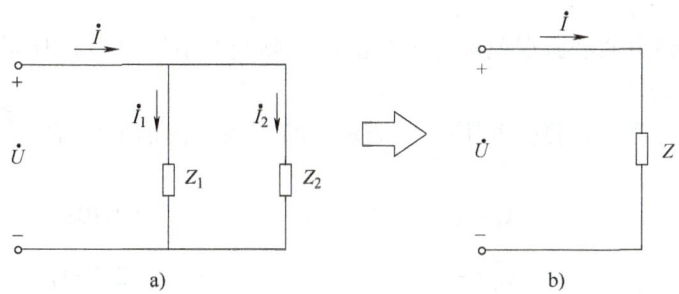

图 2-47 并联阻抗的变换

1. 阻抗并联的等效阻抗

图 2-47a 中总电流相量为

$$\dot{I} = \dot{I}_1 + \dot{I}_2 = \frac{\dot{U}}{Z_1} + \frac{\dot{U}}{Z_2} = \dot{U}\left(\frac{1}{Z_1} + \frac{1}{Z_2}\right) \tag{2-101}$$

根据图 2-47b 可知

$$\dot{I} = \frac{\dot{U}}{Z} \tag{2-102}$$

根据等效变换的条件，并联等效阻抗 Z 为

$$\frac{1}{Z} = \frac{1}{Z_1} + \frac{1}{Z_2} \tag{2-103}$$

可推广到多个阻抗并联，等效阻抗 Z 为

$$\frac{1}{Z} = \frac{1}{Z_1} + \frac{1}{Z_2} + \cdots + \frac{1}{Z_n} \tag{2-104}$$

两个阻抗并联的等效阻抗

$$Z = \frac{Z_1 Z_2}{Z_1 + Z_2} \tag{2-105}$$

可以看出阻抗并联的等效阻抗的计算方式与线性电阻并联的等效电阻的计算方式是一致的。

2. 并联阻抗的分流作用

仍以常用的两个阻抗并联电路为例

$$\dot{I}_1 = \frac{\dot{U}}{Z_1} = \frac{1}{Z_1} \cdot \dot{I} Z = \frac{1}{Z_1} \cdot \dot{I} \frac{Z_1 Z_2}{Z_1 + Z_2} = \frac{Z_2}{Z_1 + Z_2} \dot{I} \tag{2-106}$$

同理

$$\dot{I}_2 = \frac{Z_1}{Z_1 + Z_2} \dot{I} \tag{2-107}$$

可见，并联阻抗的分流作用的原理与线性电阻并联电路中电阻的分流作用也是一致的。

四、交流电路中的谐振

谐振是交流电路中存在的一种特殊的物理现象。谐振现象有其可以利用的一面（如在广播、通信技术中），也有其不利的一面（如在电力系统中可能出现的过电压现象）。为此，了解谐振现象发生的条件和特点，也是应该具备的基础知识。

按照电路连接方式的不同，谐振分为串联谐振和并联谐振。

1. 串联谐振

发生在串联电路中的谐振现象称为串联谐振，典型电路如图 2-48 所示。

（1）串联谐振条件

在交流电路中，感抗、容抗和阻抗都是频率的函数。由前面的学习可知：

$$X_L = \omega L \quad (2\text{-}108)$$

$$X_C = \frac{1}{\omega C} \quad (2\text{-}109)$$

$$Z = \sqrt{R^2 + (X_L - X_C)^2} \quad (2\text{-}110)$$

$$\varphi = \arctan \frac{X_L - X_C}{R} \quad (2\text{-}111)$$

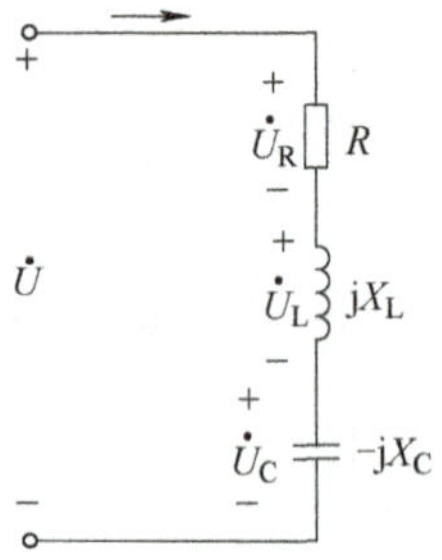

图 2-48 串联谐振

当电路参数和电源频率之间满足确定条件时，电路的感抗与容抗相等，即 $X_L = X_C$，阻抗角 $\varphi = 0$，电压 $\dot{U}$ 与电流 $\dot{I}$ 同相位，电路呈现纯电阻性，这时就是电路发生了谐振。将此时的电源角频率用 ω_0 表示。发生串联谐振的条件是

$$\omega_0 L = \frac{1}{\omega_0 C} \quad (2\text{-}112)$$

串联谐振角频率

$$\omega_0 = \frac{1}{\sqrt{LC}} \quad (2\text{-}113)$$

将 $\omega = 2\pi f$ 代入式（2-113）得

串联谐振频率为

$$f_0 = \frac{1}{2\pi \sqrt{LC}} \quad (2\text{-}114)$$

（2）串联谐振的特点

1）电压 $\dot{U}$ 与电流 $\dot{I}$ 同相位，$\omega = \omega_0$，阻抗角 $\varphi = 0$，串联电路呈现纯电阻性。与之相对应有：

当 $\omega < \omega_0$ 时，$X_L < X_C$，$\varphi < 0$，电压 $\dot{U}$ 比电流 $\dot{I}$ 滞后，串联电路呈现电容性。

当 $\omega > \omega_0$ 时，$X_L > X_C$，$\varphi > 0$，电压 $\dot{U}$ 比电流 $\dot{I}$ 超前，串联电路呈现电感性。

2）阻抗值最小。

$$Z = R + j(X_L - X_C) = R \quad (2\text{-}115)$$

3）在电源电压有效值保持恒定的条件下，电流达到最大值。

$$I = I_0 = \frac{U}{R} \quad (2\text{-}116)$$

4）可能产生过电压现象。当发生谐振时，$X_L = X_C$，电感元件的电压与电容元件的电压数值相等、相位相反、相互补偿，即 $\dot{U}_L = -\dot{U}_C$。电源电压就等于电阻元件的端电压，相量图如图 2-49 所示。

电源电压有效值为

$$U = U_R = I_0 R \quad (2\text{-}117)$$

电感电压的有效值为

$$U_L = I_0 X_L = \frac{U}{R} X_L \quad (2\text{-}118)$$

电容电压的有效值为

$$U_C = I_0 X_C = \frac{U}{R} X_C \quad (2\text{-}119)$$

如果发生谐振时 $X_L = X_C \gg R$，则 $U_L = U_C \gg U$，即 <u>电感和电容元件的端电压有效值远大于外加电源电压的有效值</u>，这种现象称为<u>过电压</u>。因此，串联谐振有时又称为<u>电压谐振</u>。

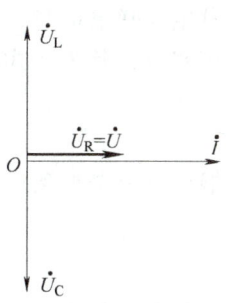

图 2-49 串联谐振的相量图

为了定量描述过电压现象，引入<u>品质因数 Q</u> 的概念。Q 在数值上等于谐振时电感或电容元件端电压的有效值与电源电压有效值之比。

$$Q = \frac{U_L}{U} = \frac{U_C}{U} = \frac{\omega_0 L}{R} = \frac{1}{\omega_0 CR} \quad (2\text{-}120)$$

品质因数 Q 也是衡量电路中谐振剧烈程度的一个物理量。

在广播、通信技术中利用过电压现象来选择所需要的电信号。而在电力系统中，可能出现在电感线圈或电容器两端的高电压也会造成设备事故甚至人身伤害，应该尽力避免。

2. 并联谐振

发生在并联电路中的谐振现象称为<u>并联谐振</u>。典型应用电路是电感线圈（RL 支路）与电容器 C 并联，电路模型如图 2-50a 所示，其相量图如图 2-50b 所示。

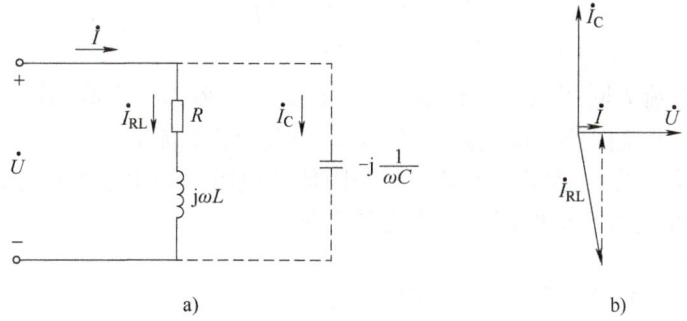

图 2-50 并联谐振电路模型及其相量图

（1）并联电路谐振条件与谐振频率

并联电路的等效阻抗为

$$Z = \frac{(R + j\omega L) \cdot \dfrac{1}{j\omega C}}{(R + j\omega L) + \dfrac{1}{j\omega C}} \quad (2\text{-}121)$$

由于电感线圈的电阻 R 阻值很小，且 $R \ll \omega L$，可近似视其为零，忽略不计，因此式（2-121）可简化为

$$Z = \frac{\dfrac{L}{C}}{R + j\omega L + \dfrac{1}{j\omega C}} = \frac{1}{\dfrac{RC}{L} + j\left(\omega C - \dfrac{1}{\omega L}\right)} \quad (2\text{-}122)$$

发生并联谐振时，电压 $\dot{U}$ 与电流 $\dot{I}$ 同相位，电路呈现纯电阻性，并联电路的等效阻抗 Z 应为正实数，其表示式中的虚部为零。并联谐振条件为

$$\omega C = \frac{1}{\omega L} \tag{2-123}$$

根据以上谐振条件，可以推导出并联谐振角频率

$$\omega_0 \approx \frac{1}{\sqrt{LC}} \tag{2-124}$$

并联谐振频率

$$f_0 \approx \frac{1}{2\pi\sqrt{LC}} \tag{2-125}$$

通过观察对比串联谐振电路中的关系可知，在略去了电感线圈极小的电阻 R 之后，谐振频率的计算式与 RLC 串联电路的谐振频率计算式相同。

（2）并联谐振的特点

1）阻抗值近似为最大。发生谐振时，式（2-121）中分母虚部为零才满足谐振条件，从而使并联阻抗 Z 近似为最大值。

$$Z = \frac{L}{RC} \tag{2-126}$$

2）外加电压的有效值 U 一定时，电路电流接近为最小值。

$$I_0 = \frac{U}{|Z|} = \frac{U}{\frac{L}{RC}} = \frac{URC}{L} \tag{2-127}$$

3）电压 $\dot{U}$ 与电流 $\dot{I}$ 同相位，电路呈现纯电阻性，等效为一个高电阻。

4）可能出现过电流现象，即支路电流 I_{RL}、I_C 大于总电流 I。

综上所述，并联谐振电路相当于是一个高阻值的电阻。利用这个特点，可在电子振荡器中用作选频电路、在电力系统中用作高频阻波器等。

五、Multisim 仿真软件中的交流分析

交流分析（AC Sweep）即频率响应分析，用于分析电路的幅频特性和相频特性。图 2-51 所示为交流分析对话框。在交流分析中，电路中所有的非线性元器件都用它们的线性小信号模型来处理。所以在 Multisim 仿真软件中，首先要计算静态工作点以得到各非线性元器件的线性化小信号模型；其次要根据电路建立一个复变函数矩阵，所有直流电源需设为零，交流电源、电感、电容，则由它们的交流模型来代替，数字器件被视为高阻接地，在进行交流分析时，电路的输入信号将被忽略；最后计算电路随频率变化的响应，如果对电路中某节点进行计算，结果会产生该节点电压幅值随频率变化的曲线（即幅频特性曲线），以及该节点电压相位随频率变化的曲线（即相频特性曲线），其结果与伯德图仪分析结果相同。

在 Multisim 中进行交流分析的步骤为：单击菜单栏"Simulate"→"Analysis and Simulate"→"AC Sweep"命令，弹出交流分析对话框，对话框包括四个选项卡"Frequency parameters""Output""Analysis options""Summary"。各选项卡的功能与设置如下：

1）"Frequency parameters"选项卡。该选项卡的功能与设置，如图 2-52 所示。"Start frequency（FSTART）"为起始频率；"Stop frequency（FSTOP）"为终止频率；"Sweep type"

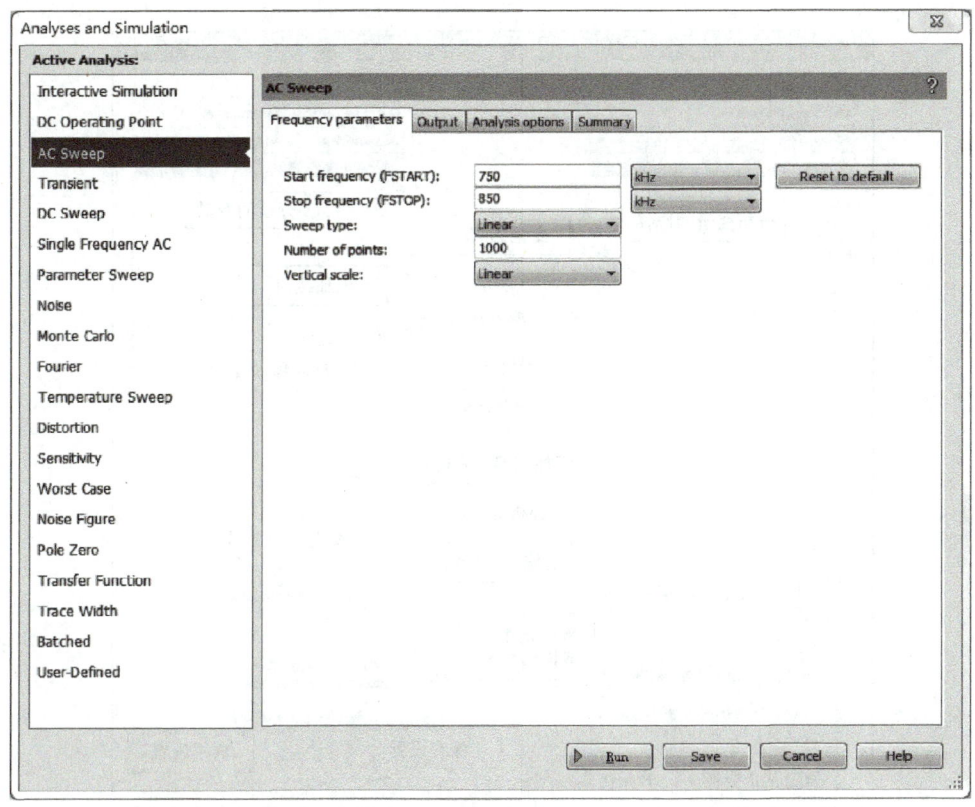

图 2-51　交流分析对话框

为扫描类型，其横坐标刻度形式有十倍频（Decade）、线性（Linear）和二倍频程（Octave）三种，默认设置为 Decade；"Number of points per decade"为显示点数；"Vertical scale"为纵坐标刻度，有对数（Logarithmic）、线性（Linear）、二倍频程（Octave）和分贝（Decibel）四种形式，默认设置为 Logarithmic；"Reset to default"为设置恢复为默认值。

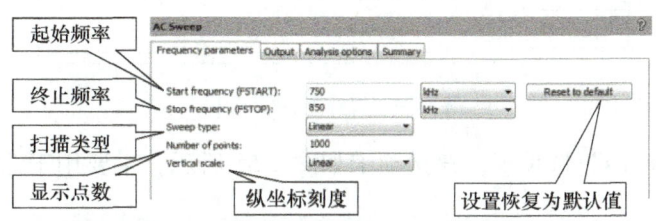

图 2-52　交流分析中"Frequency parameters"选项卡功能与设置

2）"Output"选项卡。该选项卡如图 2-53 所示，主要用于选择要分析的节点。"Variables in circuit"：在下拉列表框中选择要分析的变量。下拉列表框中有六个变量，分别是静态探针、电压和电流、电压、电流、元件/模型参数和所有变量。默认选项是所有变量。"Add"按钮和"Remove"按钮：在"Variables in circuit"文本框中选中一个变量，单击"Add"按钮，就可以把该变量添加到"Selected variables for analysis"文本框内；反向移动变量，则单击"Remove"按钮。"Filter unselected variables…"按钮，单击该按钮，弹出如图 2-54 所示的过滤节点复选框，可以在"Variables in circuit"下拉列表框中添加没有自动被选择的一些节点：内部节点、子模块和开路引脚。

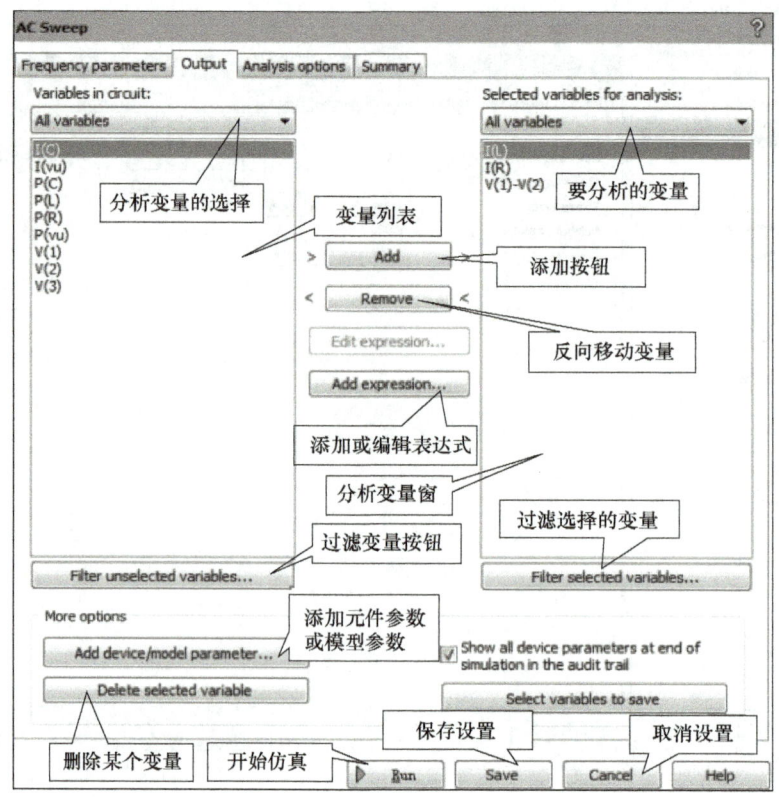

图 2-53 交流分析中"Output"选项卡功能与设置

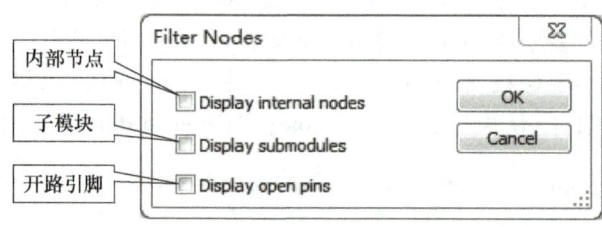

图 2-54 过滤节点复选框

3)"Analysis options"选项卡。该选项卡如图 2-55 所示，主要用于选择仿真环境参数。

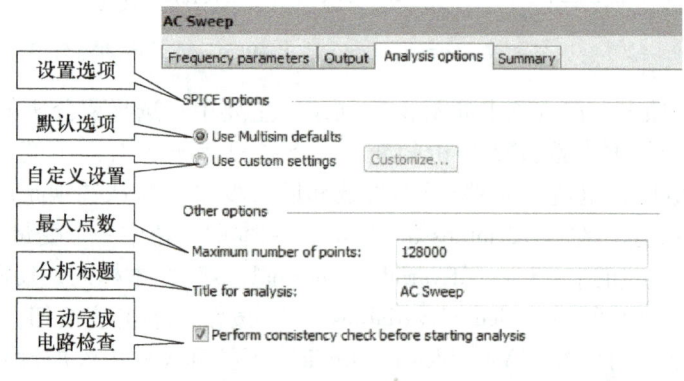

图 2-55 交流分析中"Analysis options"选项卡功能与设置

4）Summary 选项卡。该选项卡如图 2-56 所示，主要用于对以上选择进行确认，确认无误后单击"Simulate"开始仿真。

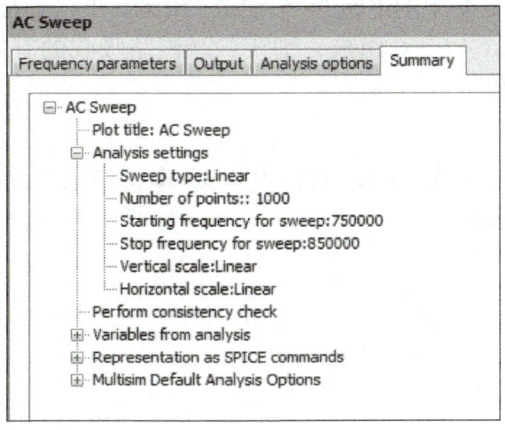

图 2-56　交流分析中"Summary"选项卡功能与设置

巩固提高

一、选择题

1. 在 RLC 串联电路中，$U_R = 60V$，$U_L = 120V$，$U_C = 40V$，则总电压为（　　）。
   A. 200V　　　　　B. 180V　　　　　C. 120V　　　　　D. 100V

2. 以下关于提高功率因数的说法，正确的是（　　）。
   A. 在感性负载上并联电感可以提高功率因数
   B. 在感性负载上并联电容可以降低功率因数
   C. 在感性负载上串联电容可以提高功率因数
   D. 在感性负载上并联电容可以提高功率因数

3. 下列变量中，不会影响串联电路发生谐振现象的是（　　）。
   A. R　　　　　　B. L　　　　　　C. C　　　　　　D. f

4. RLC 串联电路发生谐振时，阻抗与非谐振时的阻抗相比，为（　　）。
   A. 最小　　　　　B. 偏小　　　　　C. 偏大　　　　　D. 最大

5. 已知 RLC 串联正弦交流电路，$R = 30Ω$，$X_L = 100Ω$，$X_C = 70Ω$，则该电路的阻抗角为（　　）。
   A. 30°　　　　　　B. 45°　　　　　　C. 60°　　　　　　D. 135°

6. 下列正弦交流电路中有功功率表达式正确的是（　　）。
   A. $P = UI$　　　B. $P = UI\cos\varphi$　　　C. $P = UI\sin\varphi$　　　D. $P = UI\tan\varphi$

7. 已知正弦交流电路的有功功率为 50W，视在功率为 100W，则该电路的无功功率为（　　）。
   A. 50W　　　　　B. 67W　　　　　C. 87W　　　　　D. 93W

8. 负载的电压为 220V，功率为 10kW，功率因数为 0.6，若将功率因数提高到 0.9，则应该并联一个（　　）的电容。
   A. 460μF　　　　B. 560μF　　　　C. 660μF　　　　D. 760μF

二、判断题

1. 谐振时，正弦交流电路的阻抗角为零，电路呈电阻性。（ ）
2. 发生串联谐振时，电路中的电流与非谐振时相比最小，且与电源电压同相。（ ）
3. 一个二端网络仅由 R、L、C 组成，则该二端网络吸收的有功功率等于二端网络中所有电阻消耗的有功功率之和。（ ）

三、分析题

某收音机选频电路的电阻为 10Ω，电感为 0.26mH，当电容调至 238pF，与某电台的广播信号发生串联谐振。试求解：

1）谐振频率。

_____

_____

2）该电路的品质因数。

_____

_____

3）若信号输入为 $10\mu\text{V}$，求电流中的电流及电容的端电压。

_____

_____

4）某电台的频率是 960kHz，若它也在该选频电路中感应出 $10\mu\text{V}$ 的电压，电容两端与该频率对应的电压是多少？

_____

_____

任务四　荧光灯电路的研究实验

任务导学

提高供电系统的功率因数是一个关系到充分发挥现有发电设备潜力、节约能源的重要问题，具有重要的经济意义。供电系统功率因数低是什么原因？怎么提高功率因数？

任务说明

在正弦交流电路中，功率因数的高低关系到交流电源的输出功率和电力设备能否得到充分利用。为了提高交流电源的利用率，减少线路的能量损耗，可采取在感性负载两端并联适当容量的补偿电容，以改善电路的功率因数。简述荧光灯电路的工作原理，计算并联补偿电容器 C 之后电路中的各电参数，分析感性电路的功率因数 $\cos\varphi$ 是否得到提高。

任务实施

1）了解荧光灯电路的工作原理。
2）学会使用交流数字仪表（电压表、电流表、功率表）和自耦调压器。
3）学会用交流数字仪表测量交流电路的电压、电流和功率。
4）加深对阻抗、阻抗角及相位差等概念的理解。

一、实施设备

一台型号为 RTDG-3A 的电工技术实验台、交流电压表、电流表和功率表、可调电容箱、开关、一个型号为 RTDG-08 的实验电路板，含有整流器、辉光启动器、导线若干。

二、实施步骤

1）根据图 2-57 简述荧光灯电路的工作原理。

_____

2）在图 2-58 中画出荧光灯的等效电路模型。

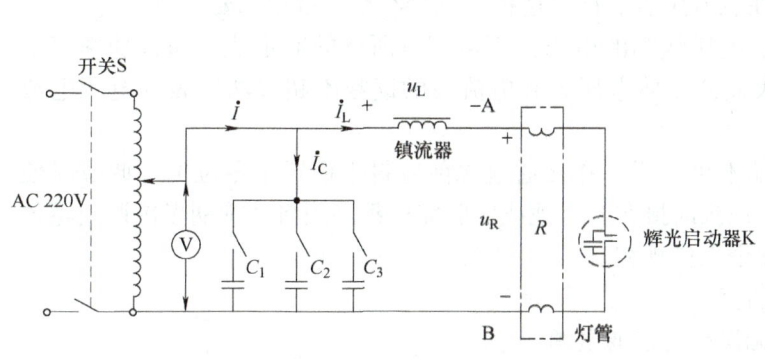

图 2-57 荧光灯电路工作原理图

图 2-58 荧光灯的等效电路模型

3）先断开实验台总供电电压开关，对照实验电路图 2-57 接线（不接电容）。调节自耦调压器输出，使 $U=220\text{V}$，进行测试，将数据填入表 2-12。

表 2-12 荧光灯电路中参数的测量

测量参数	电路中的电流 I/mA	荧光灯的端电压 U_R/V	整流器的端电压 U_L/V	功率 P/W	功率因数 $\cos\varphi$
测量值					

4）按照图 2-57，并联电容 C，使电源电压 $U=220\text{V}$ 不变，将所得测试结果填入表 2-13 中。

表 2-13 并联电容 C 后的荧光灯电路参数测量值

电容 C/μF	测量参数						
	电路中的总电流 I/mA	支路的电流 I_R/mA	支路的电流 I_C/mA	荧光灯的端电压 U_R/V	整流器的端电压 U_L/V	功率 P/W	功率因数 $\cos\varphi$
1							
2.2							
3.2							

(续)

电容 $C/\mu F$	测量参数						
	电路中的总电流 I/mA	支路的电流 I_R/mA	支路的电流 I_C/mA	荧光灯的端电压 U_R/V	整流器的端电压 U_L/V	功率 P/W	功率因数 $\cos\varphi$
4.7							
5.7							
6.9							

5）注意事项。

① 实验中使用的是220V交流电，在进行荧光灯电路的接线操作时务必确保实验台的总供电电压开关分闸，严禁带电操作。

② 测电压、电流时一定要注意万用表的档位选择，测量类型、量程都要对应。

③ 功率表电流线圈的电流、电压线圈的电压都不可超过所选的额定值。通常功率表不单独使用，要有电压表和电流表监测，使电压表和电流表的读数不超过功率表的电压电流量限。

④ 自耦调压器的输入输出端不可接反，在接通电源前应将手柄置于零位上，调节时使其输出电压从零开始逐渐升高。每次改接实验负载或实验完毕都必须将其旋柄慢慢调回零位再断电源，必须严格遵守这一安全操作规程。

⑤ 各支路电流要接入电流插座。

⑥ 线路接好后需再次检查无误后再接通电源。

⑦ 如果实验电路接线正确，接通工作电源后荧光灯不能正常点亮，可转动辉光启动器使荧光灯点亮。

⑧ 实验接线中、检查电路及实验结束后拆线时均应切断电源，确保断电操作。拆线时不要用力过猛，以防拔断导线，最好是轻轻旋拔。

知识链接

一般变压器的一次侧、二次侧都是分开绕制的，虽然都装在一个铁心上，但相互是绝缘的，只有磁路上的耦合，却没有电流上的直接联系，能量是靠电磁感应传过去的，所以称为双绕组变压器。

自耦变压器是只有一个绕组的变压器，一次、二次绕组共用一个绕组，当作为降压变压器使用时，从绕组中抽出一部分线匝作为二次绕组；当作为升压变压器使用时，外施电压只加在绕组的一部分线匝上。通常把同时属于一次和二次的那部分绕组称为公共绕组，其余部分称为串联绕组。其原理图如图2-59所示。

同容量的自耦变压器与普通变压器相比，其不但尺寸小，而且效率高，并且变压器容量越大，电压越高，这个优点就越加突出。因此随着电力系统的发展、电压等级的提高和输送容量的增大，自耦变压器因其容量大、损耗小、造价低而得到广泛应用。

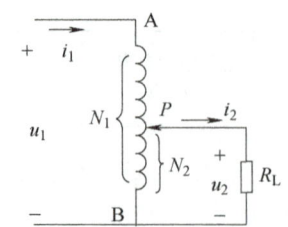

图2-59 自耦变压器原理图

项目二　正弦交流电路

巩固提高

1）当荧光灯电路中缺少了辉光启动器时，常用一根导线将辉光启动器两端短接一下，然后迅速断开，这样也能使荧光灯点亮，或用一个辉光启动器去点亮多个同类型的荧光灯，这是为什么？

_____

2）为了提高功率因数，常在感性负载上并联电容器，此时增加了一条电容支路，电路的总电流是增大还是减小？此时感性元件上的电流和功率是否改变？

_____
_____

任务五　三相电路电压、电流的测量实验

任务导学

工程中三相负载的联结方法有三角形联结和星形联结，在具体应用时该如何选择呢？

任务说明

分析生产生活中常用的三相四线制电源的工作原理。根据三相负载的不同接法（星形联结和三角形联结），计算两种接法下线电压、相电压及线电流、相电流之间的关系，总结三相四线制供电系统中的中性线的作用。

任务实施

一、实施设备

交流电压表（0～450V）、交流电流表（0～5A）、三相灯组负载（9个220V/15W的白炽灯）。

二、实施步骤

1）三相四线制电源中三相指的是哪三相？四线是哪四条线？该电源中可提供哪两种电压？它们之间的数值关系如何？

_____

2）三相负载根据什么条件选择星形联结还是三角形联结？

_____

3）如图2-60中的三相负载星形联结（三相四线制供电），按图示线路连接实验电路，先把三相调压器的旋柄置于输出为0V的位置（即逆时针旋转到底）。然后将三相灯组负载（连接成星形联结）经三相自耦调压器接通三相对称电源，经检查合格后，方可开启实

验台电源。然后调节调压器的输出使输出的三相相电压为220V，并按下述内容完成各项实验，分别测量三相负载的线电压、相电压、线电流、相电流、中线电流、电源与负载中点间的电压，将所测得的数据填入表2-14a和表2-14b中，并观察各项灯组亮灭的变化程度，特别要注意观察中性线的作用。

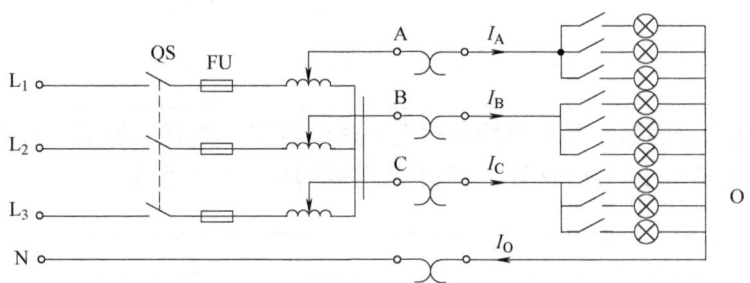

图2-60 三相负载星形（Y）联结实验电路

表2-14a 三相负载星形（Y）联结时的电路参数1

负载情况	开灯数			相电流=线电流/A			线电压/V		
	A相	B相	C相	I_A	I_B	I_C	U_{AB}	U_{BC}	U_{CA}
有中性线									
Y联结接平衡负载	3	3	3						
Y联结接不平衡负载	1	2	3						
Y联结接B相断开	1	0	3						
不接中性线									
Y联结接平衡负载	3	3	3						
Y联结接不平衡负载	1	2	3						
Y联结接B相断开	1	0	3						

表2-14b 三相负载星形（Y）联结时的电路参数2

负载情况	开灯数			相电压/V			中线电流 I_O/A	中点电压 U_{NO}/V
	A相	B相	C相	U_{AO}	U_{BO}	U_{CO}		
有中性线								
Y联结接平衡负载	3	3	3					×
Y联结接不平衡负载	1	2	3					×
Y联结接B相断开	1	0	3					×
不接中性线								
Y联结接平衡负载	3	3	3				×	
Y联结接不平衡负载	1	2	3				×	
Y联结接B相断开	1	0	3				×	

4）负载三角形联结（三相三线制供电系统），如图2-61所示，将三相灯组负载经三相自耦调压器接通三相对称电源，按图示电路连接，经检查合格后接通三相电源并调节调压器，使其输出线电压为220V，并按照表2-18的内容进行测试，将测试结果再填入表2-15中。

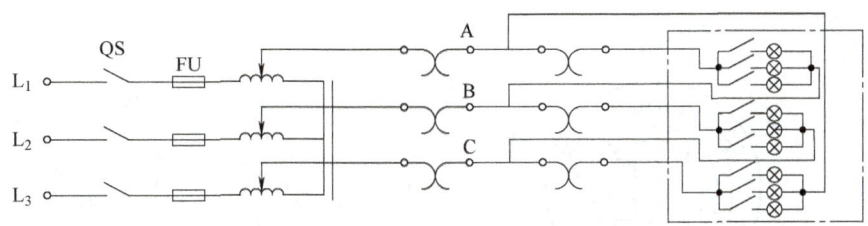

图 2-61 负载三角形（△）联结实验电路

表 2-15 三相负载三角形（△）联结时的电路参数

负载情况	开灯数			线电压=相电压/V			线电流/A			相电流/A		
	A-B 相	B-C 相	C-A 相	U_{AB}	U_{BC}	U_{CA}	I_A	I_B	I_C	I_{AB}	I_{BC}	I_{AC}
△联结接平衡负载	3	3	3									
△联结接不平衡负载	1	2	3									
△联结接 B-C 相断开	1	0	3									

知识链接

电能生产的重要特点之一是集中性，通常都是在煤炭产地和水利资源丰富的地方建立发电厂，再通过输电线路传送到远离发电厂的用户，使电能的生产与利用超越了地域的限制。我们前面已经学过由单个交流电源通过两条导线与负载相连组成的交流电路称为单相交流电路。在电力系统中，电能的生产、传输和分配几乎都采用了三相制。所谓三相制，就是由三个频率相同、电压有效值相等和电压相位彼此相差 120°的单相正弦电压源组合而成的电源供电体系。与单相交流电路比较，三相交流电路在电能的生产、输送、分配和应用等方面都有一系列显著的优点。例如，在发电机和输电设备体积相同的条件下，三相发电机及其输电设备能够产生和输送更多的电能；在相同的距离、以相同的电压输送相同功率的电能，三相供电系统能够节省大约 25%的有色金属。在用电方面，三相交流电动机更具有性能良好、使用维护方便的优点，是使用最多的动力机械。

一、三相交流发电机及三相交流电源

三相发电机可产生三相交流电。图 2-62a 所示为三相交流发电机原理图，它主要由定子和转子两部分组成。发电机的定子是固定的，它是由硅钢片叠加制成的圆筒，圆筒内圆周边均匀分布有六个槽，固定有三组结构完全相同的绕组（几何形状和匝数相同），它们的空间位置相差 120°。其中 U_1、V_1、W_1 为这三个绕组的始端，U_2、V_2、W_2 为三个绕组的末端，其转子是绕中心轴旋转的一对磁极（转子绕组中通入直流电流产生磁场），由于磁极面的特殊形状，使定子与转子间的空气隙中的磁场按正弦规律分布。

三相交流电源

当原动机带动发电机的转子以角速度 ω 按顺时针旋转时，在三个绕组的两端分别产生幅值相同、频率相同、相位角依次相差 120°的正弦交流电压（或电动势）。三个电动势分别用 e_U、e_V、e_W 表示，或者用电压表示为 u_U、u_V、u_W。每个绕组电压的参考方向通常规定为由绕组的始端指向绕组的末端，每个绕组电动势的参考方向通常规定为由绕组的末端指向绕组的始端，这一组正弦交流电压称为对称三相交流电源，如图 2-62b 所示。

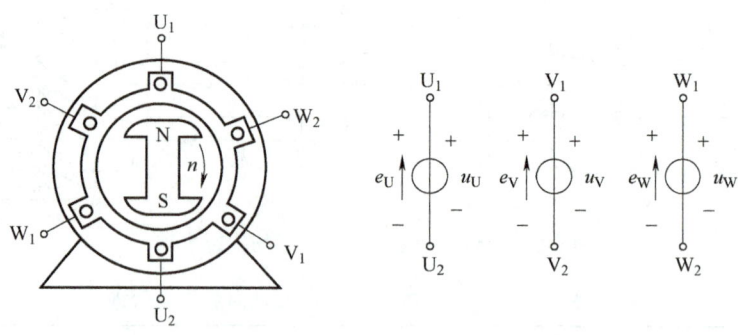

a) 三相交流发电机原理图　　　　b) 对称三相交流电源示意图

图 2-62　三相交流发电机原理图及对称三相交流电源示意图

通常对电路进行分析、计算，都采用电源电压表示电源的作用效果，规定三相绕组端电压 u_U、u_V、u_W 的参考方向自始端指向末端，并称为三相电源的相电压，则每相绕组的电动势和电压相等，对称三相电压的瞬时值表示式为

$$u_U = U_m \sin\omega t \tag{2-128}$$

$$u_V = U_m \sin(\omega t - 120°) \tag{2-129}$$

$$u_W = U_m \sin(\omega t + 120°) \tag{2-130}$$

三相电源的相电压 u_U、u_V、u_W 必定也是对称的，即频率相同、有效值相等（用 U_P 表示）、彼此之间有 120°的相位差，它们的波形图和相量图分别如图 2-63a 和图 2-63b 所示。

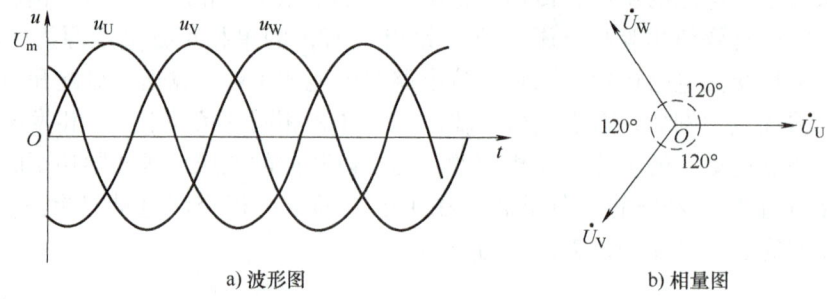

a) 波形图　　　　b) 相量图

图 2-63　三相对称电压波形图及相量图

三相交流电压由超前到滞后的排列顺序，即它们依次出现正最大值（或相应零值）的先后顺序，称为相序。以上三相电动势的相序是 U 相-V 相-W 相，称为正相序。通常在 u_U、u_V、u_W 三相电源的三条输出线端，分别涂上黄、绿、红三种颜色，以便识别、区分，我们在实际的安装接线的过程中就能很方便的区分每种颜色的线应该接在哪个相上。

对称三相电压的一个重要特点是它们的瞬时值之和等于零，即

$$u_U + u_V + u_W = 0 \tag{2-131}$$

这个结论可用瞬时值求和运算或相应相量式求和运算加以证明。

对称三相电压的相量表示式为

$$\begin{aligned} \dot{U}_U &= U_P \angle 0° \\ \dot{U}_V &= U_P \angle -120° \\ \dot{U}_W &= U_P \angle +120° \end{aligned} \tag{2-132}$$

式中，U_P 为对称三相电压的相电压有效值。

二、三相四线制电源及其相电压、线电压

可以把三相交流电源当作三个独立的交流电源，并各自独立地通过两条输电线与负载相接，这就构成了彼此独立、互不关联的三个单相交流供电电路。它不仅需要六条输电线，而且没有体现出三相供电系统的优越性。

1. 三相四线制电源

为了充分体现三相供电系统的优越性，把三相绕组的末端 U_2、V_2、W_2 连在一起，用 N 表示，称为电源的中性点。由此引出一条输电线，称为中性线。由于中性线一般与大地连接，所以又称为地线或零线。再由三相绕组的始端 U_1、V_1、W_1 分别引出三条输电线，称为相线或端线，俗称火线。电源三相绕组的这种连接方式称为星形联结，由三条相线、一条中性线组成的统一供电系统就称为三相四线制供电系统，如图 2-64 所示。

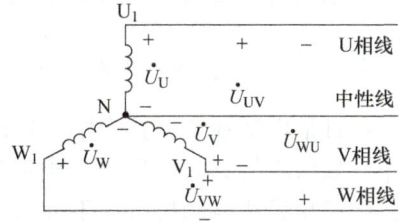

图 2-64 三相四线制电源

2. 电源相电压、线电压及两者之间的关系

三相四线制供电系统的优点之一是能够节省输电线，其另一个优点是能够提供两种电压：电源相电压和电源线电压。

相电压就是三条相线到中性线的电压，也就是三相电源的三个相电压 $\dot{U}_U$、$\dot{U}_V$ 和 $\dot{U}_W$。因此，三相电源的相电压是对称的。

线电压是两相线之间的电压，也就是三相绕组始端到始端的电压。规定线电压的参考方向是自 U 相线到 V 相线，用电压的相量式表示为 $\dot{U}_{UV}$；自 V 相线到 W 相线，用电压的相量式表示为 $\dot{U}_{VW}$；自 W 相线到 U 相线，用电压的相量式表示为 $\dot{U}_{WU}$。

以相量图法为例，如图 2-65 所示。首先画出相电压 $\dot{U}_U$、$\dot{U}_V$ 和 $\dot{U}_W$ 相量。

以线电压 $\dot{U}_{UV}$ 为例，由线电压公式：

$$\dot{U}_{UV} = \dot{U}_U - \dot{U}_V$$
$$\dot{U}_{VW} = \dot{U}_V - \dot{U}_W \quad (2\text{-}133)$$
$$\dot{U}_{WU} = \dot{U}_W - \dot{U}_U$$

可知，相量 $\dot{U}_U$ 与 $-\dot{U}_V$ 相量相加，按平行四边形法则得到 $\dot{U}_{UV}$ 相量。同样的方法，可以画出 $\dot{U}_{VW}$ 和 $\dot{U}_{WU}$ 相量。

根据几何关系，三个线电压分别超前于相应的相电压 30°。

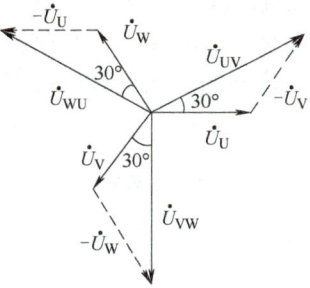

图 2-65 三相四线制电源中相电压、线电压的相量图

由几何关系中可得，线电压的有效值与相应的相电压有效值之间的数值关系为

$$U_{UV} = 2U_U\cos 30° = \sqrt{3}\,U_U$$
$$U_{VW} = 2U_V\cos 30° = \sqrt{3}\,U_V \quad (2\text{-}134)$$
$$U_{WU} = 2U_W\cos 30° = \sqrt{3}\,U_W$$

用相量式表示三相四线制电源的相、线电压的关系为

$$\dot{U}_{UV} = \sqrt{3}\,\dot{U}_{U} \angle 30°$$
$$\dot{U}_{VW} = \sqrt{3}\,\dot{U}_{V} \angle 30° \qquad (2\text{-}135)$$
$$\dot{U}_{WU} = \sqrt{3}\,\dot{U}_{W} \angle 30°$$

总结以上分析可知，三相四线制供电系统中，相电压、线电压都是对称的。线电压的有效值用 U_L 表示，$U_L = \sqrt{3}\,U_P$。

我国三相四线制低压供电系统中相电压 $U_P = 220\text{V}$，线电压 $U_L = \sqrt{3}\,U_P = 380\text{V}$。这是一种民用和动力混合使用的供电系统，一般民用照明、家用电器使用 220V 相电压，动力用的三相异步电动机则使用 380V 线电压。

三、三相负载的连接方式

在日常生活和工程技术中，用电设备种类繁多。其中有的只需要单相电源供电即可正常工作，如照明灯具等，称为单相负载。有的则需要三相电源供电才能正常工作，称为三相负载，如三相异步电动机等。下面以 220V/380V 三相四线制供电系统为例，说明不同类型的负载应如何接入三相电源。

1. 负载接入三相电源的原则

为了使负载能够长期、安全可靠地工作，应按照电源电压等于负载额定电压的原则将负载接入三相电源。

当有多个负载时，应使多个负载尽可能均匀地分布到三相电源上，力求使三相电源的负载均衡、对称。

2. 负载的连接方法

（1）单相负载的连接方法

生活中普遍应用的照明灯具、家用电器的额定电压都是 220V，根据上述原则，应将这些负载接在相线与中性线之间。当有多个负载时，应使它们均匀地接在三相电源的三条相线与中性线之间，如图 2-66 所示。

有的单相负载，如工业控制用的继电器、接触器的励磁线圈，它们的额定电压多是 380V，这样的单相负载应接在电源的两条相线之间。

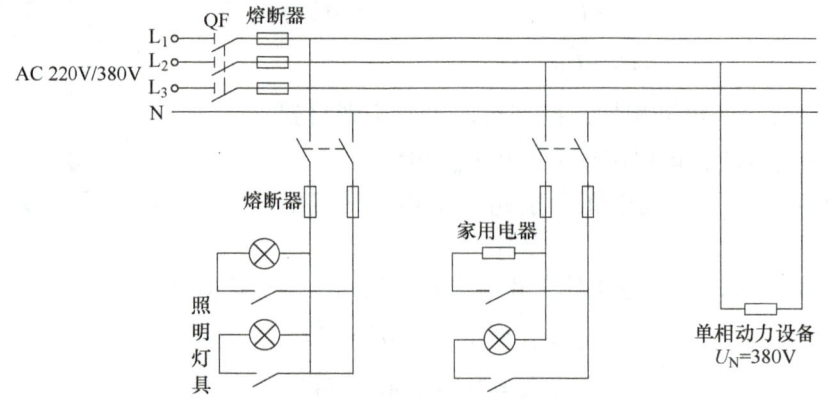

图 2-66 单相负载接入三相电源

（2）三相负载的连接方法

以三相电阻炉为例，它本身是由具有三个互相关联的发热元件组成一个整体。根据其额定电压的不同，应以不同的方式接入三相电源，应使电源电压等于其额定电压。例如，三相电阻炉每一个发热元件的额定电压 $U_N = 220V$，三个发热元件应该以星形联结方式接在三条相线之间。如果三相电阻炉的每一个发热元件的额定电压 $U_N = 380V$，则三个发热元件应该以三角形联结方式接在三条相线之间，如图 2-67 所示。

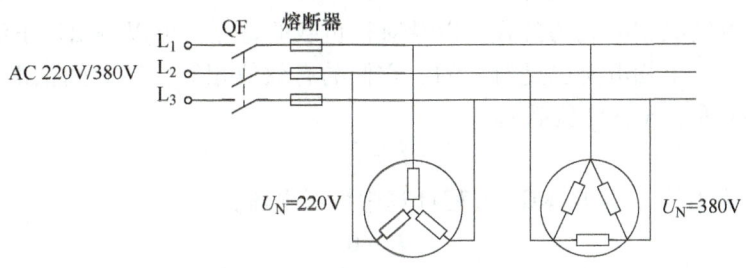

图 2-67 三相负载接入三相电源

四、三相电路的计算

1. 负载星形联结

负载星形联结的电路如图 2-68 所示。图中左侧是三相四线制电源，三个负载 Z_U、Z_V 和 Z_W 的一端分别接在 U、V 和 W 相线上，另外一端则三相接在一起，称为负载的中性点，用 N' 表示，N' 再与电源的中性线相连接。

三相负载星形联结电路计算

（1）三相负载星形联结时的特点

在三相电路中，**每一相负载所承受的电压**称为**负载的相电压**，**流过每一相负载的电流**称为**负载的相电流**，相电流的有效值用 I_P 表示。

相线上流过的电流称为线电流，规定其**参考方向**为**从电源端指向负载端**，如图 2-68 中 $\dot{I}_U$、$\dot{I}_V$ 和 $\dot{I}_W$ 所示。线电流的有效值用 I_L 表示。

流过中性线的电流称为**中性线电流**，用 I_N

图 2-68 负载星形联结电路图

表示，规定其**参考方向**从**负载端指向电源端**，如图 2-68 中 $\dot{I}_N$ 所示。三相负载星形联结，且有中性线时，电路具有如下特点：

1）略去输电线极小的阻抗电压降（将输电线看成理想的导线，无阻值导线），**负载的相电压就等于电源的相电压**，三相负载承受的电压是对称的。

2）**负载的相电流等于对应的线电流**，如流过 U 相负载的相电流等于流过 U 相线上的线电流 $\dot{I}_U$，根据以上特点，三相负载的相电流可以各自独立计算，计算式如下：

$$\dot{I}_U = \frac{\dot{U}_U}{Z_U} = \frac{U_P \angle 0°}{|Z_U| \angle \varphi_U} = \frac{U_P}{|Z_U|} \angle -\varphi_U$$

$$\dot{I}_V = \frac{\dot{U}_V}{Z_V} = \frac{U_P \angle -120°}{|Z_V| \angle \varphi_V} = \frac{U_P}{|Z_V|} \angle -\varphi_V - 120° \quad (2\text{-}136)$$

$$\dot{I}_W = \frac{\dot{U}_W}{Z_W} = \frac{U_P \angle 120°}{|Z_W| \angle \varphi_W} = \frac{U_P}{|Z_W|} \angle -\varphi_W + 120°$$

(2) 三相对称负载星形联结电路的计算

对称负载是指三个负载的**阻抗相等**，包括**阻抗模相等、阻抗角相等**，即

$$\left. \begin{array}{l} |Z_U| = |Z_V| = |Z_W| = |Z| \\ \varphi_U = \varphi_V = \varphi_W = \varphi \end{array} \right\} \quad Z_U = Z_V = Z_W = |Z|\angle\varphi \qquad (2\text{-}137)$$

根据以上计算负载相电流的公式，以及对称负载的特点，可以得出以下结论：三相对称负载星形联结时，三个相电流也是对称的。它们的有效值相等，彼此间依次有120°相位差。相量图如图2-69a所示（感性负载）。

$$\dot{I}_N = \dot{I}_U = \dot{I}_V + \dot{I}_W \qquad (2\text{-}138)$$

对于N点或者N′点，根据KCL方程计算中性线电流：

$$\dot{I}_N = 0 \qquad (2\text{-}139)$$

由于相电流对称，中性线电流相量图如图2-69b所示。

由于中性线电流为零，所以中性线就可以省去不用，三相四线制供电系统就变成了三相三线制供电系统。这时因为三相负载的对称性，仍保证负载中性点N′和电源中性点N的电位相等，负载运行不受影响。例如，三相异步电动机和三相电炉等对称负载，采用星形联结方式时，可以不必接中性线。

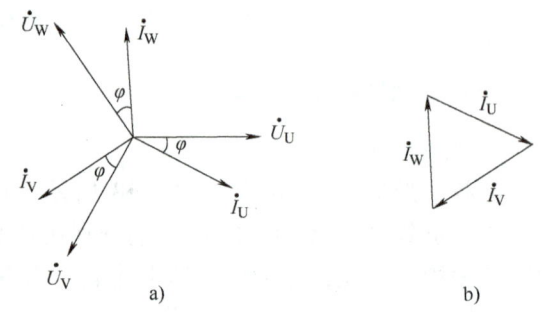

图2-69 三相对称负载星形联结的相电流（线电流）及其中性线电流相量图

2. 负载三角形联结

三相负载的额定电压等于电源的线电压时，三相负载应分别接在电源的三条相线之间，这时负载为三角形联结，其连接电路如图2-70所示。

三相负载三角形联结电路计算

(1) 三相负载三角形联结的特点

1) 不论三相负载对称与否，负载的相电压等于电源的线电压。所以，负载的相电压也是对称的。

2) 相电流与线电流的关系。规定负载三角形联结时，相电流与线电流的参考方向如图2-70所示。相、线电流的关系式可根据KCL方程列出

$$\begin{array}{l} \dot{I}_U = \dot{I}_{UV} - \dot{I}_{WU} \\ \dot{I}_W = \dot{I}_{WU} - \dot{I}_{VW} \\ \dot{I}_V = \dot{I}_{VW} - \dot{I}_{UV} \end{array} \qquad (2\text{-}140)$$

不论三相负载对称与否，式（2-140）都成立。

同样，每一相负载的相电流各自独立，可分别进行计算。

$$\dot{I}_{UV} = \frac{\dot{U}_{UV}}{Z_{UV}}, \dot{I}_{VW} = \frac{\dot{U}_{VW}}{Z_{VW}}, \dot{I}_{WU} = \frac{\dot{U}_{WU}}{Z_{WU}} \qquad (2\text{-}141)$$

在此基础上，再按照式（2-141）计算线电流。

(2) 三相对称负载三角形联结时电路的计算

三相负载的相电压（电源的线电压）对称，三相负载也对称，则负载的相电流必定是对称的。相电流的有效值相

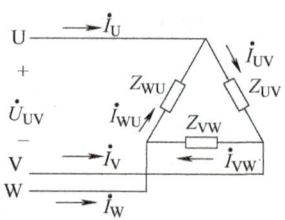

图2-70 三相负载三角形联结的连接电路

等、彼此间依次有120°相位差。相量图如图2-71a所示（以 $\dot{U}_{UV}$ 为参考相量，感性负载）。

线电流可依据式（2-140），用相量作图法得出，相量图如图2-71b所示。

根据几何关系计算，可得出以下结论：

线电流的有效值是相电流有效值的 $\sqrt{3}$ 倍。线电流滞后于相应的相电流 30°。

三相对称负载采用三角形联结时，相、线电流之间的关系用相量式表示为

$$\dot{I}_U = \sqrt{3}\dot{I}_{UV} \angle -30°$$
$$\dot{I}_V = \sqrt{3}\dot{I}_{VW} \angle -30° \quad (2-142)$$
$$\dot{I}_W = \sqrt{3}\dot{I}_{WU} \angle -30°$$

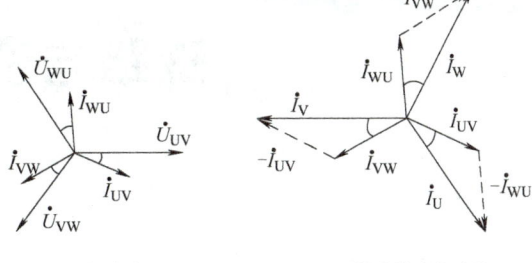

a) 相电流　　　　b) 相电流和线电流

图 2-71　对称负载三角形联结时的相量图

对称负载三角形联结时，因其相电流对称，所以其线电流也对称。

五、三相电路的功率

交流电路的平均功率等于各部分电路的平均功率之和。因此，三相电路的总平均功率 P，无论是采用星形联结还是三角形联结都等于三相负载的平均功率 P_U、P_V 和 P_W 之和。即

$$P = P_U + P_V + P_W \quad (2-143)$$

三相负载对称时，各相负载的平均功率相等，用 P_P 表示，所以

$$P = 3P_P = 3U_P I_P \cos\varphi_P \quad (2-144)$$

式中，U_P、I_P 分别是负载的相电压和相电流有效值；φ_P 是每相负载的阻抗角。

由于在工程实际中，电路的线电压、线电流的数值能够比较容易地测量出来，所以用线电压、线电流计算三相电路的功率更有实用意义。

由于对称负载采用星形联结时，负载的相电压 $U_P = \frac{1}{\sqrt{3}}U_L$，负载的相电流 $I_P = I_L$。可得用电源线电压、线电流表示的三相电路功率的计算式

$$P = 3U_P I_P \cos\varphi_P = 3 \times \frac{1}{\sqrt{3}} U_L \times I_L \times \cos\varphi_P = \sqrt{3} U_L I_L \cos\varphi_P \quad (2-145)$$

对称负载三角形联结时，负载的相电压 $U_P = U_L$，负载的相电流 $I_P = \frac{1}{\sqrt{3}}I_L$。

因此，只要是负载对称，不论是星形联结还是三角形联结，**对称三相电路的总平均功率**的计算公式

$$P = \sqrt{3} U_L I_L \cos\varphi_P \quad (2-146)$$

值得注意的是，式（2-146）中 U_L、I_L 分别是电源的线电压、线电流，而 φ_P 是每相负载的阻抗角。

同理可得，对称三相电路的**总无功功率**的计算式为

$$Q = \sqrt{3} U_L I_L \sin\varphi_P \quad (2-147)$$

对称三相电路的**总视在功率**的计算式为

$$S = \sqrt{P^2 + Q^2} = \sqrt{3} U_L I_L \quad (2-148)$$

项目三 磁路与变压器

项目导读

素质目标

树立正确的世界观、人生观、价值观。
具有良好的职业道德素养,能自觉遵守行业法规和制度。
具有吃苦耐劳、爱岗敬业、精益求精的品质。
具有安全生产、尊重生命的意识。

知识目标

了解电力系统的基本工作过程。
了解磁路的基本概念和基本定律。
熟悉变压器的结构。
掌握变压器的工作原理。
了解特殊变压器的应用。

能力目标

完成互感线圈电路的研究实验。
完成基于 Multisim 仿真软件的磁路和变压器电路的仿真。
会查阅相关技术资料。

项目导入:输配电系统中的变压器电路

现代生产生活处处离不开"电能","电"从哪里来,如何安全有效地提供给用户,发电站产生的电、输电线路中的电和配电线路的电,这些不同场所的"电",其电压相等吗?

任务一 简单输配电系统的设计

任务导学

生产生活中处处都离不开电,"电能"如何生产,如何传输到用户端?

项目三　磁路与变压器

任务说明

由发电设备、输电线路、升压及降压变电站、配电所、用电设备及相应的辅助系统组成的电能生产、输送、分配、使用的统一整体称为电力系统。简述电能的产生形式，绘制电力系统的组成简图。简述变压器的组成及原理，分析变压器在电力系统中的作用。

任务实施

1）电能是发电站发出来的，有哪些发电形式？通过查阅资料写出几种发电形式，并说明是否属于清洁可再生能源。
_____
_____

2）通过资料查找在图 3-1 中绘制出电力系统的组成简图，要求该简图能够描述"电能"从发电站到用户整个过程。

3）发电厂发电机组发出的电，为什么要升压至 500kV 后再进行传输？如何将电压升至 500kV？
_____

4）电能输送至用户之前，为什么要经过降压后再供给用户？
_____

5）根据电力系统的输配电方式在图 3-2 中绘制出电力系统的输配电示意图。

图 3-1　电力系统的组成简图　　　图 3-2　电力系统的输配电示意图

6）变压器包含哪些组成部分？各部分的作用是什么？
_____

7）什么是磁路？什么是磁场强度？什么是磁感应强度？它们之间的关系如何？
_____
_____

知识链接

一、电力系统

能源一直伴随着人类的发展，自1831年英国物理学家迈克尔·法拉第发现磁生电现象并制造出小型发电机以来，人类对于电力的利用史也仅仅不到200年，电力能在人类能源史中持续多少年，取决于在能源利用终端如何能够更安全、高效、便捷地使用电能服务人类的生产生活。

电力系统俗称电网，由发电、变电、输电、配电和用电等环节组成的电能生产与消费系统，包括发电机、变压器、断路器、母线、架空线路、电缆、配电装置、受电装置等设施，以及为保证这些设施正常运行所需的继电保护和安全自动装置、计量装置、电力通信设施、电网调度自动化设施等。其功能是将自然界中的一次能源通过发电动力装置（主要包括锅炉、汽轮机、发电机及电厂辅助生产系统等）转换成电能，再经输变电系统及配电系统将电能供应到各负荷中心，通过各种设备转换成动力、热、光等不同形式的能量，从而为地区经济和人民生活提供服务。电力系统要实现其功能，就需在各个环节和不同层次设置相应的信息与控制系统，以便对电能的生产和输送过程进行测量、调节、控制、保护、通信和调度，确保用户获得安全、经济、优质的电能。电力系统示意图如图3-3所示。

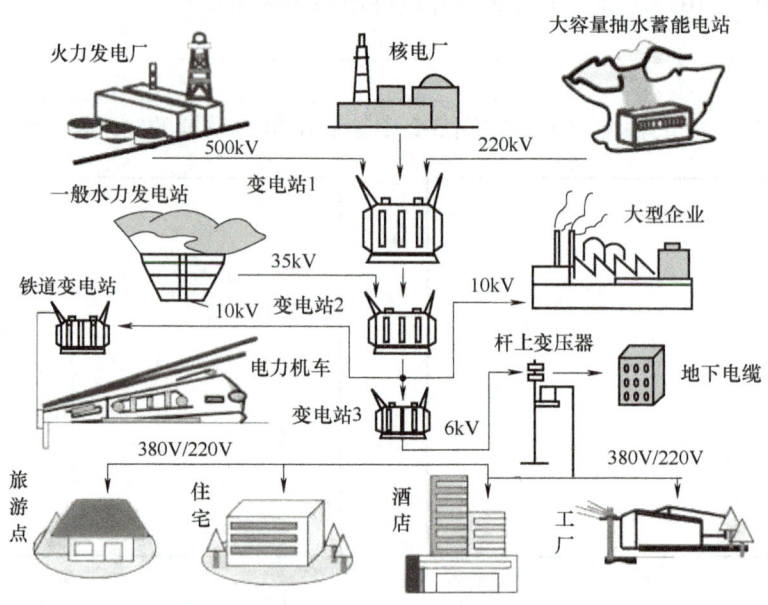

图3-3 电力系统示意图

电力工业生产有以下特点：

1) 同时性。发电、输电、变电、用电是同时完成的，因电能不能储存，所以电能必须用多少发多少。

2) 整体性。发电厂、变压器、高压输电线路、配电线路和用电设备在电网中形成了一个不可分割的整体，缺少任一环节，电力生产都不可能完成。相反，任何设备脱离电网都将失去其存在的意义。

3）**快速性**。电能输送过程迅速，其传输速度与光速相同，即使相距几万千米，发电、供电、用电都可在一瞬间实现。

4）**连续性**。电能的质量需要实时、连续地监视与调整。

5）**实时性**。电网事故发展迅速、涉及面广，需要实时安全监视。

6）**随机性**。由于负荷变化、异常情况、电网操作及事故发生的随机性，电能质量的变化是随机的。因此，在电力生产过程中，需要实时调度，并需要安全监控系统随时跟踪随机事件，以保证电能的质量及电网的安全运行。

二、新能源发电技术

新能源是相对常规能源而言的，一般具有以下特征：

1）尚未大规模作为能源开发利用，有的甚至还处于初期研发阶段。

2）资源赋存条件和物化特征与常规能源有明显区别。

3）开发利用技术复杂，成本较高。

4）清洁环保，可实现二氧化碳等零排放或低排放。

5）资源量大、分布广泛，但大多具有能量密度低的缺点。

根据技术发展水平和开发利用程度，不同历史时期以及不同国家和地区对新能源的界定也会有所区别。发达国家一般把煤、石油、天然气、核能以及大中型水电都作为常规能源，而把小水电归为新能源范围。我国把新能源范围确定为太阳能、风能、生物质能、地热能、海洋能、氢能、天然气水合物、核能。下面主要介绍核能、太阳能、风能这几种新型能源。

1）**核能**发电是利用原子核分裂时产生的能量，把反应器中的水加热产生蒸汽，然后借助蒸汽推动汽轮机，再带动发电机转动产生电能。以核燃料为能源的核电站已在许多国家发挥越来越大的作用，核电干净、无污染，几乎是零排放，不会造成对大气的污染排放。在国际社会越来越重视温室气体排放、气候变暖的形势下，积极推进核电建设，是我国能源建设的一项重要政策。然而在关注核电优势的时候不能忽视其安全问题。核电厂的安全问题主要是辐射防护问题。

2）**太阳能**发电是把太阳辐射能转换成电能的发电技术。由于太阳能储量巨大，不会枯竭，无污染，不受地域限制，是一种无所不在的能源，这些优点使它成为最理想的能源。它包括两大类型：一类是利用太阳热能直接发电，如利用半导体或金属材料的温差发电、利用真空器件中的热电子和热离子发电等；另一类是太阳能热动力发电，即使用太阳集热器将太阳能收集起来，加热水或其他工质（实现热能和机械能相互转化的媒介物质称为工质），使之产生蒸汽，驱动热力发动机，再带动发电机发电。太阳能发电虽受昼夜、晴雨和季节的影响，但可以分散进行，所以它适用于各家各户分别进行发电，而且连接到供电网络后，各个家庭在电力充裕时可将其卖给电力公司，不足时又可从电力公司买入。

由于太阳能能量密度低，易受气候条件的影响，不具备蓄电功能等，因此对于大容量的太阳能发电装置，需要附加储能设备（如蓄电池组），或把太阳能发电系统和交流电网联网进行能量互补。此外，太阳能发电本身虽然没有对环境造成污染，但太阳能电池、电力电子变换装置的制造过程仍会产生环境污染，这在评估发电效益时也应加以考虑。因此，要使太阳能发电真正达到实用水平，一是要提高太阳能光电变换效率并降低成本，二是要实现太阳能发电与现在的电网联网。

3）**风能的产生**（即**风力**发电）是利用风力带动风车叶片旋转，再透过增速机将旋转的速度提升，来促使发电机发电。风力发电快速增长的原因在于两个方面：一是经济发展对电力需求的快速增长和可持续发展的要求；二是风力发电技术的不断进步，风力机的大型化、规模化和高效化促进了风电价格不断降低。正是由于风力发电不需要燃料、不占耕地、没有污染、运行成本低等优点，使得风力发电产业发展前景非常广阔。

三、磁场的基本物理量

磁场的基本物理量

1. 磁路

磁路是磁场存在的一种特殊形式，是限定在一定空间范围内的磁场。

通常，对于变压器、电动机等设备，为了用较小的励磁电流产生足够强的磁场，并使磁力线能够按照确定的、电工设备所需要的路径集中通过，通常都用磁性材料做成一定形状的铁心，作为导磁路径。由于铁心的磁导率要比周围的空气或其他非磁性材料的磁导率大很多倍，所以磁力线的绝大部分都沿铁心集中通过。这种磁力线集中通过的路径就称为**磁路**。图3-4中给出了几种常用电工设备的磁路。磁路的绝大部分是由磁性材料构成的，但是在很多电工设备的磁路中还包含有小段的空气隙，这种空气隙也是磁路的组成部分。

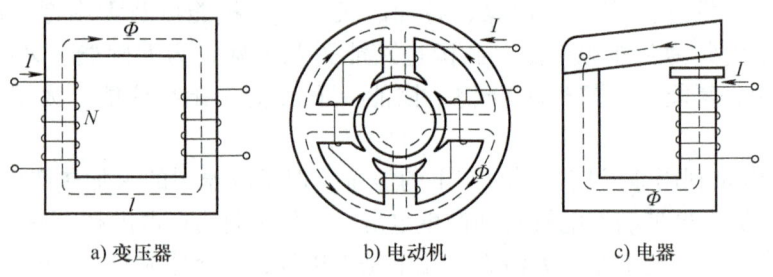

a) 变压器　　b) 电动机　　c) 电器

图3-4　几种常用电工设备的磁路

2. 磁通 Φ

通电线圈在自身的周围空间建立磁场，通常用磁力线来形象地描述磁场的存在和分布情况，如图3-5所示。磁力线是闭合的曲线，用磁力线上任意点切线的方向来表示该点磁场的方向，用磁力线的疏密程度来表示该点磁场的强弱。

通过与磁力线方向垂直的某一截面内磁力线的总数称**为磁通 Φ**。在国际单位制中 Φ 的单位是韦［伯］(Wb)。

3. 磁感应强度 B

磁感应强度 B 是**表示磁场内某一点磁场强弱和方向的物理量**。磁力线在该点处的方向就是磁感应强度 B 的方向，

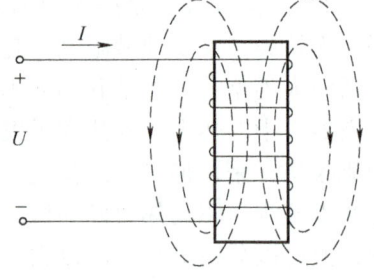

图3-5　通电线圈的磁场

在数值上 B 等于该点与磁场方向垂直的单位面积内所通过的磁通。在均匀磁场中，若通过与磁场方向垂直的截面积 S 的磁通为 $Φ$，则磁感应强度为

$$B = \frac{\Phi}{S} \tag{3-1}$$

因此，磁感应强度又称为**磁通密度**。在国际单位制中，磁感应强度 B 的单位是特［斯拉］(T)。

4. 磁场强度 H

磁感应强度 B 与磁场周围的介质有关，这往往给磁场的计算带来不便，为此引入了辅助物理量——磁场强度 H。磁场强度 H 也是矢量，其方向与 B 的方向相同。磁场强度只与产生磁场的电流以及电流的分布情况有关，而与磁场中的介质无关。在国际单位制中，磁场强度 H 的单位是安/米（A/m）。

5. 磁导率 μ

磁导率 μ 是表示介质导磁能力的物理量。引入磁导率 μ 之后，磁感应强度 B 与磁场强度 H 的关系是

$$B = \mu H \tag{3-2}$$

在国际单位制中，μ 的单位是亨/米（H/m）。

真空的磁导率是恒定的，用 μ_0 表示，$\mu_0 = 4\pi \times 10^{-7} \text{H/m}$。

任何一种介质的磁导率 μ 与真空磁导率 μ_0 的比值称为该介质的相对磁导率，用 μ_r 表示，即

$$\mu_r = \frac{\mu}{\mu_0} \tag{3-3}$$

四、磁性材料的磁性质

根据在外磁场的作用下，物质所表现出的磁化性能的不同，将其分为两大类：一类是非磁性材料（如空气、竹木、铜、铝等），它们在外磁场的作用下，基本不表现出磁性，磁导率 μ 近似为常数，且 $\mu \approx \mu_0$，相对磁导率 $\mu_r \approx 1$。所以非磁性材料的磁感应强度与磁场强度之间具有线性关系，即

磁性材料的磁性质

$$B \approx \mu_0 H \tag{3-4}$$

另一类是磁性材料，具有如下的磁特性：

1. 高导磁性

在磁性材料内部，已经由分子电流自发形成一个个具有磁化性质的小区，叫作磁畴。每一个磁畴就相当于一个小磁铁，在没有外磁场作用时，各个磁畴取向不同，排列杂乱无章，对外界的作用相互抵消，不显示宏观磁性，如图 3-6a 所示。

当把磁性材料置于外磁场中，在外磁场作用下，各磁畴就沿外磁场的方向取向，产生了附加磁场，这将大大加强外磁场，表明磁性材料被强烈磁化了，如图 3-6b 所示。因此，磁性材料的磁导率 $\mu \gg \mu_0$，可为 μ_0 的几百倍至几万倍，代入 μ_r，得 $\mu_r \gg 1$，呈现出高导磁性。利用磁性材料的高导磁性，能够用较小的励磁电流在磁场强度 H 较小的情况下产生足够强的磁场，使磁感应强度 B 足够大，这也使其成为变压器、电动机等电工设备中磁路的主要材料。常用的磁性材料有铁、钢、铸铁、镍和钴及其合金等。

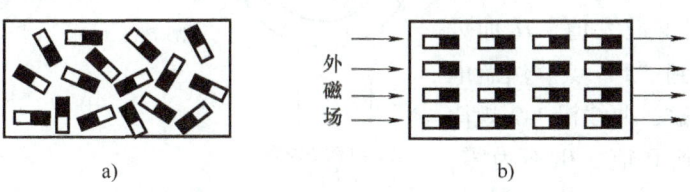

图 3-6 磁性材料的磁性质

2. 磁饱和性

磁性材料由于磁化所产生的附加磁场不会随外加磁场的加强而无限制地增加，其磁化过程可以用它的磁感应强度 B 与磁场强度 H 的关系曲线表示，这条曲线称为磁化曲线，如图 3-7 中实线所示。

由于在磁路中，磁场强度 H 与励磁电流 I（激励）成正比；磁通 Φ（响应）与磁感应强度 B 也近似成正比。所以磁化曲线也表示 Φ-I 之间的关系。该曲线表明，磁性材料之间均为非线性关系。

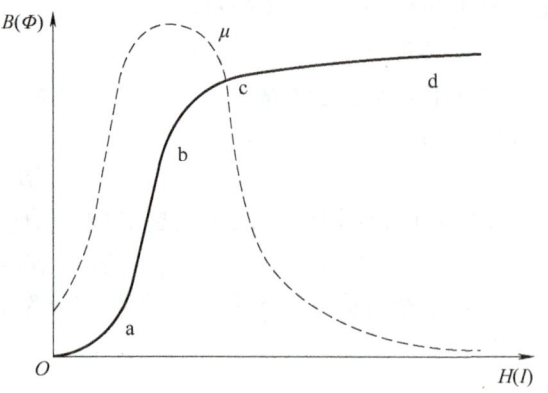

图 3-7 磁化曲线

磁化曲线大致分为四段，具体如下：

1）Oa 段：曲线的起始部分，H 从 0 开始增加，B 随 H 增加缓慢。

2）ab 段：B 随 H 较快增加，且近似为线性正比关系。

3）bc 段：B 随 H 增加变缓慢。

4）cd 段：H 增加，B 基本上不再增加，表现了磁饱和性质。这表明在外磁场增加到一定值之后，当磁性材料内部的小磁畴全部转向与外磁场一致时，B 就达到了磁饱和值，这时 H 再增加，B 也几乎保持不变。

磁饱和性是磁性材料的一个特点。

根据磁导率的定义

$$\mu = \frac{B}{H} \tag{3-5}$$

磁化曲线上任意一点处 B 值与 H 值之比，就是该点的磁导率 μ。据此可以依次得到各点的 μ 值，进而得到 μ 随 H 变化的曲线，如图 3-7 中虚线所示。该曲线表明，μ-H 之间也是非线性关系，并且在磁化曲线的 bc 段出现 μ 的最大值，集中体现了磁性材料的高导磁性。为此，在实际工程技术中，就选取 bc 段的磁感应强度 B 和磁场强度 H 值进行设计，以便充分利用磁性材料。

3. 磁滞性

在图 3-8a 所示的铁心线圈中，通入交流励磁电流 i，磁性材料构成的铁心被反复磁化。当电流变化一个周期时，磁感应强度 B 随磁场强度 H 的变化规律如图 3-9 所示，图 3-9a 为通入线圈的正弦交流电，图 3-9b 为对应的 B-H 磁滞曲线。

励磁电流 i 从 0 开始增长，是正方向磁化过程，曲线从坐标原点开始变化。电流 i 达到正最大值，H 加大到 $+H_m$，曲线变化到"1"点。然后电流 i 减小，开始去磁，曲线沿 1-2 规律变化，当 H 减小到 0 值，B 不为零，铁心仍保留部分磁性 B_r，称为剩磁。

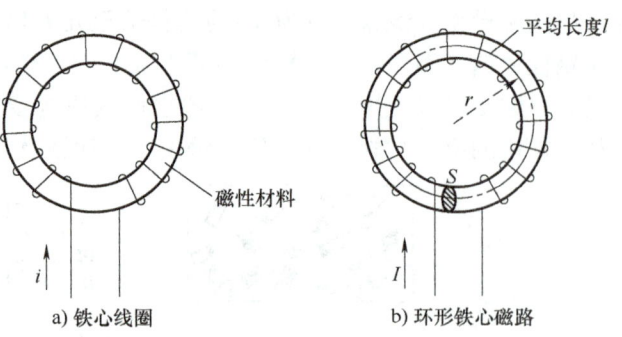

图 3-8 铁心线圈及环形铁心磁路

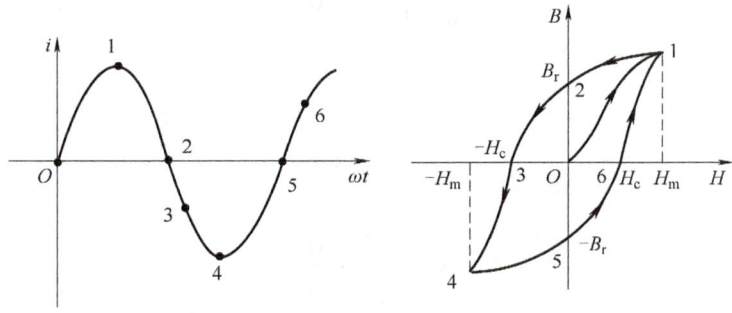

a) 通入线圈的正弦交流电　　　b) 对应的 B-H 磁滞曲线

图 3-9　磁感应强度 B 随磁场强度 H 的变化规律

要使剩磁消失，必须在线圈中通入反向电流，使磁场改变方向，进行反方向磁化。这时，H 是负值。在反方向磁化过程中，使 $B=0$ 所对应的磁场强度 H_c 叫作矫顽力。此后，继续进行反方向磁化→再去磁→又开始正方向磁化→…，如此反复，最后，构成一个闭合的回线。以上现象表明，磁性材料在反复磁化的过程中，磁感应强度 B 的变化落后于磁场强度 H 的变化，称为磁滞现象，相应的回线称为磁滞回线。

具有磁滞性是磁性材料的另一特点。

用磁滞回线分析、计算交流磁路问题是十分复杂的。在工程技术中，通常都是采用一条具有平均值特点的基本磁化曲线表示磁性材料的 B-H 关系。常用磁性材料的基本磁化曲线可以在工程手册或有关技术资料中查到。

五、磁路的欧姆定律

磁路的欧姆定律

磁路的欧姆定律揭示了磁路中磁通 Φ（响应）与励磁电流 I（激励）之间的关系，是分析、计算磁路问题的基本定律之一。

可以从一个具体的磁路入手。将图 3-8a 所示铁心线圈重绘于图 3-8b，这是一个环形铁心磁路。铁心用同一种磁性材料制成，其截面积 S 处处相等。励磁线圈有 N 匝，均匀缠绕在铁心上，励磁电流为 I。这时磁力线沿铁心呈同心圆形状分布，因环内各点磁场强度 H 大小相等。环形磁路的平均长度是 l，如图 3-8b 中虚线所示。根据物理学中的磁场安培环路定律（又称全电流定律）分析，可以得到如下结论：

磁场强度满足：

$$H = \frac{NI}{l} \quad (3\text{-}6)$$

式（3-6）表明，环形铁心内某一点的磁场强度 H 只与励磁电流 I 的大小、线圈的匝数 N 和该点所在位置有关，与磁介质（μ）无关。

铁心内的磁感应强度为

$$B = \mu H = \mu \frac{NI}{l} \quad (3\text{-}7)$$

式中，μ 是磁性材料的磁导率。

假设环形铁心的截面积 S 的半径比环的平均半径 r（对应圆周长度 $l = 2\pi r$）小得多，即可认为环内磁力线在截面 S 上的分布是均匀的。这时磁通为

$$\Phi = BS = NI\frac{\mu S}{l} \qquad (3\text{-}8)$$

取

$$R_\mathrm{m} = \frac{l}{\mu S} \qquad (3\text{-}9)$$

则有磁通

$$\Phi = \frac{NI}{\dfrac{l}{\mu S}} = \frac{NI}{R_\mathrm{m}} \qquad (3\text{-}10)$$

或

$$R_\mathrm{m} = \frac{NI}{\Phi} \qquad (3\text{-}11)$$

式中，<u>*NI* 是产生磁场的激励，称为**磁通势（类似电路中的电动势 *E*）**</u>，用 *F* 表示；R_m 叫作<u>**磁阻（类似电路中的电阻 *R*）**</u>，是表示磁通通过磁路时，磁路呈现阻碍作用大小的物理量。磁阻 R_m 表示磁路自身的性质，它与磁路的几何尺寸、磁性材料的磁导率 <u>*μ*（类似电路中的电导率 *σ*）</u>有关。当磁通势 *F* = *NI* 一定时，R_m 越大，则磁通 *Φ* 越小；反之，R_m 越小，则磁通 *Φ* 越大。

式（3-11）在形式上与电路的欧姆定律 $\left(R = \dfrac{U}{I}\right)$ 相对应，称为磁路的欧姆定律。但是，因为磁性材料的磁导率 *μ* 不是常数，会因励磁电流 *I* 大小不同而变化（见图 3-9），故磁阻 R_m 也不是常数，并随 *I* 变化，所以在一般情况下较难用式（3-11）计算磁路中的磁通 *Φ*。但是从式（3-10）中能够直接看出磁导率 *μ* 和截面积 *S* 及磁路长度 *l* 对于磁通 *Φ* 的影响。这对于理解磁路的有关概念及定性分析磁路中各电磁量之间的关系还是很有用处的。例如，这个定律揭示，在磁通势 *F* 的大小确定后，想要增大磁通 *Φ*，就必须减小磁阻 R_m。可以通过两个途径来减小磁阻 R_m，一个是加大磁路的截面积 *S* 或减少磁路的长度 *l*；再一个是选用磁导率 *μ* 更大的磁性材料。

交流铁心线圈电路

六、交流铁心线圈电路

按照励磁电流性质的不同，磁路分为<u>直流磁路</u>和<u>交流磁路</u>。直流磁路励磁线圈中通入直流电流，磁路中的磁通 *Φ* 恒定不变，不会在线圈内产生感应电动势。因此，线圈内的电压、电流关系及功率损耗与一般的直流电路相同。

交流磁路励磁线圈中通入的是交流电流，这种交流磁路中的电磁现象要比直流磁路复杂得多。下面就以图 3-10 所示带有铁心的线圈电路为例，讨论有关交流磁路的问题。

从电路的角度看，交流磁路的励磁线圈可以看作是一个带有铁心的线圈，故称为<u>交流铁心线圈电路</u>。

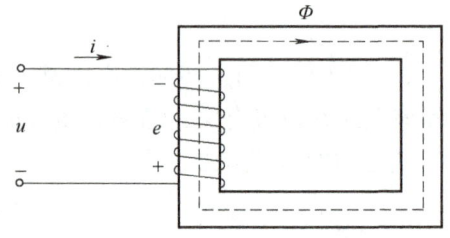

图 3-10 交流铁心线圈电路

1. 各电磁量之间的关系

励磁线圈的匝数是 *N*，外加正弦电压 *u*，励磁电流为 *i*，磁通势是 *Ni*。在磁通势的作用下建立磁场，所产生的磁通分为两部分：绝大部分沿铁心闭合，称为 主磁通，或 工作磁通，用 Φ 表示；另外还有极少部分磁通杂散在线圈周围的空间，沿空气或其他非磁性材料闭合，称为 漏磁通。因为空气等非磁性材料的磁导率 μ_0 远小于磁性材料的磁导率 μ，所以漏磁通数值很小，它对线圈工作的影响可以近似忽略不计。

在交流磁路中，主磁通 Φ 是交变的，根据电磁感应定律，这种交变磁通在线圈内将产生感应电动势 e。

各电磁量的关系可用如下方式表示：

$$e = -N \frac{d\Phi}{dt} \tag{3-12}$$

2. 主磁通与感应电动势

当外加电压 u 是正弦电压时，主磁通 Φ 也随时间按照正弦规律变化。

设主磁通

$$\Phi = \Phi_m \sin\omega t \tag{3-13}$$

感应电动势为

$$e = -N \frac{d\Phi}{dt} \tag{3-14}$$
$$= 2\pi f N \Phi_m \sin(\omega t - 90°)$$
$$= E_m \sin(\omega t - 90°)$$

式中，

$$E_m = 2\pi f N \Phi_m \tag{3-15}$$

是主磁通感应电动势 e 的最大值，其有效值是

$$E = \frac{E_m}{\sqrt{2}} = \frac{2\pi f N \Phi_m}{\sqrt{2}} = 4.44 f N \Phi_m \tag{3-16}$$

式中，f 是交流电源的频率；N 是线圈的匝数；Φ_m 是主磁通的最大值。这个公式很重要，是分析变压器、交流电动机中电压、电流有效值 U、I 和 Φ_m 关系的依据。

3. 电压的平衡方程

励磁线圈电路中，除了感应电动势 e 之外，导线还有一定的电阻 R，并产生数值很小的电压降 iR，它对于线圈工作的影响也很小，也可以近似忽略不计。这样，根据图 3-10 中所示电量的参考方向，列出基尔霍夫电压定律方程为

$$u \approx -e \tag{3-17}$$

式（3-17）表明，外加电压 u 主要用来平衡主磁通感应电动势产生的电压降 $-e$。

相量表示式为

$$\dot{U} \approx -\dot{E} \tag{3-18}$$

有效值为

$$U \approx E = 4.44 f N \Phi_m \tag{3-19}$$

式（3-19）表明，在电源电压的有效值 U 和频率 f 保持不变时，只要线圈的匝数 N 保持定值，主磁通的最大值 Φ_m 就基本不变。这个性质也被称为 恒磁通原理，它对于分析交流磁路和交流电动机、交流电器的工作原理是很有用的。

4. 涡流损耗和磁滞损耗

交流磁路的另一个特点是除了在线圈中存在导线电阻造成的功率损耗（I^2R）之外，在

铁心中还存在两种功率损耗：涡流损耗和磁滞损耗。这两种发生在铁心中的功率损耗合称为铁损。相对于此损耗，励磁电流流过线圈导线电阻所造成的功率损耗称为铜损。

（1）涡流损耗

用磁性材料做成的铁心既能导磁又能导电。当铁心中有交变磁通穿过时，不只是在线圈中产生感应电动势，在垂直于磁通的铁心平面内也要产生感应电动势，并产生感应电流，称为涡流，如图 3-11 所示。

涡流的存在不仅造成了功率损耗，而且会使铁心发热，温度升高，影响设备的运行和使用。为了减小涡流损耗，交流磁路的铁心必须采用硅钢片沿磁感线方向叠压制成，如图 3-12 所示。硅钢具有良好的导磁性能，同时电阻率高，硅钢片又做得很薄，约为 0.35mm，其表面涂有绝缘漆，片间彼此绝缘。这就限定了涡流只能在每片很小的截面内流动，加长了流通路径，再加上硅钢片的电阻很大，从而大大减小了涡流和涡流损耗。

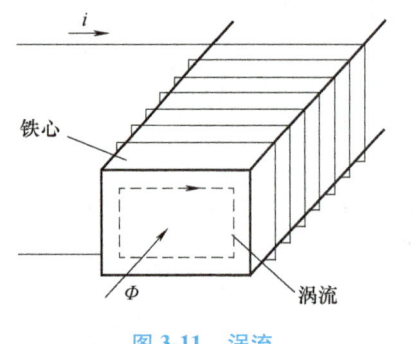

图 3-11 涡流

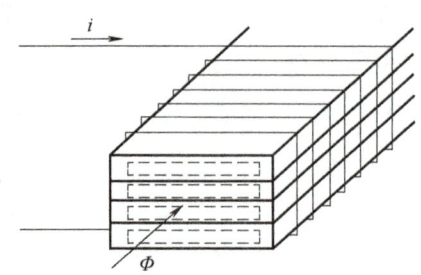

图 3-12 减小涡流损耗

（2）磁滞损耗

在交变磁场中，铁心被反复磁化，磁性材料内部的磁畴反复取向排列，也会产生功率损耗，并使铁心发热，这种损耗就是磁滞损耗。可以证明，在交流电流的频率一定时，磁滞损耗与磁滞回线所包围的面积成正比。硅钢的磁滞回线所包围的面积较小，磁滞损耗也较小。因此，硅钢就成为构成磁路的常用材料。

（3）交流电磁铁

交流电磁铁是直接利用交流铁心线圈电路的工作原理做成的一种电工设备。电磁铁的结构主要由三部分组成：励磁线圈、铁心（静铁心）和衔铁（动铁心），如图 3-13 所示。线圈通入交流励磁电流后，在铁心、衔铁和气隙组成的磁路中建立磁场，并在铁心与衔铁的端面之间出现极性相异的磁极，彼此相吸，使衔铁吸向铁心，从而带动某一机械结构产生直线或回转运动，完成确定的机械动作（如起重、制动、吸持（吸盘）及开闭阀门等）。因为直流电磁铁是直流电流励磁，铁心中的磁通恒定，铁心中不存在铁损，所以直流电磁铁的铁心可以用整块的磁性材料做成。而交流电磁铁的铁心必须用硅钢片叠成。

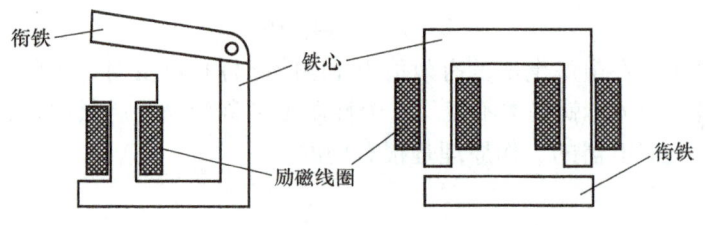

图 3-13 电磁铁

应当注意的是，交流电磁铁的线圈通入励磁电流后，衔铁应立即吸合。倘若因某种原因，如机械上被卡住，衔铁不能立即吸合，则线圈将因电流长时间过大，将导致温升过高，甚至烧毁设备。出现这种情况的原因是，电源频率 f、电源电压的有效值 U 和线圈的匝数 N 一定时，主磁通的最大值 Φ_m 在衔铁吸合前后基本保持不变。但是在衔铁被吸合前，磁路中包含空气隙，磁阻 R_m 很大，而衔铁被吸合后，空气隙消失，磁阻 R_m 显著变小。这就使得为了维持相同的 Φ_m，在衔铁被吸合前，励磁线圈的磁通势 NI（I 是励磁电流的有效值）要比吸合后大得多。这样，长时间通过大电流是励磁线圈所不能承受的。凡是利用交流电磁铁作为动力的电工设备，如交流接触器等，都存在这个问题，在使用时应特别注意。

七、变压器

变压器是一种静止的电气设备，它能将某一电压数值的交流电变换为同频率的另一电压数值的交流电。

变压器的基本结构

变压器的用途很多，主要有以下几种：

1) 作为电能传输设备，用在输电、配电领域。在输送一定功率（$P=UI$）电能的前提下，输电线路的电压 U 越高，电流 I 越小。这不仅可以减小导线的截面积，节省有色金属材料，还可以降低输电线路上的功率损耗（$P=I^2R$），所以高压输电是输电技术的发展方向之一。目前我国高压输电的电压等级在 110~750kV。但是受发电机结构和绝缘材料的限制，不可能直接发出如此高电压的电能。因此，要用变压器将发电机发出的交流电的电压升高，再送到输电线路上去。而工厂用电，大型动力设备使用 10kV 或 6kV 电压，小型动力设备和照明用电则使用 380V 或 220V 电压，特殊场合为了安全等原因，还要用 36V 或 24V 电压。为此，又要使用变压器将输电线路上高压电的电压降低。

2) 变压器除了具有变换电压作用之外，还具有变换电流、变换阻抗的作用。因此变压器作为信号传递和转换器件，在电信系统、电工测量和电子电路中也有较多应用。

变压器的类型很多，按照用途分有用于输配电的电力变压器、用于测量技术的仪用互感器、用于电子整流电路的整流变压器等。按照变换电能相数的不同，分为单相变压器和三相（多相）变压器。

尽管变压器的类型很多，它们的基本结构和工作原理却是相同的。现在以小型单相变压器为例来学习其工作原理。

变压器一般由铁心和绕在铁心上的两个或多个线圈（又称绕组）组成。铁心的作用是构成变压器的磁路。为了减小涡流损耗和磁滞损耗，铁心采用硅钢片交错叠装或卷绕而成。绕组是变压器的电路部分，它是用双丝包绝缘扁线或漆包圆线绕成。

根据铁心结构形式的不同，变压器分为壳式和心式两种。图 3-14a 所示是心式变压器，特点是线圈包围铁心。功率较大的变压器多采用心式结构，以减少铁心体积，节省材料。壳式变压器则是铁心包围线圈，如图 3-14b 所示，它可以省去专门的保护包装外壳。

图 3-15 所示为双绕组变压器的结构示意图及其图形符号。两个绕组中与电源相连接的一方称为一次绕组，又称原方绕组或初级绕组，凡表示一次绕组各量的字母均标注下标"1"，如一次绕组电压 U_1、一次绕组匝数 N_1 等；与负载相连接的绕组称为二次绕组，又称副方绕组或次级绕组，凡表示二次绕组各量的字母均标注下标"2"，如二次绕组电压 U_2、二次绕组匝数 N_2 等。当变压器二次绕组电压 U_2 比一次绕组电压 U_1 高时，为升压变

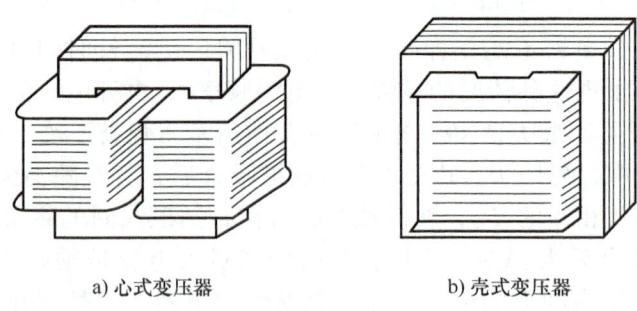

a) 心式变压器　　　　　　　　b) 壳式变压器

图 3-14　变压器结构

器，反之，则该变压器是降压变压器。为了防止变压器内部短路，绕组与绕组、绕组与铁心之间要有良好的绝缘。

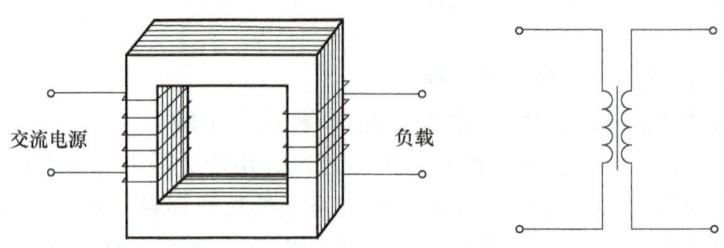

图 3-15　双绕组变压器结构示意图及其图形符号

通过对变压器基本结构的简单介绍可知，变压器的工作原理就是以电磁感应定律为基础，通过一个共同的磁场（磁路），将两个或两个以上的绕组耦合起来，进行交流电能的传送与转换。

 巩固提高

一、选择题

1. 变压器主要部分由（　　）组成。
   A. 硅钢片构成的铁心和一、二次绕组　　B. 支承角铁架，绕制线圈骨架
   C. 变压器外壳和接线端子　　　　　　　D. 变压器图纸和变压器参数
2. 变压器的铁心采用导磁性能好的硅钢片叠压而成，能减小变压器的（　　）。
   A. 机械损耗　　B. 涡流损耗　　C. 铜损耗　　D. 以上都是
3. 远距离输送电能时，首先要将发电机的输出电压通过升压变压器升高到几万伏或几十万伏，以（　　）输电线上的能量损耗。
   A. 减小　　B. 增大　　C. 改变　　D. 以上都不对
4. 如果变压器铁心采用的硅钢片的单片厚度越厚，则（　　）。
   A. 铁心中的铜损耗越大　　　　　B. 铁心中的涡流损耗越大
   C. 铁心中的涡流损耗越小　　　　D. 铁心中的铜损耗越小

二、判断题

1. 磁场强度 H 与磁场中的介质有关。　　　　　　　　　　　　　　　　（　　）
2. 磁感应强度 B 的变化滞后于磁场强度 H 的变化，称为磁滞现象。　　（　　）

三、填空题

变压器运行时，绕组中电流的热效应所引起的损耗称为_____损耗；交变磁场在铁心中所引起的_____损耗和_____损耗合称为铁损耗。

任务二 简单输配电系统的仿真

任务导学

生活生产中所需的电压等级是各不相同的，有些场合需要高压甚至特高压，比如输电系统中的电压高达几百千伏，有些场合的电压又是低压，比如生活中常用的电压为220V，这些不同等级的电压变换是通过什么设备完成的？基于什么原理实现变电压的呢？

任务说明

常用高压配电中的电压为 6~10kV，而常用低压设备的电压为 380V/220V，简述实现高低压变换的方法，分析三相变压器常见的联结方式，基于 Multisim 仿真软件完成相应电压之间的变换。

任务实施

1）现有三相交流电压源，线电压为 10kV，如何将其变换为线电压为 400V 的电压？
_____
_____

2）简述变压器的工作原理、用途，说明变压器如何实现电压的变换作用？
_____
_____

3）从 10kV（线电压）电压变换为 400V（线电压），则所需的变压器的电压比为多少？
_____
_____

4）三相变压器常见的联结方式有哪些？
_____
_____

5）基于 Multisim 绘制仿真模型实现从 10kV 电压变换为 400V 的三相变压器的电路图，并用必要的仪表测出变换后的电压。

知识链接

一、变压器的工作原理

分析一个比较复杂的问题可以采用由简单到复杂的方法。为此，首先分析变压器的空载运行状态，然后再分析其负载工作状态。

变压器的工作原理

1. 空载运行状态——变电压作用

所谓空载运行状态是指变压器一次绕组外加交流额定电压、二次绕组开路的情况，如

图 3-16 所示。

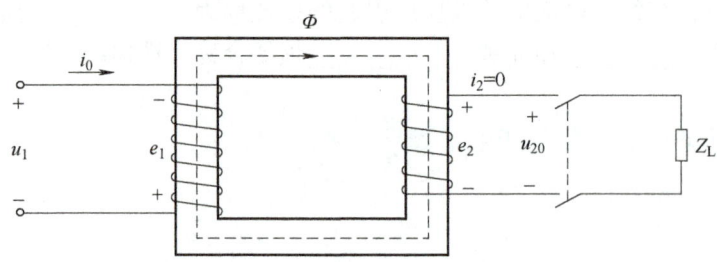

图 3-16 变压器空载运行状态

变压器在空载状态下，二次绕组电流 $i_2=0$。此时的变压器就相当于一个交流铁心线圈，所不同的只是在铁心上又加了一个开路线圈，该开路线圈对磁路不产生影响。

空载状态下的一次绕组电流称为空载电流，用 i_0（或 i_{10}）表示。磁通势 $N_1 i_0$ 建立磁场：主磁通 Φ 沿铁心闭合，分别在一次、二次绕组中产生感应电动势 e_1 和 e_2。

$$u_1 \to i_0 \to N_1 i_0 \to 主磁通\ \Phi \begin{array}{l} \nearrow e_1 = -N_1 \dfrac{\mathrm{d}\Phi}{\mathrm{d}t} \\ \searrow e_2 = -N_2 \dfrac{\mathrm{d}\Phi}{\mathrm{d}t} \end{array}$$

在一次绕组中略去极小的电阻电压降 $i_0 R_1$ 以及漏磁通的影响（R_1 为一次绕组的等效内阻），可得

$$u_1 \approx -e_1$$
$$\dot{U}_1 \approx -\dot{E}_1 \tag{3-20}$$
$$E_1 = 4.44 f N_1 \Phi_\mathrm{m} \tag{3-21}$$

交流电源电压的有效值为

$$U_1 \approx E_1 = 4.44 f N_1 \Phi_\mathrm{m} \tag{3-22}$$

式中，N_1 是一次绕组的匝数。

主磁通 Φ 与二次绕组交链，据电磁感应定律同样可推导得出

$$E_2 = 4.44 f N_2 \Phi_\mathrm{m} \tag{3-23}$$

式中，N_2 是二次绕组的匝数。

空载状态下，二次绕组的端电压用 u_{20} 表示，电压平衡方程为

$$u_{20} = e_2 \tag{3-24}$$

有效值为

$$U_{20} = E_2 = 4.44 f N_2 \Phi_\mathrm{m} \tag{3-25}$$

由式（3-21）和式（3-23）可得，一次、二次绕组的匝数 N_1、N_2 不同，感应电动势 E_1、E_2 也就不相等，因而输出电压 U_{20} 和电源电压 U_1 也不相等。一次、二次绕组的电压比为

$$\frac{U_1}{U_{20}} \approx \frac{E_1}{E_2} = \frac{N_1}{N_2} = K \tag{3-26}$$

式中，K 是一次、二次绕组的匝数比，称为变压器的电压比，是变压器的重要参数之一。

式（3-26）表明，电源电压 U_1 一定时，只要改变一次、二次绕组的匝数 N_1 和 N_2，就

可以得到不同数值的输出电压 U_{20}，达到变换电压的目的。

变压器铭牌上所标注的额定电压是用分数形式表示的一次、二次绕组的电压数值 U_{1N} 和 U_{2N}，其中额定电压 U_{2N} 就是一次绕组加入额定电压 U_{1N} 后，二次绕组的空载电压。

2. 负载运行状态——变电流作用

当图 3-16 中二次绕组电路中的开关闭合以后，在感应电动势 e_2 的作用下，二次绕组中就有电流 i_2 通过，并向负载 Z_L 输出电功率，变压器处于负载运行状态，电路如图 3-17 所示。

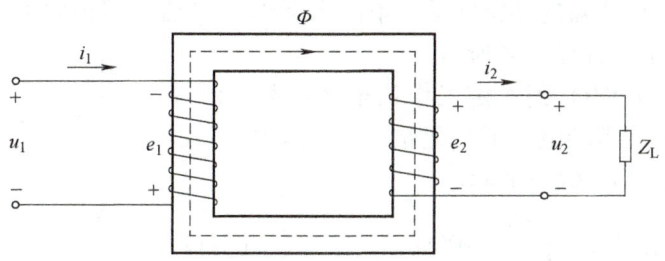

图 3-17　变压器负载运行状态

3. 变压器的变换电流作用

变压器从空载到负载运行的一个重要特点是一次绕组电流从 i_0 变化为 i_1。空载电流 i_0 的作用只是用来产生确定大小的工作磁通，而磁路的导磁能力很强，所以 i_0 数值就很小。二次绕组接入负载后，变压器向负载输出电功率，必然要求一次绕组从电源输入更大的电功率。因此，一次绕组电流从 i_0 变化为 i_1，有效值从 I_0 增大为 I_1。

变压器负载运行的另一个特点是二次绕组的磁通势 $N_2 i_2$ 作用在磁路上，这时的工作磁通是由一次、二次绕组的磁通势共同作用产生的。在电源电压 U_1、频率 f 和一次绕组的匝数 N_1 保持不变的条件下，工作磁通最大值 Φ_m 仍然保持恒定，基本不变。

根据以上分析，铁心中的工作磁通最大值 Φ_m 在空载和负载状态下保持基本不变。因此，产生它的激励——空载时的磁通势 $N_1 i_0$ 和负载运行状态下的合成磁通势（$N_1 i_1 + N_2 i_2$）应该近似相等，即

$$N_1 i_1 + N_2 i_2 \approx N_1 i_0 \tag{3-27}$$

用相量式表示为

$$N_1 \dot{I}_1 + N_2 \dot{I}_2 \approx N_1 \dot{I}_0 \tag{3-28}$$

式（3-27）、式（3-28）称为变压器的磁通势平衡方程。这个方程揭示了一次、二次绕组电流之间的关系，是分析变压器工作原理的重要公式之一。

励磁分量 $\dot{I}_0$ 数值极小，通常只占额定电流的百分之几，所以在额定状态下可以忽略不计，故有

$$N_1 \dot{I}_1 + N_2 \dot{I}_2 \approx 0 \tag{3-29}$$

$$\dot{I}_1 \approx -\frac{N_2}{N_1} \cdot \dot{I}_2 \tag{3-30}$$

有效值表达式为

$$I_1 \approx \frac{N_2}{N_1} \cdot I_2 = \frac{1}{K} I_2 \tag{3-31}$$

$$\frac{I_1}{I_2} \approx \frac{N_2}{N_1} = \frac{1}{K} \tag{3-32}$$

式（3-32）表明，变压器具有**变电流**作用，即在**额定状态**下，**一次、二次绕组的额定电流之比等于其电压比 K 的倒数**。注意，**在空载或轻载状态下**，式（3-32）**不成立**。

4. 变压器的外特性和电压调整率

变压器接入负载之后，随着负载电流 I_2 的变化，绕组内部的电阻电压降和漏磁通的影响也要发生变化，使二次绕组输出电压 U_2 随之发生变化。所谓外特性就是保持电源电压 U_1 和负载的功率因数 $\lambda_2 = \cos\varphi_2$ 不变，U_2 随 I_2 的变化关系，即 $U_2 = f(I_2)$，一般用曲线表示。在感性负载条件下，变压器的外特性是一条沿水平轴（I_2 轴）稍稍向下倾斜的曲线，即 U_2 随 I_2 增加而略有下降，如图 3-18 所示。

变压器从空载（$I_2 = 0$）到额定工作状态（负载电流等于额定值 I_{2N}），二次绕组端电压的变化量与空载电压 U_{20} 之比，称为电压调整率，用 $\Delta U\%$ 表示。

$$\Delta U\% = \frac{U_{20} - U_2}{U_{20}} \times 100\% \quad (3\text{-}33)$$

电压调整率 $\Delta U\%$ 表示了供电电压的稳定性，是变压器的一个重要的性能指标。$\Delta U\%$ 越小，说明变压器输出的电压越稳定。常用电力变压器的电压调整率 $\Delta U\%$ 一般为 $3\% \sim 5\%$。

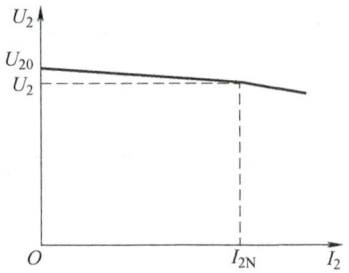

图 3-18　变压器的外特性（感性负载）

5. 变压器的变换阻抗作用

变压器除了具有变换电压、变换电流的作用以外，还有变换阻抗作用。

负载接在变压器的二次侧，而电功率却是从一次侧通过工作磁通传送到二次侧的。按照等效的观点可以认为，当一次侧交流电源直接接入一个负载 Z'_L，如图 3-19b 所示，与变压器二次侧接上负载 Z_L，如图 3-19a 所示，这两种情况下，一次电压、电流和电功率完全一样。对于交流电源来说，Z'_L 与二次侧接上负载 Z_L 是等效的。阻抗 Z'_L 就称为负载 Z_L 折算到一次侧的等效阻抗。

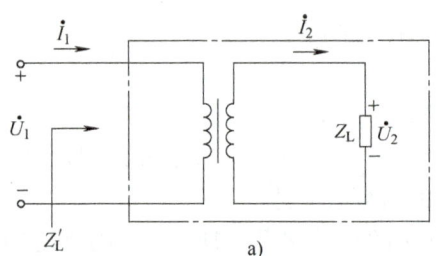 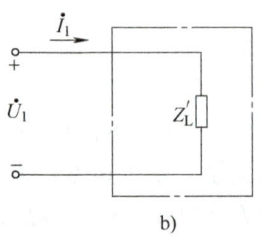

图 3-19　变压器的变换阻抗作用

为了简化计算，突出变换阻抗作用，现将一次、二次绕组中的导线电阻、漏磁通和铁损耗都略去不计，则有

$$U_1 \approx E_1 = 4.44 f N_1 \Phi_m$$
$$U_2 \approx E_2 = 4.44 f N_2 \Phi_m \quad (3\text{-}34)$$

负载阻抗为

$$|Z_L| = \frac{U_2}{I_2} \quad (3\text{-}35)$$

一次侧的等效负载阻抗为

$$|Z'_L| = \frac{U_1}{I_1} \tag{3-36}$$

把式（3-31）和式（3-34）代入式（3-36），并化简，得

$$|Z'_L| = \frac{\frac{N_1}{N_2}U_2}{\frac{N_2}{N_1}I_2} = \left(\frac{N_1}{N_2}\right)^2 \cdot \frac{U_2}{I_2} = K^2|Z_L| \tag{3-37}$$

即变压器二次绕组接入的负载阻抗是$|Z_L|$，等效于一次侧交流电源直接接入负载阻抗$|Z'_L|$，它是$|Z_L|$的K^2倍，这就是变压器的<u>变换阻抗</u>作用。

在电子电路中，为了使负载获得最大功率输出，要求负载的阻抗与信号源的阻抗之间满足确定的要求，称为<u>阻抗匹配</u>。但是，实际上两者的数值往往并不满足阻抗匹配的要求。为此，通常可在它们之间加入一个变压器以达到阻抗匹配的要求。

二、三相变压器

电力系统中大多采用三相制供电，因此三相变压器是电力工业常用的变压器。

1. 三相变压器的结构和原理

三相变压器可以由三个相同容量的单相变压器一次侧、二次侧分别相连组成（见图3-20），或用一台三相变压器来实现，它有三个铁心柱，每个铁心柱都绕着同一相的两个绕组，一个是一次绕组，另一个是二次绕组，如图3-21所示。

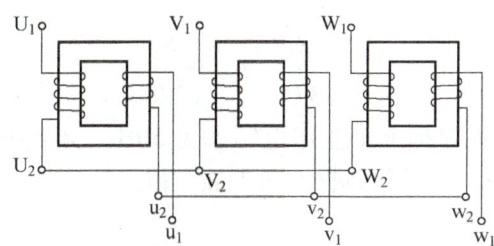

图3-20 三台单相变压器组成的星形联结的三相变压器

图3-21 三相变压器示意图及其外形图

三相变压器的一次绕组可根据电网线电压和变压器各绕组额定电压的大小，接成星形（Y）或三角形（△）。二次绕组也可根据供电需要接成上述两种形式。各一次绕组的始端

和末端分别用 U_1、V_1、W_1 和 U_2、V_2、W_2 表示。二次绕组的始端和末端分别用 u_1、v_1、w_1 和 u_2、v_2、w_2 表示。通过改变高、低压绕组的匝数比，便可达到升高或降低三相电压的目的。

2. 三相变压器的型号和额定值

（1）型号

型号表示的含义是一台变压器的结构（相数）、设计序号、额定容量、电压等级、冷却方式等内容。

例如，型号 S11-10000/60-10 中，S 表示三相（相数，D 表示单相）；11 表示设计序号；10000 表示额定容量（kV·A）；60 表示高压侧额定电压等级（kV）；10 表示低压侧额定电压等级（kV）。

（2）额定值

额定值是正确使用变压器的依据，在额定状态下运行，可保证变压器在使用期限内长期安全有效地工作。

1）额定容量 S_N，指变压器的视在功率。对三相变压器而言指三相容量之和，单位为伏安（V·A），常用的还有千伏安（kV·A）。

2）额定电压 U_N，指线电压。U_{1N} 指电源加到一次绕组上的电压，U_{2N} 是二次侧开路电压，即空载运行时二次绕组的端电压。

3）额定电流 I_N，由 S_N 和 U_N 计算出来的电流。

对于单相变压器有

$$I_{1N}=\frac{S_N}{U_{1N}},I_{2N}=\frac{S_N}{U_{2N}} \tag{3-38}$$

对于三相变压器有

$$I_{1N}=\frac{S_N}{\sqrt{3}\,U_{1N}},I_{2N}=\frac{S_N}{\sqrt{3}\,U_{2N}} \tag{3-39}$$

4）额定频率 f_N，我国规定标准工业用电频率为 50Hz，有些国家采用 60Hz。此外，额定工作状态下变压器的效率、温升等数据均属于额定值。

巩固提高

一、选择题

1. 一单相变压器的电压比为 5，一次绕组输入额定电压 220V，则二次绕组开路电压为（　　）。

A. 1100V　　　　B. 220V　　　　C. 44V　　　　D. 以上都不是

2. 如果忽略变压器的内部损耗，则变压器二次绕组的输出功率等于一次绕组的（　　）。

A. 输入功率　　B. 损耗功率　　C. 无功功率　　D. 铜损耗功率

3. 一台单相变压器的一、二次侧绕组匝数分别为 2000 和 500，则该变压器的电压比为（　　）。

A. 4　　　　　B. 0.25　　　　C. 16　　　　D. 以上都不是

二、判断题

1. 变压器是一种与电动机一样能输出机械运动的电气设备。　　　　　　　　（　　）

2. 变压器是利用电磁感应原理，将一种电压等级的交流电能转变为另一种电压等级的

交流电能。　　　　　　　　　　　　　　　　　　　　　　　　　（　　）
　　3. 变压器是依据电磁感应原理工作的。　　　　　　　　　　　　（　　）
　　4. 变压器的损耗越大，其效率就越低。　　　　　　　　　　　　（　　）

三、填空题

变压器是能改变电压、_____和_____的静止的电气设备。

任务三　特殊用途变压器

任务导学

任务二中变压器的绕组有一次绕组和二次绕组，任何变压器都有两副（多副）绕组吗？举例说明。

任务说明

分析自耦变压器的工作原理、特点及使用注意事项。现实生活中有许多需要测量大电流、高电压的情况，简述测量大电流、高电压的方法。

任务实施

1）用什么变压器可以输出一定范围内连续可调的电压？这种变压器有什么特点？写出电压变换式。
_____

2）简述自耦变压器的优缺点和主要用途。
_____

3）简述自耦变压器运行的注意事项。
_____

4）仪用互感器的用途是什么？根据用途可分成几种？
_____

5）为什么要使用仪用互感器？
_____

知识链接

一、自耦变压器

自耦变压器是一种常用的实验室设备。其突出特点是，输出电压能够根据负载需要连续均匀地调节，使用起来非常方便。

自耦变压器在结构上的特点是它只有一个绕组，且在绕组上安置了一个滑动抽头 a。其结构示意及图形符号如图 3-22 所示。

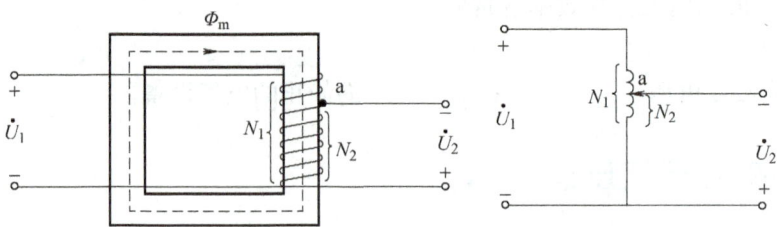

图 3-22　自耦变压器结构示意及图形符号

由图 3-22 可知，自耦变压器的一次、二次侧共用一个绕组，因此一次、二次绕组间不仅有磁的耦合，而且还有电的联系。尽管一次、二次侧共用一个绕组，但它的工作原理与普通双绕组变压器相同。前述的变电压、变电流和变换阻抗作用也适用于自耦变压器。

当一次绕组加入电源电压 U_1 时，将在铁心中产生工作磁通，其最大值是 Φ_m，则在一次、二次绕组中产生感应电动势 E_1 和 E_2，且有式（3-40）：

$$E_1 = 4.44 f N_1 \Phi_m$$
$$E_2 = 4.44 f N_2 \Phi_m \tag{3-40}$$

当二次侧空载时，有

$$\frac{U_1}{U_{20}} \approx \frac{E_1}{E_2} = \frac{N_1}{N_2} = K \tag{3-41}$$

略去绕组内部导线电阻等的影响，在负载状态下仍可近似认为

$$\frac{U_1}{U_2} \approx \frac{N_1}{N_2} = K \tag{3-42}$$

将图 3-22 中二次绕组的滑动抽头 a 做成能沿着裸露的绕组表面滑动的电刷触头，当移动电刷的位置时，也就改变二次绕组的匝数 N_2，就能够连续均匀地调节输出电压 U_2。根据该原理做成的自耦变压器又叫调压器。为了便于电压的调节，调压器的铁心可做成圆桶状，如图 3-23 所示。

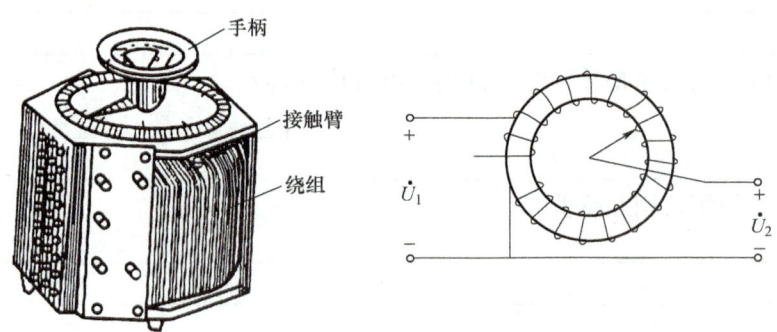

图 3-23　自耦变压器的外形和结构示意图

如图 3-23 所示，如果将电刷的滑动范围加大，使二次绕组的匝数 N_2 多于一次绕组的匝数 N_1。这样，自耦变压器不仅可以用来降压，也能够用来作为升压变压器。

自耦变压器具有结构简单、节省用铜量、效率较高的优点。其缺点是一次、二次绕组电路直接连在一起，即存在电的联系，高压绕组一侧的故障会波及低压绕组一侧，很不安全

的。因此，使用自耦变压器时，必须正确接线，外壳必须接地。并规定安全照明变压器不允许采用自耦变压器的结构形式。

二、电流互感器

在电力工程中使用的电流互感器也是根据变压器的原理做成的。电流互感器能够按比例变换交流电流的数值，扩大交流电流表的量程。同时在测量高压电路的电流时，还能够把电流表与高压电路隔开，确保人员和仪表的安全。

电流互感器的接线示意图如图 3-24 所示。电流互感器一次绕组的匝数很少，通常只有几匝，甚至一匝，用粗导线绕制，允许通过较大电流。

根据变压器变换电流的作用原理有

$$\frac{I_1}{I_2}=\frac{N_2}{N_1}=K_i \quad (3\text{-}43)$$

$$I_1 = K_i I_2 \quad (3\text{-}44)$$

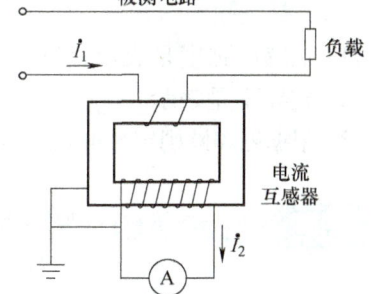

图 3-24　电流互感器的接线示意图

K_i 称为电流互感器的额定电流比，标示在铭牌上。实际测量时，只需读出电流表的数值 I_2，就可以得到被测电流 I_1 的数值。

一般使用的交流电流表均为 5A 或 1A 量程，只需改变电流互感器的额定电流比 K_i，就可以达到改变电流表量程的目的。

使用电流互感器时，还应注意以下两点：

1）二次绕组的一端和铁心必须可靠接地，防止一次、二次绕组间出现绝缘损坏事故时，保障人身及设备安全。

2）二次绕组不允许开路，否则也会造成触电事故及设备损坏。

三、电压互感器

电压互感器是利用变压器的变压作用，将高电压变换成低电压的仪器，其实物及原理电路如图 3-25 所示。它的一次绕组匝数较多，接入被测电路中；二次绕组匝数较少，两端接电压表（表头一般为 100V）或其他测量、保护装置的电压线圈。为保证安全，二次绕组一端与互感器外壳都必须接地，另外，二次绕组一定不可短路，否则会造成很大的短路电流，使互感器绕组严重发热，损坏设备。

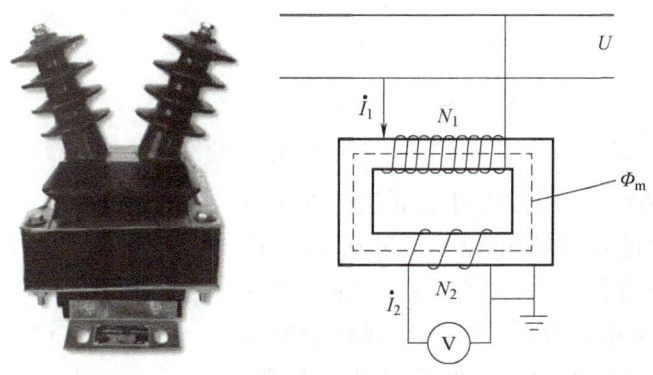

图 3-25　电压互感器

巩固提高

一、判断题

1. 互感器既可用于交流电路又可用于直流电路。（   ）
2. 感应电动势的极性始终保持一致的端子称为同名端。（   ）
3. 一个实际的电感线圈，在任何情况下呈现的电特性都是感性。（   ）

二、填空题

1. 磁感应强度是表示磁场_____的物理量，既有_____，又有_____。
2. 磁导率是表示_____的物理量。
3. 根据磁路欧姆定律可知，当磁路磁阻变小时，在电流不变的情况下，磁场会变_____。

任务四　互感绕组电路的研究实验

任务导学

什么是绕组的同名端？为什么要规定绕组的同名端？

任务说明

要正确使用变压器，或者有磁耦合的互感绕组进行绕组的串并联时，必须清楚各绕组的同极性端（同名端）的概念，根据实验步骤完成绕组同名端的测定。根据电磁感应原理，一个绕组因另一个绕组中电流变化而产生感应电动势的现象称为互感现象，根据实验步骤完成互感系数的测定。

任务实施

一、实验所需设备

直流数字电压表、毫安表；交流数字电压表、电流表；互感绕组、铁棒、铝棒；EEL-51 组件（含 100Ω/3W 电位器、510Ω/8W 线绕电阻）。

二、测定互感绕组的同名端

1. 直流法

实验电路如图 3-26 所示，将绕组 N_1、N_2 同心式套在一起，并放入铁心。U_1 为可调直流稳压电源，调至 6V，然后改变可变电阻器 R（由大到小调节），使流过 N_1 侧的电流不超过 0.4A（选用 5A 量程的数字电流表），N_2 侧直接接入 2mA 量程的毫安表。将铁棒迅速地拔出和插入，观察毫安表正负数的变化，来判断 N_1 和 N_2 两绕组的同名端。将结果记录至表 3-1 中。

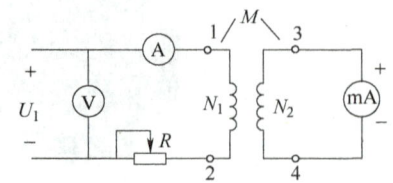

图 3-26　直流法测定绕组同名端电路

表 3-1　绕组同名端的测定结果（直流法）

同名端	

2. 交流法

实验电路如图 3-27 所示，将绕组 N_2 套在绕组 N_1 中。N_1 串接电流表（选 0~5A 的量程）后接至自耦调压器的输出，并在两绕组中插入铁棒。

接通电源前，首先应检查自耦调压器是否调至零位，确认后方可接通交流电源，令自耦调压器输出一个很低的电压（约 2V），使流过电流表的电流小于 1.5A，N_2 侧接入发光二极管（LED）与 510Ω 的电阻串联支路。

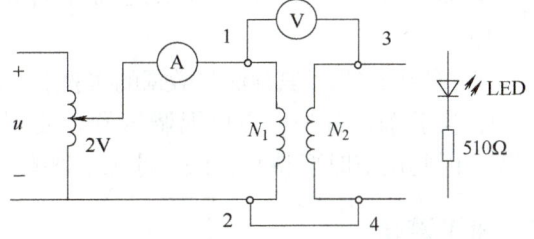

图 3-27　交流法测定绕组同名端电路

1）将铁棒慢慢地从两绕组中抽出和插入，观察 LED 亮度及各仪表读数的变化，记录变化现象。

2）改变两绕组的相对位置，观察 LED 亮度及各电表读数的变化，记录变化现象。

3）改用铝棒替代铁棒，重复 1）、2）两个步骤，观察 LED 亮度及各仪表读数的变化，记录变化现象。

4）用 0~20V 量程的交流电压表测量 U_{13}、U_{12}、U_{34}，判断同名端。

拆去 2、4 连线，并将 2、3 相接，重复上述步骤，判定同名端。并将结果填入表 3-2 中。

表 3-2　绕组同名端的测定结果（交流法）

2、4 相接	同名端	
2、3 相接	同名端	

三、测定两绕组的互感系数 M

如图 3-28 所示，在互感绕组的 N_2 侧开路，N_1 侧施加 2V 左右的交流电压 U_1（u_1 的有效值），测出并记录参数 U_1、I_1、U_2（U_{20}）。将数值填入表 3-3 中。

根据互感电动势

$$E_{2M} \approx U_{20} = \omega M I_1 \qquad (3\text{-}45)$$

可得互感系数 M 为

$$M = \frac{U_2}{\omega I_1} \qquad (3\text{-}46)$$

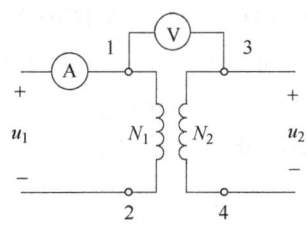

图 3-28　两绕组互感系数 M 的测定电路

表 3-3　各个电参数

电参数	U_1	I_1	U_2	M
数值				

四、实验注意事项

1）整个实验过程中，注意流过绕组 N_1 的电流不得超过 1.5A，流过绕组 N_2 的电流不得超过 1A。

2）测定同名端及其他测量数据的实验中，都应将绕组 N_2 套在绕组 N_1 中，并行插入铁棒。

3）实验前，首先检查自耦调压器，要保证手柄置于零位，因实验时所加的电压只有 2~3V。因此调节时要特别仔细、小心，要随时观察电流表的读数，不得超过规定值。

知识链接

一、变压器绕组的极性

绕组同名端是绕组与绕组、绕组与其他电器元件间正确连接的依据。用"·"标注的表示为同名端。如图 3-29 所示，1、3 为同名端（相应的 2、4 也是同名端）。从同名端流入（或流出）电流时产生的磁通方向相同，或者说磁通变化时，同名端的感应电动势极性相同。

当两个绕组需要串联时，必须将两绕组的异名端相连，在图 3-29 中假设两绕组的额定电压均为 110V，若想把同名端串联接到 220V 电源上，可以把 2、3 连接起来，1、4 接电源。若不慎将 2、4 连接起来，1、3 接电源，则由于两绕组中的磁通相互抵消，感应电动势消失，绕组中将出现很大电流，甚至会把绕组烧坏。同样，当绕组并联时，必须将两绕组的同名端分别相连，绕后接电源。

图 3-29　同名极性端

对于已经制成的变压器或电动机，绕组的绕向是看不到的，如果输出端没有注明极性，就要通过实验方法测定同名端，测定方法如下：

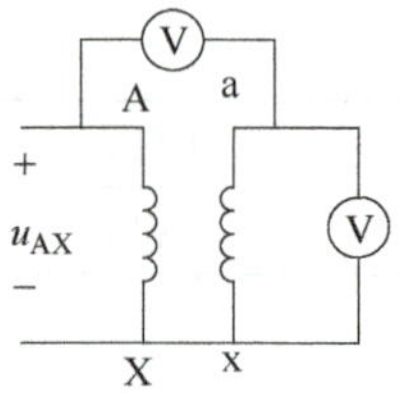

1. 交流法

交流法测绕组同名端的电路如图 3-30 所示，将两个绕组 A-X 和 a-x 的任意两端（见图中 X、x）连接在一起，在其中一个绕组两端加（A、X）一个较小的交流电压 u_{AX}，用交流电压表分别测量 A、a 和 a、x 两端的电压 U_{Aa}、U_{ax}，若 $U_{Aa}=|U_{AX}+U_{ax}|$，说明 A 与 x 或 X 与 a 是同极性端。若 $U_{Aa}=|U_{AX}-U_{ax}|$，说明 A 与 a 或 X 与 x 为同极性端。

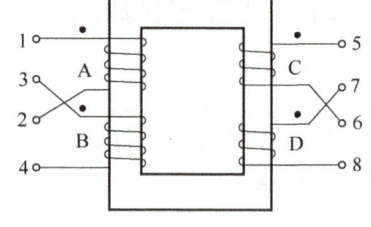

图 3-30　同极性端的测定
（交流法）

2. 直流法

直流法测绕组同名端的电路如图 3-31 所示，E 为 1.5V 或 3V 的直流电源，N_1 大于 N_2。闭合开关 S 的瞬间，若电流表的

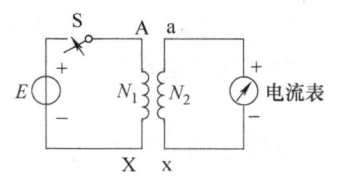

图 3-31　同极性端的测定
（直流法）

指针正偏,则 A、a 同名端,若指针反偏,则 A、x 同名端。

二、互感系数

一个绕组因另一个绕组中电流变化而产生感应电动势的现象称为互感现象。这两个绕组称为互感绕组,用互感系数(简称互感)M 来衡量互感绕组的这种性能。互感的大小除了与两绕组的几何尺寸、形状、匝数及导磁材料的导磁性能有关外,还与两绕组的相对位置有关。

如图 3-32 所示,在互感绕组的 N_1 侧施加低压交流电压 U_1(u_1 的有效值),测出 I_1 及 U_2(U_{20})。根据互感电动势

$$E_{2M} \approx U_{20} = \omega M I_1 \qquad (3\text{-}47)$$

可算得互感系数为

$$M = \frac{U_2}{\omega I_1} \qquad (3\text{-}48)$$

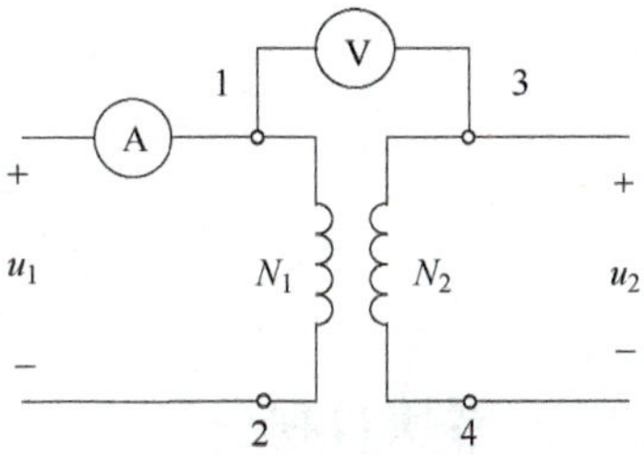

图 3-32 互感系数测定

 巩固提高

1)什么是自感?什么是互感?
_____
_____

2)互感的大小与哪些因素有关?各因素如何影响互感的大小?
_____
_____

项目四

三相异步电动机及其控制

项目导读

 素质目标

具有坚定的理想信念，树立科技报国情怀。
具有主动、热情、奉献的服务意识和素质。
具有安全生产、尊重生命的意识。

 知识目标

掌握与专业相关的法律法规及环境保护、安全消防等知识。
掌握三相异步电动机的转动原理。
了解三相异步电动机的构造和铭牌数据。
熟悉常用的低压电器。
掌握三相异步电动机的基本控制电路。
掌握三相异步电动机控制电路仿真的步骤。
掌握三相异步电动机控制电路的安装接线方法。

 能力目标

具有探究学习、终身学习、分析问题和解决问题的能力。
完成三相异步电动机的仿真、拆装。
完成三相异步电动机连续运行控制电路、正反转控制电路的仿真、安装调试。
学会查阅相关技术资料。

 项目导入：机床中三相异步电动机的电气控制电路

车床电气控制电路中控制刀架的快速移动，属于什么电路？车削时主轴连续旋转的控制，属于什么电路？摇臂钻床中，摇臂能上升、下降，是如何实现该控制要求的？控制电路中需要哪些元器件来保证电路的安全？

任务一　安全用电

任务导学

在生产生活中有哪些用电安全事故？是什么原因导致这些事故的发生？

任务说明

工程技术人员经常接触到各种电气设备，需具备一定的安全用电知识，应根据安全用电要求进行规范操作，以免造成人身事故。简述电气设备维护人员应具备的用电常识。

任务实施

1）什么是触电？根据触电伤害程度的不同可以分为哪些类型？
_____
_____

2）什么情况下会造成人体触电？人体安全电压是多少？
_____
_____

3）触电的危害有哪些？
_____
_____

4）如何防范触电事故的发生？
_____
_____

5）当触电事故发生时，有哪些应对的急救措施？
_____
_____

6）电气火灾有哪些特点？
_____
_____

7）导致电气火灾发生的原因有哪些？
_____
_____

8）如何防止电气火灾的发生？
_____
_____

知识链接

一、安全用电

工程技术人员经常会接触到各种电气设备，应具备一定的安全用电知识，能按照安全用电的有关规定从事相关操作，以避免发生人身事故。

安全规范

1. 人体触电

什么是人体触电？人体因触及带电体而承受过高的电压，最终使电流流经人体，以致引起死亡或局部受伤的现象称为触电。

触电根据伤害程度的不同可分为电击和电伤两种。

电击是指因电流通过人体而使内部受伤的现象，它是最危险的触电事故。通过人体内的工频电流超过 30~50mA 时，人体的中枢神经就会遭受损害，从而使心脏停止跳动而死亡。

电伤是指人体外部由于电弧或熔丝熔断时飞溅的金属颗粒等造成烧伤的现象。

触电的伤害程度取决于通过人体电流的大小、途径和时间的长短，人体各个部分的电阻大小不一，从几百到几万 Ω 不等，皮肤的电阻最大，但会因出汗或受潮而大大降低其阻值。故人体所触及的电压大小和触电时的人体情况是决定触电伤害程度的最重要因素。

图 4-1 为几种触电情况。图 4-1a 为两相触电，指人体中的两处部位分别同时触及两相带电体而触电，这时人体所承受的电压为线电压，是最危险的触电；图 4-1b 为电源中性线接地的单相触电，这时人体承受的电压为相电压，仍然极为危险，其危害程度取决于脚与地面之间的绝缘好坏；图 4-1c 为电源中性线不接地的单相触电，当绝缘不良时，也有危险。

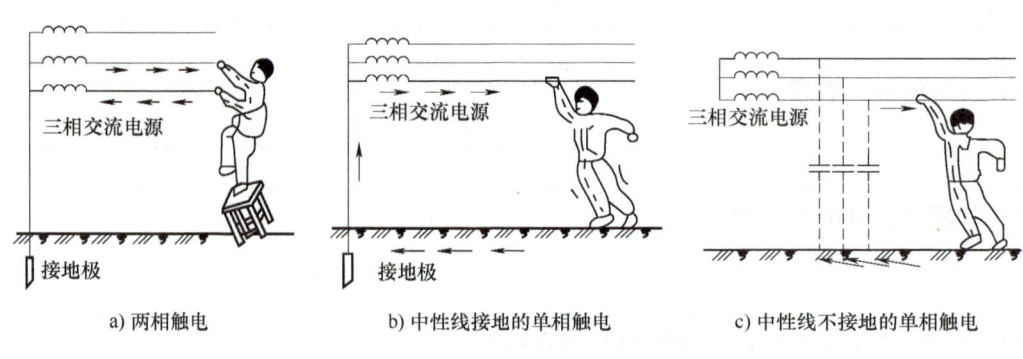

a) 两相触电　　　b) 中性线接地的单相触电　　　c) 中性线不接地的单相触电

图 4-1　几种触电情况

除了上述几种触电方式外，最常见的还有跨步电压触电。它是指当电线或电气设备发生接地故障时，在其周围的地面会形成如图 4-2 所示的电位分布，行走于附近的人在两脚之间所产生的电位差，即形成所谓的跨步电压。跨步电压较高时，人就会触电。跨步电压触电的危害程度取决于接地电压的高低、人的跨步大小及人与接地体的距离。

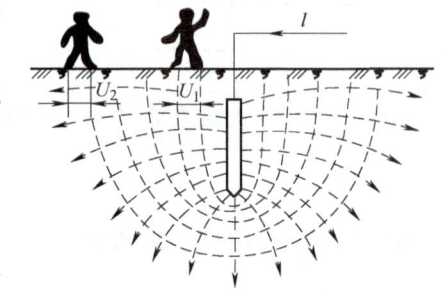

图 4-2　落地带电体的电位分布及跨步电压

2. 电气火灾的防范及扑救常识

电气火灾是危害性极大的灾难性事故，与其他火灾相比具有以下特点：

1) 电气设备着火后可能仍带电，并在一定范围内存在触电危险。

2) 电气火灾火势凶猛、蔓延迅速，往往是火灾与爆炸同时发生（充油电气设备如变压器等受热后可能会喷油甚至爆炸），既可造成人身伤亡，又可造成设备、线路及建筑物的重大损坏，还可造成大范围、长时间的停电，带来很大的损失。

同时，由于存在触电的危险，电气火灾和爆炸的扑救变得更加困难，所以必须做好电气防火与防爆工作。

电气火灾发生的原因有哪些？引起电气设备火灾的原因主要有以下 3 个方面：

1) 过载，因为大多数绝缘材料都是可燃材料，设备使用不当，当过载时会产生过高的温升，就有可能引起火灾。

2) 导线断裂或短路时产生的火花和电弧，火花和电弧不但可能引燃本身的绝缘材料，还可能引燃它附近的可燃气体、蒸气和粉尘。

3）设计不良或使用不当的电热器具，可能烤燃它附近的可燃物体。

此外，不属于电气设备自身引发的电气火灾原因主要有 2 个：

1）雷电火灾。

2）最近几年来随着石油化工、塑料、橡胶、化纤等工业的飞速发展逐渐受到重视的静电火灾。

根据电气火灾和爆炸形成的主要原因和特点，电气火灾防范措施及扑救常识如下：

（1）电气火灾防范措施

1）要合理选用电气设备和导线，不要超负载运行。

2）在安装开关、熔断器或架设线路时，应避开易燃物，与易燃物保持必要的防火间距。

3）保持电气设备的正常运行，特别注意线路或设备连接处的接触保持正常运行状态，以避免因连接不牢或接触不良，使设备过热。

4）要定期清扫电气设备，保持设备清洁。

5）加强对电气设备的运行管理。要定期检修、试验，防止因绝缘损坏等造成短路。

6）电气设备的金属外壳应可靠接地或接中性线。

7）要保证电气设备的通风和散热良好。

（2）电气火灾扑救常识

电气设备发生火灾或引燃周围可燃物时，首先应设法断开电源，拉开关断电时，切记要使用绝缘工具。剪断电线时，不同相电线应错位剪断，防止线路发生短路。剪断后要防止电线跌落在地上，造成电击或短路。如果火势已威胁邻近电气设备时，应迅速断开相应设备的电源开关。夜间发生电气火灾，要切断电源时，要考虑临时照明问题，以利于火灾扑救。如需要供电部门切断电源时，应及时联系。如果无法及时切断电源，而需要带电灭火时，要选用不导电的灭火器材灭火，如干粉、二氧化碳、1211 灭火器，不得使用泡沫灭火器带电灭火。要保持人及所使用的导电消防器材与带电体之间有足够的安全距离，扑救人员应戴绝缘手套。对架空线路等空中设备进行灭火时，人与带电体之间的仰角不应超过 45°，且应站在线路外侧，防止电线断落后触及人体。如带电体已断落地面，应划出一定警戒区域，以防跨步电压伤人。

（3）安全用电措施

为防止触电事故的发生，工作中必须采取有效的安全措施：

1）<u>使用安全电压</u>。为了减少触电危险，规定凡工作人员经常接触的电气设备，如行灯、机床照明灯，一般应使用 36V 以下的安全电压；在特别潮湿的场所中，必须采用不高于 12V 的电压。

2）<u>做好绝缘保护</u>。绝缘保护是用绝缘体把可能形成的触电回路隔开，以防止触电事故的发生，常见的有外壳绝缘、场地绝缘和用变压器隔离等方法。

① <u>外壳绝缘</u>。为了防止人体触及带电部位，电气设备的外壳常装有防护罩，有些电动工具和家用电器，除了工作电路有绝缘保护外，还用塑料外壳作为第二绝缘，如图 4-3 所示。

② <u>场地绝缘</u>。在人体站立的地方用绝缘层垫起来，使人体与大地隔离，可防止单相触电。常用的有绝缘地毯、绝缘胶鞋等，如图 4-4 所示。

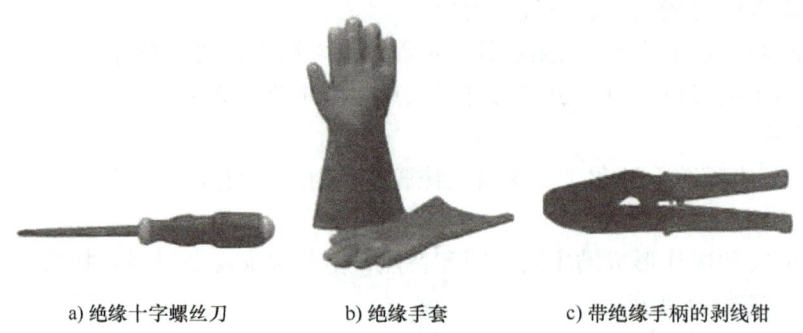

a) 绝缘十字螺丝刀　　　　b) 绝缘手套　　　　c) 带绝缘手柄的剥线钳

图 4-3　外壳绝缘

3) <u>严格执行电工安全操作规程</u>。

① <u>严格执行规章制度</u>。一般不许带电作业，断电检修时要在电源闸上挂电气安全工作标示牌，以禁止别人合闸。必须带电作业时，要由专业电工按安全操作规程进行操作。

② <u>正确安装用电设备</u>。开关必须垂直安装，固定插座应在上方，以免开关的闸刀落下引起意

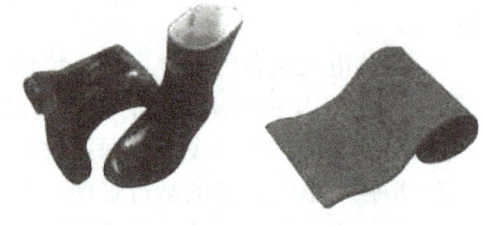

图 4-4　场地绝缘设施用品

外事故。电源线应接在上接线端，以保证断开开关的闸刀后刀片和熔丝上不带电，避免调换熔丝时触电。白炽灯的开关应接在相线上，以保证断开开关后灯头上不带电。使用螺口灯头时，不可把相线接在与螺旋套相连的接线端上，以免调换灯泡时触电。

③ <u>用电设备在工作中不要超过额定值</u>。保护电器的规格要合适，不得随意加大。发现用电设备温升过高时，应及时查明原因，消除故障。

④ <u>电气设备停止使用时，应切断电源</u>。电气设备拆除后，禁止留有可能带电的电线，如果电线必须保留，则应将电源切断，并将裸露的线端用绝缘布包扎好。

⑤ <u>建立定期安全检查制度</u>。重点检查电气设备的绝缘和外壳接零或接地情况是否良好，还要注意有无裸露带电部分，各种临时用电线及移动电气用具的插头、插座是否完好。对不合格的电气设备要及时调换，以保证正常安全工作。

(4) 触电急救常识

一旦发生人身触电事故，首要的是迅速处理并抢救得法。据统计资料介绍，触电后 1min 就开始救治者，一般有 90% 获得良好效果；触电后 6min 开始救治者，只有 10% 有良好的效果；而触电后 12min 才开始救治者，其存活的可能性极小。

人触电后，往往会出现心跳停止、呼吸中断、昏迷不醒等死亡征状，但是很可能是假死现象。救护者切勿放弃抢救，而应果断以最快的速度和正确的方法就地施行抢救。有的触电者可能要经过长达 5h 的长时间抢救，才能脱离险境。

触电现场急救是抢救触电者生命的关键，其步骤如下：

1) 当发现有人触电，应<u>尽快使触电者脱离电源</u>，就近断开电源开关或拔下熔丝，如果附近没有电源开关和熔丝，也可用绝缘工具拨开或切断电线。在确保切断电源前，营救人员不可用手直接接触触电者，以免发生新的触电事故。

2) 如果触电者伤害不严重，神志还清醒，但心慌、四肢麻木，全身无力或一度昏迷但很快恢复知觉，应让其躺下安静休息 1~2h，并严密观察，防止发生意外。

3）如果触电者伤害较严重，无知觉、无呼吸甚至无心跳，应立即送医院抢救，同时进行胸外心脏按压或人工呼吸，不要耽搁时间，不要间断，要长时间坚持做。触电急救示意图如图 4-5 所示。

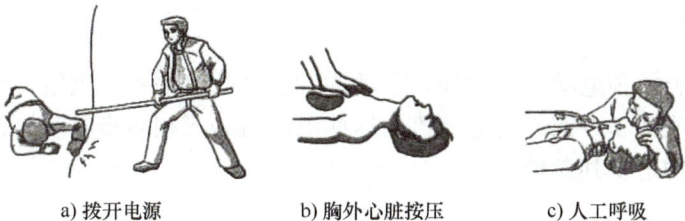

a) 拨开电源　　　　　b) 胸外心脏按压　　　　c) 人工呼吸

图 4-5　触电急救示意图

巩固提高

一、单项选择题

1. 在湿度大、狭窄、行动不便、周围有大面积接地导体的场所，使用的手提照明灯应采用（　　）安全电压。
   A. 48V　　　　B. 36V　　　　C. 24V　　　　D. 12V

2. 正确安装三孔插座时，接地线应该是（　　）。
   A. 左孔　　　　B. 右孔　　　　C. 上孔　　　　D. 任意一个孔

3. 雷电天气时，应该怎样处理电器？（　　）
   A. 关闭电器，拔下插头　　　　　B. 开启电器，保持插头
   C. 开启电器，拔下插头　　　　　D. 关闭电器，保持插头

二、多项选择题

1. 如遇到雷雨天气，以下哪些做法可以预防雷电袭击（　　）。
   A. 在室外活动时，应立即进入建筑物内并关好门窗，不在大树下避雨
   B. 关闭电视机、计算机、音响等用电设备
   C. 不使用金属杆的雨伞，远离金属栏杆、金属防盗网、电线等导体及建筑物外墙
   D. 如在空旷的野外无处躲避，应尽量寻找地势高的地方躲避

2. 若发现有人触电，正确的做法是（　　）。
   A. 首先应就近断开电源开关或拔下熔丝
   B. 若没有电源开关和熔丝，可以用绝缘工具拨开或切断电线
   C. 营救人员可以直接用手将触电者拉开
   D. 如触电者伤害不严重，神志还清醒，但心慌、四肢麻木、全身无力，应让其躺下安静休息，并严密观察

任务二　三相异步电动机的认识

任务导学

电动机是一种把**电能转换成为机械能**的电工设备，是应用最多、最广的动力机械。三相

异步电动机具有构造简单、工作可靠、使用维护方便、价格便宜等优点，因而被广泛应用。据统计，在我国电动机总用量中大约有 85% 是三相异步电动机。举出几个电动机具体的应用案例。

任务说明

机床工作中需要各种电动机，比如，带动主轴旋转的电动机、供给刀具冷却液用的冷却泵电动机，还有快速移动刀架用的电动机，这些电动机是三相异步电动机，简要分析异步电动机的起动原理、构造及其参数。

任务实施

1）什么是旋转磁场？三相异步电动机如何产生旋转磁场？
_____
_____

2）阐述三相异步电动机的转动原理。
_____
_____

3）如何改变三相异步电动机的转向？
_____
_____

4）简述三相异步电动机的组成结构。
_____
_____

5）写出表 4-1 中三相异步电动机铭牌数据的含义。
_____
_____

表 4-1　三相异步电动机铭牌数据的含义

型号 Y132M-4	功率 7.5kW	频率 50Hz
电压 380V	电流 15.4A	接法 △
转速 1440r/min	绝缘等级 B	工作方式 连续
功率因数 0.85	防护等级 IP44	重量 ××kg
×××电机厂	生产日期 ××××年×月	

三相异步电动机

 知识链接

一、三相异步电动机的转动原理

对称的三相定子绕组中通入对称三相交流电，定子绕组中将流过对称三相电流，气隙中将建立旋转磁场。根据电磁感应定律，转子绕组置于该旋转磁场中，使得转子绕组中产生电动势，在转子绕组中将产生感应电流；由于转子自身是闭合的，带电的转子导体在磁场中受电磁力的作用，形成电磁转矩，推动电动机旋转。图 4-6

为三相异步电动机定子结构示意图。

下面以图4-7所示异步电动机的模型为例说明其转动原理。

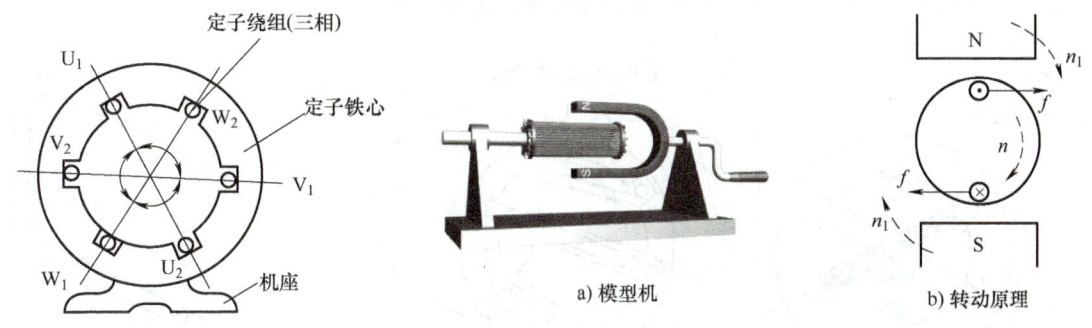

图4-6　三相异步电动机定子结构示意图

图4-7　异步电动机转动原理

该模型有一个蹄形磁铁，它装有一个手柄，可用外力带动蹄形磁铁绕轴旋转（相当于旋转磁场）。在磁极中间放置一个短路线圈，该短路线圈由很多铜条组成，铜条两端由铜环固接，形成一个独立的闭合电路。它也可以绕轴转动，称为转子。应该指出的是，在转子与磁极之间没有任何机械联系。图4-7b是图4-7a从正面看入的简化结构示意图，用来说明模型机的工作原理。

用外力转动手柄，使磁铁绕轴转动，假设转动方向是顺时针方向，磁极与转子的导电铜条之间便产生相对运动，并在铜条内产生感应电动势，感应电动势的方向用右手定则确定：N极下铜条中的感应电动势方向离开纸面向外（由里往外），用⊙表示；S极下铜条中的感应电动势方向则是指向纸面（由外往里），用⊗表示。由于转子是一个自成闭合回路的线圈，所以在感应电动势的作用下，便产生了转子电流，其方向如图4-7b所示（与感应电动势的方向一致）。根据电磁力定律，在磁场中与磁感线方向垂直的载流导体将受到电磁力的作用，电磁力的方向由左手定则确定。据此，判定N极下导电铜条受到向右方向的电磁力f；S极下导电铜条受到向左方向的电磁力f。这样，就对转子形成了一个顺时针方向的电磁转矩，使转子绕轴转动起来，且转动方向与磁铁的转动方向相同。

在以上实验中，用外力拖动蹄形磁铁旋转，形成了一个在空间按确定转速旋转的磁场，称为旋转磁场。

同理，当旋转磁场逆时针方向转动时，转子必将受到逆时针方向电磁转矩的作用，并逆时针方向转动。

二、旋转磁场的产生

了解旋转磁场的产生与作用，是学习三相异步电动机的基础知识。

在以上模型机中用外力拖动蹄形磁铁旋转，产生旋转磁场的方法显然是不可取的。实际上，在三相异步电动机中是采用给对称三相绕组通入对称三相交流电的方法来产生旋转磁场的。

1. 两极旋转磁场

三个形状、尺寸、匝数等完全相同的绕组U_1U_2、V_1V_2和W_1W_2，其中U_1、V_1和W_1分别对应三个绕组的首端，U_2、V_2和W_2则分别对应三个绕组的末端。将这三相绕组对称地放置在圆筒状铁心的内表面，该铁心就是电动机的定子铁心，如图4-8所示。所谓对称放置就是三相绕组在空间的位置相互差120°。为了简化分析，图4-9中每一相绕组只画了一匝，它的两个导体边分别嵌入各自的定子铁心槽内，并通过端接部分连成线圈。图4-9中只画出了 U_1U_2 绕组的连接方法，V_1V_2 和 W_1W_2 绕组的连接方法相同。

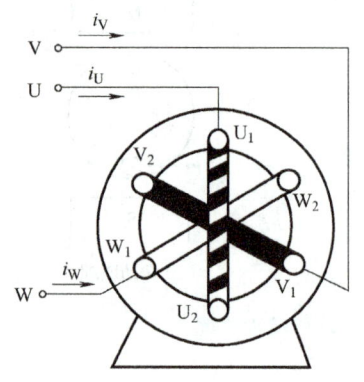 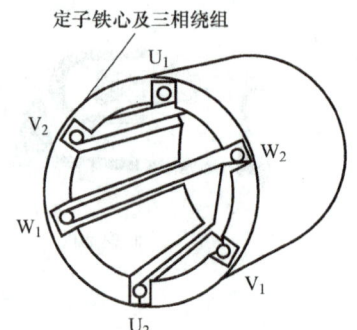 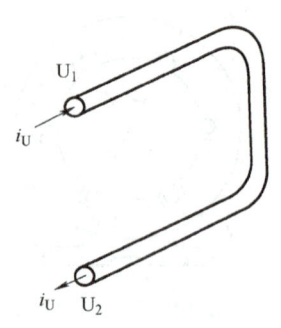

图4-8　电动机定子绕组结构　　　　　　图4-9　定子铁心与三相绕组

定子三相绕组有星形联结和三角形联结两种接法。图4-10是星形联结示意图及其电路模型，图4-11是三角形联结示意图。规定三相绕组电流的参考方向都是从首端指向末端。现将三相绕组的三个首端 U_1、V_1 和 W_1 分别接到三相对称电源上，因为三个绕组完全相同，故产生三相对称电流，即

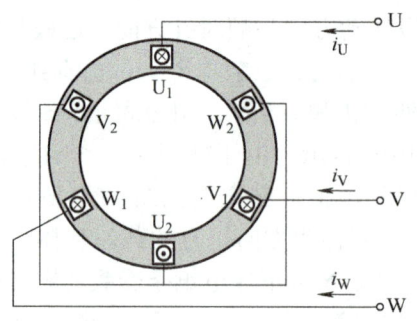 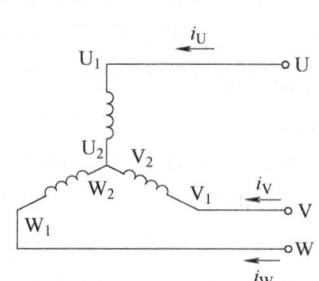

图4-10　星形联结示意图及其电路模型

$$i_U = I_m \sin\omega t$$
$$i_V = I_m \sin(\omega t - 120°) \quad (4-1)$$
$$i_W = I_m \sin(\omega t + 120°)$$

对称三相交流电流波形（相序U-V-W）如图4-12所示，对称三相交流电流波形（相序U-W-V）如图4-13所示。

在三相异步电动机定子上布置结构完全相同在空间上各相差120°的三相定子绕组，当分别通入对称三相交流电时，将在定子、转子与空气隙中产生一个沿定子内圆旋转的磁场，称为旋转磁场。这可以通过任选的几个瞬时，根据该瞬时各相电流的真实方向所建立的合成磁场进行分析，即可得出上述结论。

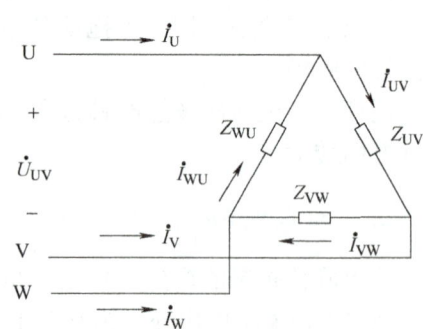

图4-11　三角形联结示意图

首先，分析当 $\omega t = 0°$ 时，该时刻合成磁场的分布情况如图4-14a所示。据图4-12波形图，此时，U相绕组电流 $i_U = 0$。V相绕组电流 $i_V < 0$，表明实际方向与假定参考方向相反，

是从末端 V_2 流入，用 ⊗ 表示。从首端 V_1 流出，用 ⊙ 表示。W 相绕组电流 $i_W>0$，其实际方向与假定参考方向一致，W_1 端电流方向用 ⊗ 表示，W_2 端电流方向用 ⊙ 表示。根据以上三相绕组中电流的真实方向，用右手螺旋定则判定合成磁场的方向如图 4-14a 中虚线所示。这是只有一对磁极的磁场——二极磁场，磁感线方向从铁心圆周的上表面穿出、下表面穿入，上部相当于 N 极，下部相当于 S 极。

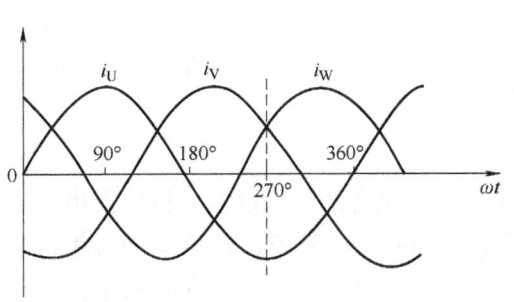

图 4-12 对称三相交流电流波形（相序 U-V-W）　　图 4-13 对称三相交流电流波形（相序 U-W-V）

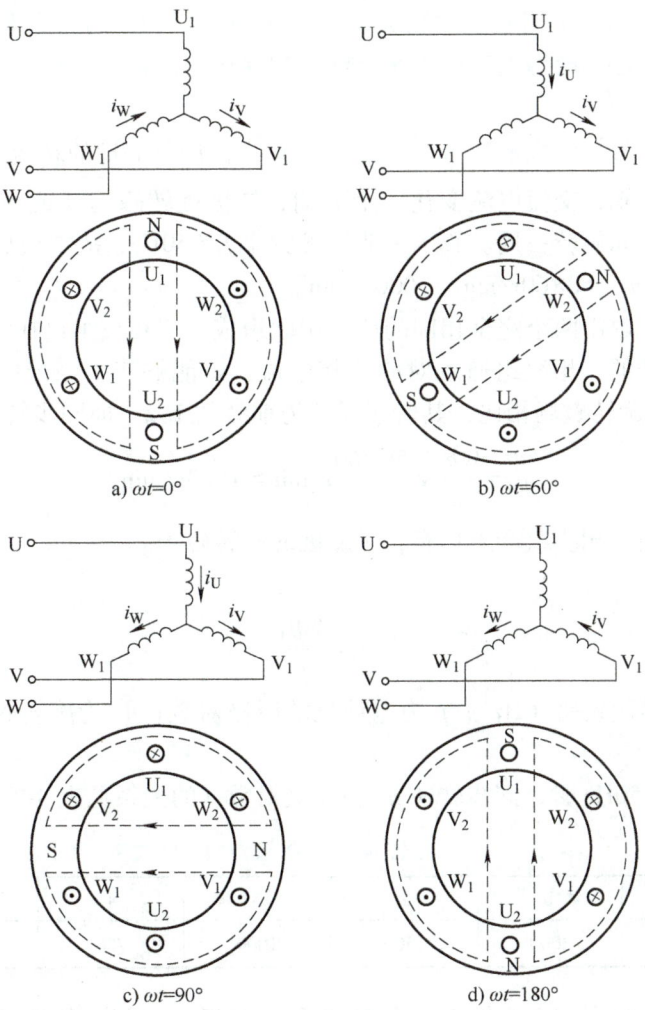

图 4-14　旋转磁场

当 $\omega t = 60°$ 时，该时刻合成磁场的情况如图 4-14b 所示。此时，$i_U > 0$，$i_V < 0$，$i_W = 0$。与 $\omega t = 0°$ 比较，磁场沿顺时针方向转过了 60°。

当 $\omega t = 90°$ 时，该时刻合成磁场的情况如图 4-14c 所示。与 $\omega t = 0°$ 时比较，磁场沿顺时针方向总计转过了 90°。

当 $\omega t = 180°$ 时，该时刻合成磁场的情况如图 4-14d 所示。此时，磁感线的方向是从铁心圆周的下表面穿出、上表面穿入。即下表面相当于 N 极，上表面相当于 S 极。与 $\omega t = 0°$ 时比较，磁场沿顺时针方向总计转过了 180°。

通过以上分析，可以得出结论：给对称三相绕组通入对称三相交流电，所建立的合成磁场是随电流交变而在空间旋转的磁场，即称为旋转磁场。

2. 旋转磁场的旋转方向

旋转磁场的旋转方向是由三相绕组通入三相电流的相序决定的。从以上分析中得出，三相电流的相序是 U-V-W（见图 4-12），在空间上对应旋转磁场的旋转方向是从 U 相绕组转向 V 相绕组、再转向 W 相绕组，顺时针方向旋转。改变通入三相绕组三相电流的相序，如将 V、W 绕组与电源的连线对调，此时，W 相绕组通入 i_V、V 相绕组通入 i_W，三相电流的相序是 U-W-V（见图 4-13）。用与上述相同的分析方法可以判定旋转磁场将逆时针方向旋转。改变旋转磁场的旋转方向有实用意义。因为三相异步电动机的旋转方向与旋转磁场的旋转方向一致，采用以上方法就能够对三相异步电动机实现正、反转的控制。

3. 同步转速

旋转磁场相对于静止空间的转速称为同步转速 n_1，用每分钟的转数表示（r/min）。

通过以上分析可知，交流电流变化一个周期，二极旋转磁场（磁极对数 $p = 1$）沿定子铁心圆周内表面的空间旋转一周。我国工业标准频率 $f_1 = 50$Hz，故二极旋转磁场的转速是每秒 50 转，同步转速 $n_1 = 50 \times 60$ r/min = 3000 r/min。

如果每一相绕组都由两个完全相同的线圈串联组成，三相绕组仍在定子铁心圆周内表面对称放置。再给这样的三相绕组通入对称三相电流，就能够产生一个四极旋转磁场（磁极对数 $p = 2$）。与二极旋转磁场相比，其转速降低为前者的 1/2，即同步转速为

$$n_1 = \frac{60f_1}{2} = \frac{50 \times 60}{2} \text{r/min} = 1500 \text{r/min}$$

依此类推，可使三相绕组产生具有 p 对磁极的旋转磁场。

同步转速为

$$n_1 = \frac{60f_1}{p} \tag{4-2}$$

式中，f_1 为交流电的额频率（Hz）；p 为电动机的磁极对数；n_1 为旋转磁场的转速，又称同步转速（r/min）。

当电源频率 $f_1 = 50$Hz 时，同步转速 n_1 与磁极对数 p 的关系见表 4-2。

表 4-2 同步转速 n_1 与磁极对数 p 的关系

磁极对数 p	1	2	3	4	5	6
同步转速 n_1/(r/min)	3000	1500	1000	750	600	500

最后还要指出，只要有 2 个以上（包括 2 个）绕组在空间有位置差，并通入在时间上

有相位差的电流，那么它们所建立的合成磁场也是在空间旋转的磁场。

4. 转差率 s

异步电动机的转动原理是建立在旋转磁场与转子导体之间存在相对运动的基础上，因此，转子的转速必定低于旋转磁场的转速。正是由于两者的转速之间存在差异，这种类型的电动机才被称为异步电动机。显然，对异步电动机转子导体产生感应电动势、感应电流和电磁转矩起决定作用的因素之一就是这两者的转速差。为此，引出了转差率的概念。

因此，在电动机工作中，转子的转速 n 一定要小于旋转磁场的转速 n_1。

如果转子转速与旋转磁场转速相等，则转子导体就不再切割旋转磁场，转子将减速。因异步电动机的转子绕组并不直接与电源相接，而是依据电磁感应产生电动势和电流，获得电磁转矩而旋转，因此又称感应电动机。

旋转磁场的转速是同步转速 n_1，转子相对于静止空间的转速是 n，异步电动机旋转磁场的转速 n_1 与电动机转速 n 之差称为转速差，两者的相对转速是 $\Delta n = n_1 - n$。这个转速差 Δn 与同步转速 n_1 的比值称为转差率，用 s 表示。

$$s = \frac{n_1 - n}{n_1} = \frac{\Delta n}{n_1} \tag{4-3}$$

转差率是表示和分析异步电动机性能的一个重要物理量。

据式（4-3）可以得到转子（异步电动机）的转速：

$$n = (1-s)n_1 \tag{4-4}$$

由此可得：

1）异步电动机在静止或刚接电源的瞬间，$n=0$，$s=1$，转差率最大。

2）空载时 n 接近 n_1，s 很小，一般在 0.01 以下；若 $n=n_1$ 时，则 $s=0$，此时称为理想空载状态。

3）异步电动机在正常状态下运行时，s_N 在 0~1 变化。

4）异步电动机在额定状态下运行时，额定转差率 s 为 0.01~0.05。

5）当三相异步电动机空载时，由于电动机只需克服空气阻力及摩擦阻力，则 n 和 n_1 相差很小，s 很小，为 0.004~0.007。

三、三相异步电动机的构造

通过以上对三相异步电动机转动原理的介绍，可知三相异步电动机由静止的定子和旋转的转子两个重要部分组成，定子和转子之间由气隙分开。图 4-15 为三相异步电动机结构示意图。

三相异步电动机及连接

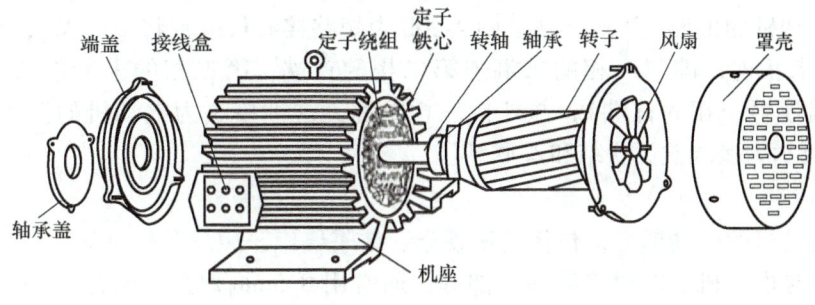

图 4-15 三相异步电动机结构示意图

1. 定子

定子是指电动机中静止不动的部分，包括定子铁心、定子绕组、机座、端盖、罩壳等。机座用铸铁或铸钢做成，是整个电动机的支撑部分。为了增加散热能力，它的外表面有散热筋。

定子铁心一般用0.5mm厚表面有绝缘层的硅钢片叠压制成，呈圆桶状，装入机座内，是电动机主磁通磁路的一部分。铁心圆周内表面有均匀分布的轴向直槽，用来嵌放定子三相绕组（见图4-16）。

定子绕组（见图4-17）是三个彼此独立的绕组，三相异步电动机的三相定子绕组采用高强度漆包圆铜线绕制而成，是电动机的电路部分，通入三相交流电产生旋转磁场，每一相绕组可以由多个线圈串联组成，如图4-18所示。组成线圈的各个导体按照一定的规律分散嵌放在定子铁心槽内，使旋转磁场沿铁心表面的空间近似按照正弦规律分布。

图 4-16　定子铁心

图 4-17　定子绕组

定子绕组要外接三相电源，为此把三相绕组的首、末端都引到电动机外壳上接线盒内的6个接线端子上。这6个接线端子分别标注 U_1 和 U_2、V_1 和 V_2、W_1 和 W_2，如图4-19所示。

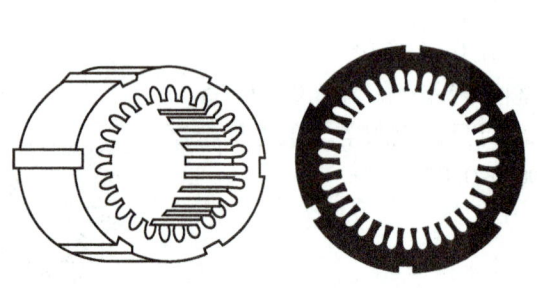

图 4-18　定子和定子铁心叠片

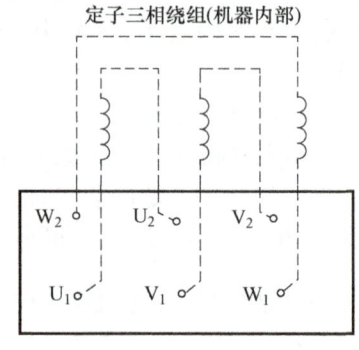

图 4-19　接线盒

根据电动机铭牌上的规定，三相绕组有星形（Y）和三角形（△）两种联结方式，接线方法如图4-20所示。图4-20a中短路接线板将 U_2、V_2、W_2 短接，U_1、V_1、W_1 接三相电源，这种接法为电动机的星形（Y）联结。图4-20b中短路接线板分别将 U_1、W_2，V_1、U_2，V_2、W_1 短接（首末相连，即第一相的末端连第二相的首端；第二相的末端连第三相的首端；第三相的末端连第一相的首端），并外接三相电源，这种接法为电动机的三角形（△）联结。图4-21所示为接线盒Y联结和△联结。

2. 转子

转子指电动机的转动部分，包括转子铁心、转子绕组、风扇和转轴等。

转子铁心是电动机主磁通磁路的一部分，通常用0.5mm厚硅钢片冲制叠压而成，外圆有均匀分布的孔用来安置转子绕组，一般采用斜槽结构，如图4-22a所示。

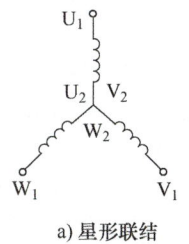 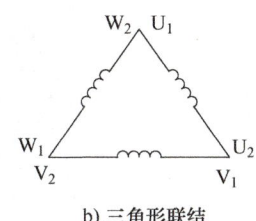 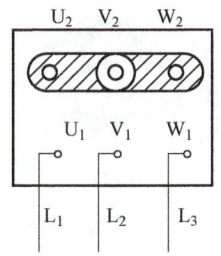 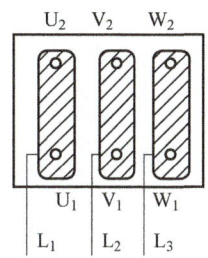

a) 星形联结　　　　　b) 三角形联结

图 4-20　绕组星形联结和三角形联结示意图　　　　图 4-21　接线盒丫联结和△联结

转子绕组是**自成闭路的线圈**，转子绕组是用来切割旋转磁场，产生感应电动势，并在旋转磁场下受力而转动。

笼型转子是在槽内放置铜条，铜条两端用铜制短路环焊接，如图 4-22b 所示。为了简化制造工艺，中、小型笼型转子异步电动机都采用压力铸铝的方法将槽中的导体、短路环及端部的风扇铸造在一起，与转子铁心形成一个整体，称为铸铝转子。

笼型转子电动机的主要优点是构造简单、价格便宜、运行安全可靠，是广泛使用的一种电动机。

绕线转子的绕组与定子绕组一样，也是用导线绕成的三相对称绕组，嵌放在转子铁心表面的凹槽内。绕线转子用于三相绕线转子异步电动机上，结构外型如图 4-22c 所示。转子绕组一般都接成星形，其三个末端在机内已自行连接在一起，三个首端则分别通过集电环-电刷结构与外部可变电阻器相连。调节串入每相绕组内的电阻值，就能改善绕线转子电动机的起动特性和调速特性。

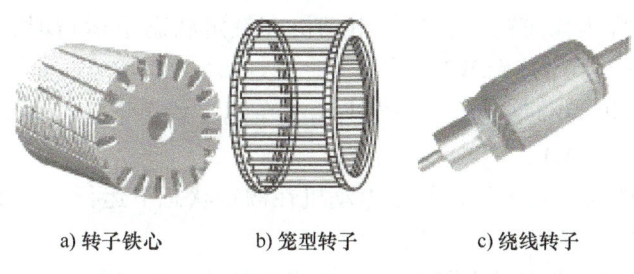

a) 转子铁心　　　　b) 笼型转子　　　　c) 绕线转子

图 4-22　转子铁心及转子

绕线转子的结构复杂，价格也较高，多用在对于起动特性和调速特性要求较高的大型机床和大型起重设备中。

为了保证电动机的正常运转，在定子与转子之间有气隙。气隙大小对电动机性能影响很大，气隙大，则磁阻大，由电源提供的励磁电流大，使电动机运行时功率因数低；气隙小，会有装配困难的问题，容易造成运行中定子和转子铁心相碰。一般气隙为 0.2~1.5mm。

机座（见图 4-23a）用于固定定子铁心和绕组，并通过两侧端盖和轴承来支撑电动机转子；同时保护电动机的磁路部分和发散电动机运行中产生的热量。

端盖（见图 4-23b）对内部起保护作用，并借助轴承将电动机转子和机座联成整体。

轴承（见图 4-24）用来连接转动部分和固定部分。

轴承端盖用来保护轴承，使轴承内润滑脂不溢出，防止灰尘等浸入润滑脂内。

风扇用于冷却电动机。

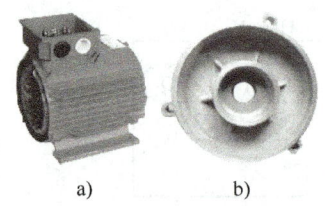
图 4-23 三相异步电动机的机座及端盖

图 4-24 轴承

四、三相异步电动机的铭牌数据

每一台电动机的机壳上都有一块铭牌，铭牌上标示出电动机的型号、额定值及主要技术数据。现将某一电动机的铭牌抄录如下（见表 4-3），并对有关内容作必要说明。

表 4-3 电动机铭牌数据

型号 Y160M-4	功率 11kW	频率 50Hz
电压 380V	电流 22.6A	接法 △
转速 1460r/min	绝缘等级 B	工作方式 S1
功率因数 0.84	防护等级 IP44	重量 ××kg
×××电机厂	生产日期 ××××年×月	

1）型号。Y 系列电动机型号表示方法示例：

Y160M-4，其中 Y 代表异步电动机；160 表示机座中心高（mm）；M 机座级别代号（S 为短机座、M 为中机座、L 为长机座）；4 表示磁极数。

2）功率 P_N。P_N 即为**额定功率**，是指电动机在额定状态下运行时，**转轴上输出的机械功率**，单位是瓦（W）或千瓦（kW）。

3）电压 U_{1N}。U_{1N} 即为**额定电压**，是指电动机在额定状态下运行时，定子绕组所应加的**线电压**，单位是伏［特］(V)。

4）电流 I_{1N}。I_{1N} 即为**额定电流**，是指电动机在额定状态下运行、输出额定功率时，流入定子绕组的**线电流**，单位是安［培］(A)。

5）接法是指电动机在额定电压下运行，**定子三相绕组的连接方法**。如在上述铭牌举例中，规定额定电压 $U_{1N}=380V$，相应接法是△。由此，可以判断出每相定子绕组的额定电压是 380V。

对于 Y 系列电动机额定电压 $U_{1N}=380V$，功率小于 3kW 的（含 3kW），定子绕组均为星形（Y）联结。功率在 4kW 以上的（含 4kW），定子绕组均为三角形（△）联结。

6）频率 f_N 是指电动机所使用的**交流电源的频率**。我国统一使用的电力标准频率是 50Hz。

7）转速 n_N 即**额定转速**，是指电动机在额定状态下运行时的转速。不同的磁极对数 p 决定了同步转速 n_1，电动机的额定转速 n_N 比同步转速稍低百分之几。

8）绝缘等级。根据电动机内部所用绝缘材料及允许承受的不同温升而划分的等级，称为绝缘等级。我国规定绝缘材料分为 Y、A、E、B、F、H 和 C 共 7 个等级，其最高允许温度分别是 90℃、105℃、120℃、130℃、155℃、180℃ 和大于 180℃，见表 4-4。Y 系列电动机的绝缘等级均为 B 级。

表 4-4 电动机绝缘等级

绝缘等级	Y	A	E	B	F	H	C
最高允许温度/℃	90	105	120	130	155	180	大于 180

9）工作方式。工作方式又称定额工作制，是指电动机按照铭牌规定的数据工作时，可以持续运行的时间和顺序。工作方式分为连续工作制（S1）、短时工作制（S2）和断续工作制（S3）三种。

连续工作制表示电动机按铭牌值工作时可以长期连续运行；短时工作制表示电动机按铭牌值工作时只能在规定的时间内短时运行；断续工作制表示电动机按铭牌值工作时运行一段时间就要停止一段时间，周而复始地按一定周期运行。

10）功率因数 $\cos\varphi$。在电动机的铭牌和产品手册中还给出了两个重要的技术经济指标：功率因数和效率。三相异步电动机是电感性负载，定子绕组相电流滞后于相电压 φ 角，$\cos\varphi$ 是电动机的功率因数。在额定工作状态下，功率因数在 0.7~0.9。如 M160-4 电动机的功率因数是 0.84。但在空载或轻载运行时，电动机的功率因数 $\cos\varphi$ 较低，仅为 0.2~0.3。

效率 η 指电动机在额定工作状态下，输出机械功率 P_N 与输入电功率 P_{1N} 之比，即

$$\eta = \frac{P_N}{P_{1N}} \tag{4-5}$$

五、检测

1）外观检查，转子转动灵活，无摩擦杂声，螺钉齐全无松脱，外壳无破裂。

2）用万用表电阻档测三相绕组的直流电阻，要求三个电阻接近相等，其不平衡度不超过 4%，否则可能有局部短路、断路或匝数不对称。

六、安装使用

1）电动机应妥善接地，接线盒内右下方有接地装置。必要时可利用电动机的底脚或法兰盘固定螺栓接地，如图 4-25 所示。

2）按照铭牌上规定的定子绕组接法接成△联结或丫联结。

3）电动机一般应有热保护装置，并应根据电动机的铭牌电流调整保护装置的整定值。

4）当电源的频率与铭牌上的数值偏差超过 1% 或电压偏差超 5% 时，电动机不能保证连续输出额定功率。

5）电动机空载或负载运行时不应有断续的或异常的声响或振动，轴承温度不应超过 95℃。

图 4-25 电动机接地

巩固提高

一、判断题

1. 异步电动机转子的转速可以大于或等于旋转磁场的转速。（ ）
2. 磁极数越多，转速越大。（ ）
3. 异步电动机的转向与旋转磁场的转向一致。（ ）
4. 我国工业用电的标准频率为 50Hz。（ ）

二、填空题

1. 三相异步电动机的基本组成部分有_____和_____。
2. 三相定子绕组对称放置，是指三相绕组在空间的位置相互差_____。
3. 三相对称交流电的特点是有效值_____、角频率_____、初相角_____。
4. 有一电动机铭牌如图 4-26 所示，请说出其中各参数的含义。

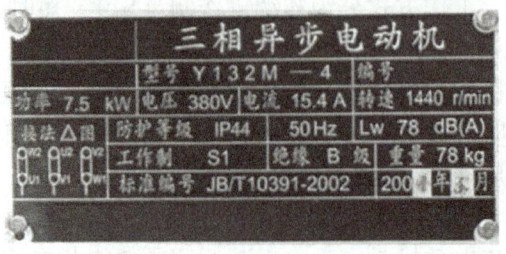

图 4-26 三相异步电动机铭牌

1）电压（U_{1N}）。

_____

_____

2）电流（I_{1N}）。

_____

_____

3）额定功率（P_N）。

_____

_____

4）50Hz。

_____

_____

5）转速（n_N）。

_____

_____

6）防护等级。

_____

_____

任务三　三相异步电动机连续运行控制电路设计、仿真及安装调试

实训设备及
工具模块

任务导学

举出一些生产生活中三相异步电动机连续运行控制案例，如何实现电动机的连续运行控制？

任务说明

如图 4-27 所示，CA6140 机床在进行车削加工时，工件被卡盘夹持，

项目四　三相异步电动机及其控制

由主轴带动旋转，分析主轴连续旋转在电气控制中的实现方法，设计一个控制主轴电动机连续运行的电路并在仿真软件上对该控制电路进行仿真，完成该控制电路的安装接线和调试。

任务实施

一、车床主轴连续运行控制电路设计

1）在电气控制电路设计时除了考虑功能的实现，还需要一些必要的保护，如短路保护、过载保护等，选出能实现车床主轴连续运行控制电路所需的元器件，包括控制用的元器件和保护用的元器件。

元器件安装工艺

2）根据所选元器件，在图 4-28 的方框中绘制出车床主轴连续运行控制电路原理图。

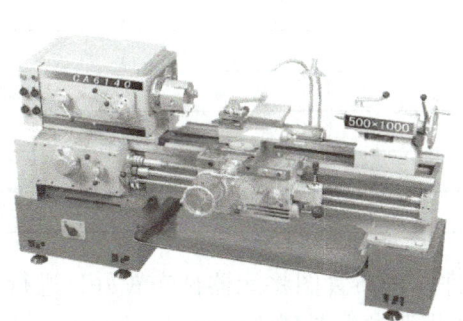

图 4-27　车床示意图

图 4-28　车床主轴连续运行控制电路原理图

二、车床主轴连续运行控制电路仿真

1）在仿真软件（本项目选用宇龙机电控制仿真软件）的元器件库中选出热继电器，对热继电器的各元件进行检测，如图 4-29 所示，以 JR36-20 热继电器为例，基于仿真万用表，完成表 4-5 中的检测内容。

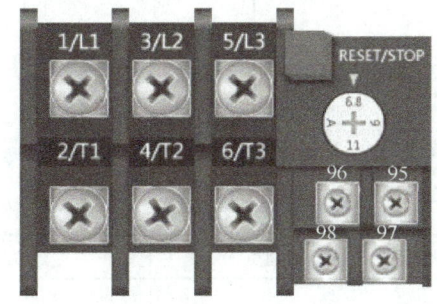 

图 4-29　JR36-20 热继电器及仿真万用表

129

表 4-5　JR36-20 热继电器检测表

万用表测量内容	测量结果
1/L1 与 2/T1 接线柱间电阻值	
3/L2 与 4/T2 接线柱间电阻值	
5/L3 与 6/T3 接线柱间电阻值	
95 与 96 接线柱间电阻值	
97 与 98 接线柱间电阻值	

2）在软件元器件库中选出接触器，并对接触器进行检测。如图 4-30 所示，以 CJX1-12/22 接触器为例，基于仿真万用表，完成表 4-6 中的检测内容测量触点电阻时，分别测量常态下不动作任何器件和模拟态下按下 KM 的可动部分。

表 4-6　CJX1-12/22 接触器检测表

万用表测量内容	测量结果
1/L1 与 2/T1 接线柱间电阻值	
3/L2 与 4/T2 接线柱间电阻值	
5/L3 与 6/T3 接线柱间电阻值	
13NO 与 14NO 接线柱间电阻值	
21NC 与 22NC 接线柱间电阻值	
31NC 与 32NC 接线柱间电阻值	
43NO 与 44NO 接线柱间电阻值	
A1 与 A2 接线柱间电阻值	

3）选出车床主轴连续运行控制电路所需元器件并按布置图将元器件布置好，进行仿真接线和调试，将仿真接线结果截图到图 4-31 中，并将调试中遇到的问题记录于表 4-7 中。

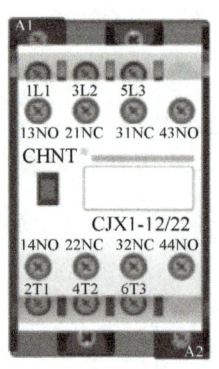 

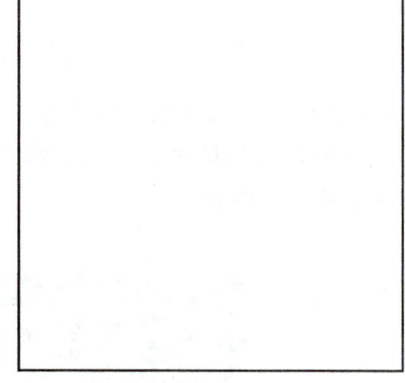

图 4-30　CJX1-12/22 接触器检测　　　　图 4-31　车床主轴连续运行控制电路仿真接线图

表 4-7　仿真调试故障记录表

仿真调试故障现象	仿真调试故障问题点	故障排除办法

三、车床主轴连续运行控制电路实际安装接线

1) 选出所需元器件，填入表 4-8 中。

元器件认识及检测

表 4-8 车床主轴连续运行控制电路所需元器件

元器件选择列表			
名称	数量	名称	数量

2) 根据所选元器件对各元器件进行检测，并将检测结果填入表 4-9～表 4-13。

表 4-9 接触器检测表

元器件	检查要点	检查工具	判定说明	是否合格
接触器	铭牌标注	目视	1）铭牌信息正确，清晰 2）产品铭牌及线圈技术数据是否符合实际使用要求	
	活动组件	目视、手动操作	用手分合接触器的活动部分（务必断电检测），查看是否灵活无卡顿现象	
	电阻测量	万用表	1）用万用表检查常开触点电阻是否为无穷大，常闭触点电阻是否为零；手动强制按下时，触点电阻为：常开触点电阻为需，常闭触点电阻为无穷大 2）用万用表电阻档测量接触器线圈，查看是否无电阻（应为一定数值的阻值，无穷大或者为零都不正常）	

表 4-10 断路器检测表

元件	检查要点	检查工具	判定说明	是否合格
断路器	铭牌标注	目视	1）铭牌信息正确，清晰 2）产品铭牌技术数据是否符合实际使用要求	
	活动组件	目视、手动操作	用手转动断路器的操作手柄（务必断电检测），查看是否灵活无卡顿现象	
	电阻测量	万用表	操作手柄置于分闸位置时，用万用表检查对应触点电阻是否为无穷大；操作手柄置于合闸位置时，对应触点电阻是否为零	

表 4-11 热继电器检测表

元件	检查要点	检查工具	判定说明	是否合格
热继电器	铭牌标注	目视	1）铭牌信息正确，清晰 2）产品铭牌技术数据是否符合实际使用要求	
	电阻测量	万用表	1）用万用表检测对应热元件，检查对应电阻是否接近为零 2）用万用表检测对应常闭触点，检查对应电阻是否为零	

表 4-12 按钮检测表

元件	检查要点	检查工具	判定说明	是否合格
按钮	铭牌标注	目视	1）铭牌信息正确，清晰 2）产品铭牌技术数据是否符合实际使用要求	
	活动组件	目视、手动操作	用手按下按钮帽和松开按钮帽（务必断电检测），查看是否灵活无卡顿现象	
	电阻测量	万用表	1）未按下按钮帽时，用万用表检查对应常开触点电阻是否为无穷大，对应常闭触点电阻是否为零 2）按下按钮时，用万用表检查对应常开触点电阻是否为零，对应常闭触点电阻是否为无穷大	

表 4-13 熔断器检测表

元件	检查要点	检查工具	判定说明	是否合格
熔断器	铭牌标注	目视	1）铭牌信息正确，清晰 2）产品铭牌技术数据是否符合实际使用要求	
	电阻测量	万用表	用万用表检测对应熔断器，检查对应电阻是否为零	

3）在图 4-32 中绘制出车床主轴连续运行控制电路元器件模块布置图。

4）根据布置图将元器件固定在接线板上，依据接线图进行安装接线并完成调试，写出上电调试过程（起动、停止过程）。

_____

5）总结车床主轴连续运行控制电路安装接线注意事项。

_____

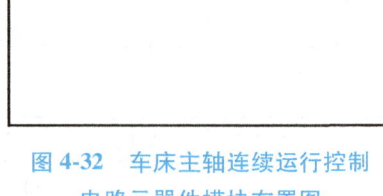

图 4-32 车床主轴连续运行控制电路元器件模块布置图

知识链接

一、低压电器

低压电器的种类很多，按照它们的工作职能，可以分为控制电器和保护电器两大类。控制电器主要用来控制电路的接通、分断及电动机的各种运行状态，常用的控制电器有各种开关、按钮、接触器等。保护电器主要用来保护电源和用电设备，防止电源短路和设备过载运行等，常用的保护电器有熔断器、热继电器和断路器等。还有一些电器同时具有两种功能，如各种限位开关和继电器等。

1. 开关

开关是手动电器中最简单的一种，应用十分普遍。它主要用在不频繁地接通或切断功率较小的电气设备与电源的联系，如用于电动机的通断。在配电设备中也可用作隔离开关，即用于电气设备长期停止运行或检修电路时切断电源。

目前工农业生产及民用照明电路中常用的是 HK 系列开启式开关熔断器组，其外形和结构如图 4-33a 所示。它由瓷底板、闸刀（动触点）和夹座（静触点）组成。为了防止切断电源时产生的电弧灼伤人，开关装有胶木盖，起隔离保护作用。此外在开关内部，还装有用于短路保护作用的熔断器（保险丝）。这种开关适用在额定电压 500V 及以下、额定电流 60A 及以下电气设备的电路中。

按照开关同时通、断电源线数量的不同，可以分为单极、二极和三极，图形符号如图 4-33b 所示，文字符号用 QS 表示。

除了上述开关之外，还有铁壳开关（又称封闭式开关熔断器组）。它是将开关和熔断器封装在铁壳内，并在刀闸上安装了速断弹簧，在铁壳外设置了机械连锁装置，提高了操作的安全性、可靠性。

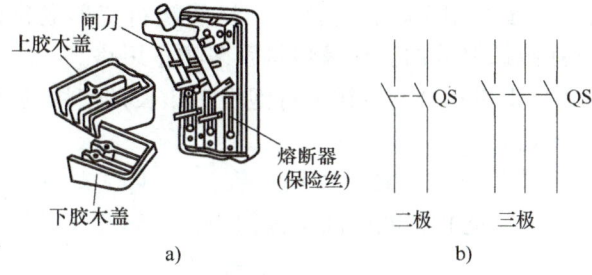

图 4-33 开关及其图形符号

2. 按钮

按钮一般是由按钮帽、复位弹簧、动触点（与连杆相连）、静触点（常开静触点和常闭静触点）、外壳及支柱连杆等组成。按钮的图形符号如图 4-34 所示。复合按钮图形符号中常闭触点和常开触点间的虚线表示两者之间是机械联动的。

按钮（按钮开关）的外形如图 4-34a 所示，结构示意如图 4-34b 所示。图 4-34b 中 4 和 5 是固定不动的，称为静触点，3 是连杆，动触点固定在连杆上。在图示位置时，静触点 5 与动触点连通，而静触点 4 与动触点之间是断开的。用手按下按钮帽 1 时，连杆 3 带动动触点向下移动，使其与 5 断开，与 4 连通。手松开以后，在复位弹簧 2 作用下，动触点又恢复到图示位置。由于未按下按钮帽时，5 触点的常态是闭合的，按下按钮帽后断开，所以叫动断触点，又叫常闭触点。与此相应，4 叫动合触点，又叫常开触点。同时具有动断触点和动合触点的按钮叫复合按钮。

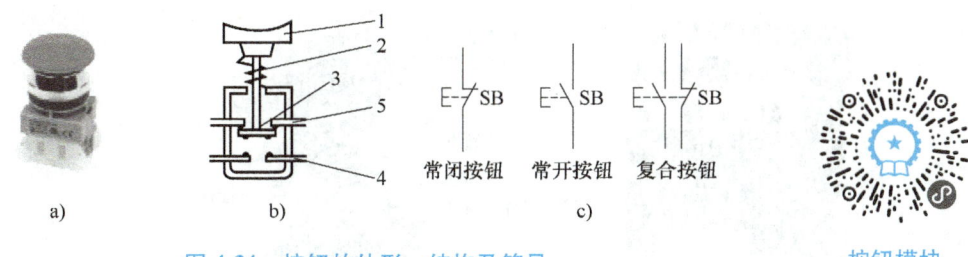

图 4-34 按钮的外形、结构及符号　　　　按钮模块

按钮的文字符号是 SB。

关于按钮的作用，还应该注意两点：第一，其触点的接触面积较小，额定电流一般不超过 5A，主要用于接通、断开小电流电路（控制电路）；第二，与开关不同，按钮只能在人手的作用下，短时接通或断开电路。所以通常只是用按钮发出"接通"或"断开"的操作命令，完成这种作用的电器叫主令电器，按钮是主令电器的一种。

其安装使用时的注意事项如下：

1) 将按钮安装在面板上时，应布置整齐，排列合理，可根据电动机起动的先后顺序，从上到下或从左到右排列。

2）按钮的安装固定应牢固，接线应可靠。一般情况下，红色按钮表示停止，绿色或黑色按钮表示起动或通电，不要用错。

3）由于按钮触点间距离较小，如有油污等容易发生短路故障，因此应保持触点的清洁。

4）安装按钮的按钮板和按钮盒必须是金属的，并设法使它们与接地母线相连接，对于悬挂式按钮必须设有专用接地线，不得借用金属管作为地线。

5）按钮用于高温场合时，易使塑料变形老化而导致松动，引起接线螺钉间相碰短路，可在接线螺钉处加套绝缘塑料管来防止短路。

6）带指示灯的按钮因灯泡发热，长期使用易使塑料灯罩变形，应降低灯泡电压，延长使用寿命。

7）"停止"按钮必须是红色；"急停"按钮必须是红色蘑菇头式；"起动"按钮必须有防护挡圈，防护挡圈应高于按钮头，以防意外触动使电气设备误动作。

接触器模块

3. 接触器

接触器是一种自动电器，主要用于接通或断开带有负载的大电流电路（称为主电路），如三相异步电动机的定子绕组电路。与开关比较，接触器易于实现远距离控制，从而减轻了体力劳动，并使操作人员远离高电压、大电流电路，以确保人身安全。使用接触器与其他电器配合，还可以实现一定程度的自动控制。

接触器实际上就是一个电磁开关，它利用电磁铁的吸力和弹簧之间的反作用力带动触点动作，使得触点接通或断开电动机的主电路。接触器分为直流接触器和交流接触器，分别用于接通或断开直流或交流负载电路。它不仅具有欠电压和失电压保护功能，而且还具有控制容量大、过载能力强、寿命长、设备简单经济等特点，在电力拖动控制电路中得到了广泛应用。

图 4-35a 所示是交流接触器的外形，图 4-35b 所示是其内部结构示意图，图 4-36 所示为其简化示意图。它主要由电磁系统和触点系统两大部分组成。

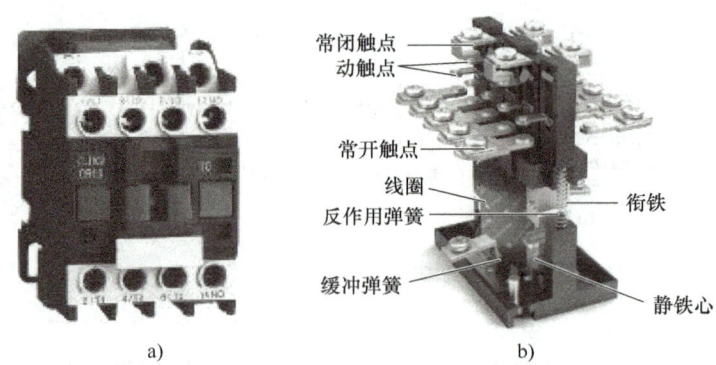

图 4-35　交流接触器外形及内部结构示意图

电磁系统包括固定在底座上的静铁心、励磁线圈和动铁心（也叫衔铁）。当励磁线圈通入电流后，产生电磁吸力，电磁吸力克服弹簧作用，吸引动铁心向下移动，直至与静铁心紧密接触为止。这时动铁心也带动机械连杆上的触点动作：常闭触点断开，常开触点闭合。当励磁线圈中的电流消失，电磁吸力也消失，动铁心在复位弹簧的作用下，恢复原位，各触点也恢复到原来的状态。

接触器的触点系统包含多对触点，这些触点可以按照不同的方法分类。按照触点的动作情况分为静触点（固定在机座上，静止不动）和动触点（安装在机械连杆上，可动作，起到闭合或断开电路的作用）；按照触点的状态分为常闭触点和常开触点；按照触点所起作用的不同分为主触点和辅助触点。主触点允许通过较大的电流，用于控制主电路的接通和断开，辅助触点允许通过的电流较小（一般是5A），用控制电路的接通和断开。由于主触点通过的电流大，一般都配有灭弧罩，使切断电路时产生的电弧被分割、冷却，而迅速熄灭。

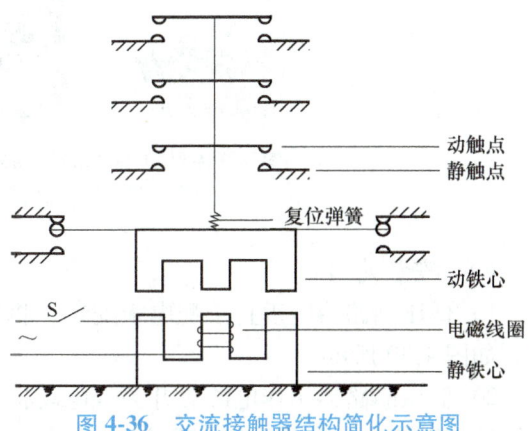

图 4-36 交流接触器结构简化示意图

目前，国产接触器中，CJ20系列是20世纪80年代研发的新产品，可取代老产品CJ10系列。其型号中文字的含义："C"表示接触器，"J"表示交流电。

接触器的文字符号用 KM 表示。其励磁线圈、常开触点和常闭触点的图形符号如图 4-37 所示。

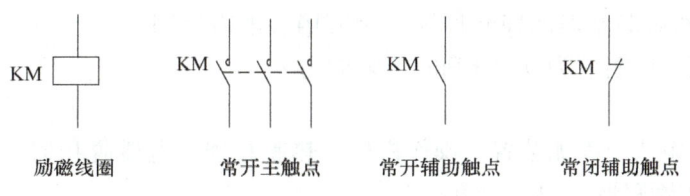

图 4-37 接触器的图形符号

接触器检测如下：

1）外观检查，外壳有无裂纹，各接线桩螺栓有无生锈，零部件是否齐全。

2）检查交流接触器的电磁机构动作是否灵活可靠，有无衔铁卡阻等不正常现象。检查接触器触点有无熔焊、变形、严重氧化锈蚀现象，触点应光洁平整、接触紧密、防止粘连、卡阻。

3）用万用表检查电磁线圈的通断情况。线圈直流电阻若为零，则线圈短路，若为∞，则线圈断路，以上两种情况均不能使用。

4）核对接触器的电压等级、电流容量、触点数量及开闭状况等。

4. 低压断路器

断路器又称自动空气开关。常用的低压断路器有塑壳式（装置式）和框架式（万能式）两类，其外形及符号如图4-38所示。它可用作电源引入开关，也可用来控制不频繁起动的电动机，具有过载、短路、欠电压、失电压等功能。

低压断路器

（1）断路器的分类

1）按结构分类，低压断路器可分成塑壳式和框架式断路器。

2）按用途分类，可分为配电用、电动机保护用、照明用的断路器，一般电动机保护用、照明用的断路器是塑壳式断路器。在机床电器控制中，常用塑壳式断路器作为电源引入开关。

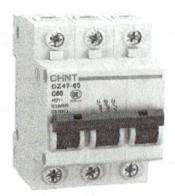  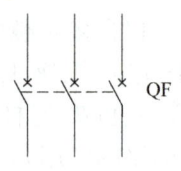

a) DZ47系列与DZ108系列断路器外形图　　b) 断路器图形符号

图 4-38　低压断路器外形及符号示意图

(2) 安装使用

1) 低压断路器应垂直于配电板安装，将电源引线接到上接线端，负载引线接到下接线端，如图 4-39 所示。

2) 低压断路器用作电源总开关或电动机控制开关时，在电源进线侧必须加装开关或熔断器等，以形成一个明显的断开点。

(3) 检测

1) 外壳不能有损坏，螺钉接触点牢固。

2) 螺丝刀拧动螺钉确认螺钉无滑丝等问题。

3) 用手扳动开关，确认开关是否灵活，有无损坏。

4) 用万用表检查断路器的通断情况。用万用表电阻档测量每一组触点，合闸时电阻应为 0，分闸时电阻应为 ∞。

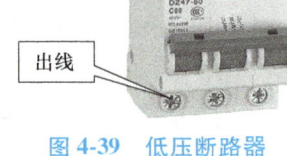

图 4-39　低压断路器接线及安装要求

(4) 结构

低压断路器由触头、灭弧装置、操作机构、热脱扣器、电磁脱扣器、绝缘外壳等组成。图 4-40 所示为低压断路器结构示意图。

1) 触点系统：用于接通和断开电路。

2) 灭弧系统：常用灭弧方式有窄缝灭弧、金属栅片灭弧。

3) 操作机构：用于实现断路器的闭合与断开，有手动操作机构、电动机操作机构、电磁铁操作机构等。

4) 脱扣器：断路器的感测元件，用来感测电路特定信号，电路中一旦出现非正常信号，相应的脱扣器动作，通过联动装置使断路器自动跳闸切断电路。断路器的热脱扣器用于过载保护，整定电流的大小

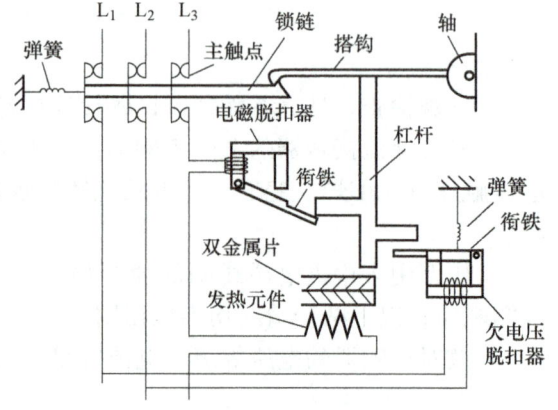

图 4-40　低压断路器结构示意图

由电流调节装置调节；电磁脱扣器主要作用是短路保护；欠电压脱扣器用作零电压和欠电压保护，具有欠电压脱扣器的断路器，在欠电压脱扣器两端无电压或电压过低时不能接通电路。

(5) 选用

根据具体使用条件、保护对象的保护要求选择断路器类型。先选类型，后定参数。

一般在电气设备控制系统中，常选用塑料外壳式或漏电保护式断路器；在电力网主干线路中主要选用框架式断路器；而在建筑物的配电系统中则一般采用漏电保护式断路器。

具体参数选择原则如下：

1）断路器的额定工作电压大于或等于被保护线路的额定电压。

2）断路器的额定电流大于或等于被保护线路的计算负载电流。

3）断路器的额定通断能力大于或等于被保护线路中可能出现的最大短路电流，一般按有效值计算。

4）线路末端单相对地短路电流大于或等于1.25倍断路器瞬时脱扣器整定电流。

5）断路器欠电压脱扣器额定电压等于被保护线路的的额定电压。

6）断路器分励脱扣器额定电压等于控制电源额定电压。

（6）注意事项

为保证低压断路器可靠工作，使用时要注意以下事项：

1）断路器要按规定垂直安装，连接导线必须符合规定要求。

2）工作时不可将灭弧罩取下，灭弧罩损坏应及时更换，以免发生短路时电弧不能熄灭的事故。

3）脱扣器的整定值一经调好就不要随意变动，但应定期检查，以免脱扣器误动作或不动作。

4）分断短路电流后应及时检查主触点，若发现弧烟痕迹，可用干布擦净；若发现触点烧毛应及时修复。

5）使用一定次数后，应给操作机构添加润滑油。

6）应定期清除断路器的尘垢，以免影响操作和绝缘。

5. 熔断器

熔断器是一种短路保护电器。其主体是低熔点的金属丝或金属薄片制成的熔体（常见的有铅锡合金、铅锑合金、铜等材料）。它们串联在被保护的电路中，正常情况下相当于一段导线，当用电设备因各种原因发生短路故障时，熔断器的熔体因过热而被熔断，电源即被迅速切断，达到保护电源、防止事故进一步扩大的目的。在机床电气控制电路中，常用的熔断器有管式、插入式和螺旋式等，它们的外形和图形符号如图4-41所示。

熔断器模块

图4-41 RT18系列熔断器、磁插式熔断器、螺旋式熔断器的外形和图形符号

（1）熔断器保护特性

熔断器的保护特性又称为安秒特性，表示熔体熔断时间与流过熔体电流大小之间的关系特性，见表4-14。

表4-14 熔断器的熔断电流与熔断时间的数值关系

熔断电流倍数	1.25~1.3	1.6	2	2.5	3	4	5
熔断时间	∞	1h	40s	8s	4.5s	2.5s	>1s

从表4-14中可以看出，熔断器的熔断时间随流过熔体电流的增加而减小。

熔断器对过载反应不是很灵敏，当电气设备发生轻度过载时，熔断器将持续很长时间才熔断，因此，除在照明电路中外，熔断器一般不宜作为过载保护，主要用作短路保护。

（2）熔断器主要参数

额定电压U_N：这是从灭弧角度出发规定熔断器所在电路工作电压的最高限额。如果电路的实际电压超过熔断器的额定电压，一旦熔体熔断，有可能发生电弧不能及时熄灭的现象。

额定电流 I_N：实际上是指熔体的额定电流，这是由熔断器长期工作所允许的温升决定的电流值。配用的熔体的额定电流应小于或等于熔断器的额定电流。

熔体的额定电流 I_{RN}：是熔体长期通过而不熔断的最大电流。

极限分断能力：极限分断能力是指熔断器所能分断的最大短路电流值。极限分断能力的大小与熔断器的灭弧能力有关，而与熔体的额定电流值无关。熔断器的极限分断能力必须大于电路中可能出现的最大短路电流值。

（3）熔断器安装使用

熔断器在安装使用时应遵循以下原则：

1）熔断器应完整无损，接触紧密可靠，并标出额定电压、额定电流的数值。

2）圆筒帽形熔断器应垂直安装，接线遵循"上进下出"原则，如图4-42a所示；若采用螺旋式熔断器，电源进线应接在底座中心点的接线端子上，被保护的用电设备应接在与螺口相连的接线端子上，遵循"低进高出"原则，以保证更换熔体时操作者不接触熔断器的带电部分，如图4-42b所示。

熔断器的接线注意事项：

1）安装熔断器时，各级熔体应相互配合，并要求上一级熔体额定电流大于下一级熔体的额定电流。

2）熔断器兼作隔离目的使用时，应安装在控制开关的进线端；若仅作短路保护使用时，应安装在控制开关的出线端。

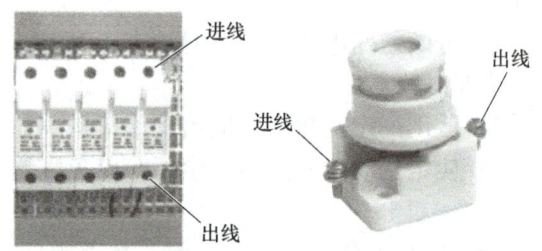

a) 圆筒帽形熔断器的接线　　b) 螺旋式熔断器的接线

图4-42　熔断器的安装接线

（4）检测

1）外壳不能有损坏，没有气孔、无裂纹等，熔丝正常，没有发黑熔断现象，封口没有松动等。

2）用万用表电阻档直接测量熔断器电阻值，应为0Ω，否则损坏。

（5）选用

1）种类的选择。根据使用环境和负载性质选择适当类型的熔断器。

① 用于容量较小的照明电路，可选用RC1A系列插入式熔断器。

② 在开关柜中可选用RM10系列无填料封闭管式熔断器。

③ 对电流较大或有易燃电气的地方，应选用RT10有填料封闭管式熔断器。

④ 在机床控制电路中，多选用RL1系列螺旋式熔断器。

⑤ 用于半导体功率元件及晶闸管保护时，则选用RLS或RS系列快速熔断器等。

2）参数的选择。额定电压的选择：熔断器额定电压 U_N 应大于或等于线路的工作电压 U_L，即 $U_N \geq U_L$。额定电流的选择：熔断器的额定电流 I_N 必须大于或等于所装熔体的额定电流 I_{RN}，即 $I_N \geq I_{RN}$。

熔体的额定电流 I_{RN} 的选择注意事项如下：

① 当熔断器保护电阻性负载时，熔体额定电流等于或者稍大于电路的工作电流即可，即 $I_{RN} \geq I_L$。

② 当熔断器保护一台电动机时，熔体的额定电流可按下式计算，即 $I_{RN} \geq (1.5 \sim 2.5) I_N$，

其中 I_N 为电动机额定电流。

③ 当熔断器保护多台电动机时，熔体的额定电流可按下式计算，即，$I_{RN} \geq (1.5 \sim 2.5)$ $I_{MN} + \sum I_N$，其中 I_{MN} 为容量最大的电动机的额定电流；$\sum I_N$ 为其余电动机的额定电流之和。

6. 热继电器

热继电器是一种利用电流的热效应而动作，用来防止电动机因过载而损坏的保护电器。它主要用作电动机的过载保护、断相保护、电流不平衡运行的保护及其他电气设备发热状态的控制。热继电器具有体积小，结构简单、成本低等优点。T 系列、JR16 系列热继电器的外形和图形符号如图 4-43 所示。

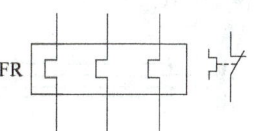

图 4-43　T 系列、JR16 系列热继电器的外形和图形符号　　　热继电器模块

热继电器有多种形式，如双金属片式、热敏电阻式、易熔合金式。其中双金属片式应用最多。按极数不同分为单极、两极和三极；按复位方式不同可分为自动复位式和手动复位式。

热继电器种类很多，按相数来分有单相、两相和三相这三种类型；按职能来分，三相式热继电器又有不带断相保护和带断相保护两种类型。双金属片式热继电器主要由发热元件、双金属片和常闭触点组成。发热元件与电动机的定子绕组串联，当电动机因过载而电流增大时，发热元件温度升高而驱使串联在控制电路中的常闭触点分断而切断电源，起到对电动机进行过载保护的作用。

（1）过载保护

1）热继电器在热元件与电动机串联时，如果电动机过载，主电路电流超过额定值，会使热继电器的双金属片过热。双金属片受热膨胀弯曲变形，推动绝缘导板，使推杆顶向动触点上的铜片，使得常闭触点断开。

2）热继电器的常闭触点和接触器的线圈串联，所以当热继电器动作后，动断触点断开，接触器线圈断电，接触器的主触点也随之断开，电动机停转，达到过载保护的目的。

热继电器设有复位按钮和调节旋钮，用来进行手动复位和整定热继电器的工作电流。热继电器的整定电流应由电动机的额定电流来确定。一般调到与电动机的额定电流相等即可。图 4-44 所示为热继电器原理示意图。

热继电器主要由双金属片、热元件、动作机构、触点系统、整定调节装置及手动复位装置等组成。热元件是热继电器的主要部分，它由双金属片及绕在外面的电阻丝组成。触点系统由静触点和动触点组成，是热继电器的输出结构。动作机构将双金属片的动作传到动触点。复位按钮用来使动作后的动触点复位。整定调节装置通过调节推杆间隙，改变推杆移动距离，达到电流整定值的调节，从而调整过载保护电流的大小。

双金属片是热继电器的感测机构，由两种不同膨胀系数的金属以机械碾压的方式使之形成一体，一端固定，另一端为自由端。线膨胀系数大的是主动层，线膨胀系数小的是被动层。

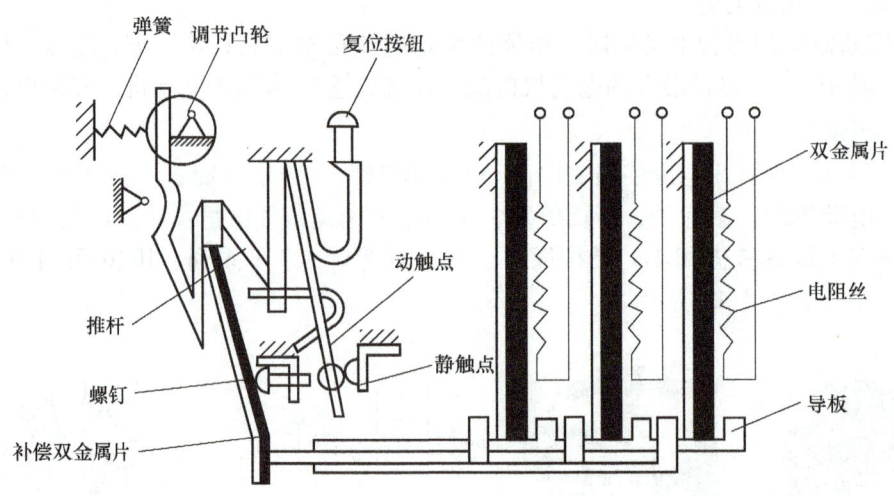

图 4-44 热继电器原理示意图

(2) 整定电流

整定电流是指热继电器连续工作而不动作的最大电流。热继电器的整定电流大小可通过旋转整定电流调节旋钮来调节，旋钮上刻有整定电流值标尺。

热继电器的整定电流一般为电动机额定电流的 0.95~1.05 倍，但若电动机拖动的是冲击性负载或起动时间较长及拖动的设备不允许停电的场合，热继电器的整定电流可取电动机额定电流的 1.1~1.5 倍。

如果电动机的过载能力较差，热继电器的整定电流为电动机额定电流的 0.6~0.8 倍。同时整定电流应留有一定的上下限调整范围。

(3) 选用

选用热继电器时，主要根据所保护电动机的额定电流来确定热继电器的规格和热元件的电流等级。

1) 额定电压的选取：选用时要求额定电压大于或等于触点所在电路的额定电压。

2) 额定电流的选取：每一种额定电流的热继电器可以装入几种不同电流规格的发热元件。选用时要求额定电流大于或等于被保护电动机的额定电流。

3) 发热元件的选取：选用时要求其电流规格小于或等于热继电器的额定电流。

4) 整定电流的选取：热继电器的整定电流要根据电动机的额定电流、工作方式等情况调整而定。一般情况下可按电动机额定电流整定。

5) 结构形式的选取：热继电器有两相式、三相式和三相带断电保护等形式。星形联结的电动机或电源对称性较好的电动机可选用两相式或三相式结构的热继电器；三角形联结的电动机应选用三相带断电保护的形式。

二、电气安装调试

1. 热继电器检测

(1) 热元件检测

用万用表分别测量三对热元件的电阻值，检查三对热元件是否导通。

上电顺序

均有很小的电阻值（接近0Ω）正常，如有其中一对热元件间测得电阻值为无穷大，说明该对热元件不通。

（2）触点检测

用万用表分别测量常开触点及常闭触点的电阻值，并按动手动测试按钮后再次检测。

若常开触点间电阻值一开始为无穷大，按动手动测试按钮后测得有很小的电阻值（接近0Ω），说明热继电器常开触点正常，否则有故障。

若常闭触点间有很小的电阻值（接近0Ω），按动手动测试按钮后测得阻值为无穷大，说明热继电器辅助触点正常，否则有故障。图4-45所示为热继电器常闭触点检测示意图。

图4-45 热继电器常闭触点检测示意图

2. 线路安装

（1）电器元器件安装工艺要求

1）各电器元件的安装位置应整齐、匀称、间距合理和便于更换。

2）组合开关、熔断器的受电端子应安装在控制板的外侧。

3）紧固各元器件时用力均匀，紧固程度应适当。

4）若需要导轨固定的元器件，应先固定好导轨，再将低压断路器、熔断器、接触器、热继电器等安装在导轨上。

5）低压断路器的安装应正装，向上合闸为接通电路。

6）熔断器安装时应使电源进线端在上。

（2）板前明线布线工艺要求

1）走线通道应尽量少，同时将并行导线按主电路、控制电路分类集中，单层平行密排，紧贴敷设面。

2）同一平面上的导线应高低一致或前后一致，不能交叉。若必须交叉，该根导线应在接线端子引出前就水平架空跨越，并应走线合理。

板前明线布线工艺及安装接线（一）

板前明线布线工艺及安装接线（二）

3）布线应横平竖直，分布均匀，变换走向时应垂直。

4）布线时，严禁损伤线芯和导线绝缘层。

5）布线顺序一般以接触器为中心，由里向外、由低至高、先控制电路、后主电路进行，以不妨碍后续布线为原则。

6）在每根剥去绝缘层导线的两端应套上编码套管。若电路简单可不添加编码套管。所有从一个接线端子（桩）到另一个接线端子（桩）的导线必须连续，中间无接头。

7）导线与接线端子（桩）连接时，应不反圈、不压绝缘层和不露铜过长，同时做到同一元器件、同一回路的不同接点的导线间距保持一致。

8）一个接线端子上的连接导线不能超过两根，一般只允许连接一根。

3. 通电试车

为确保安全，在通电试车时，应按照相关规定，一人监护，一人操作。电路经检查无误后，方可进行通电运行。

通电试车

巩固提高

根据图4-46所示三相异步电动机连续控制电路，按电路图或者接线图从电源开始,逐段核对接线及接线端子处的线号是否正确,有无漏接和错接。使用万用表检查线路的通断情况。检查时万用表应选用适当的倍率档,并进行校零,以防止发生短路事故。请阐述电路工作过程,说明电路中具有哪些保护环节,并将电路的检测结果填入表 4-15 中。

断电顺序

断电顺序示范

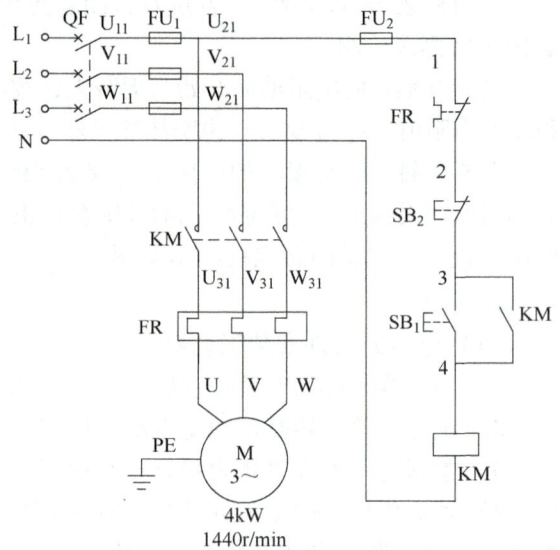

图 4-46　三相异步电动机连续运行控制电路

1) 阐述三相异步电动机连续运行控制电路原理。

2) 简述三相异步电动机连续运行控制电路中的保护环节。

3) 进行电路检测,完成表 4-15a 与表 4-15b。

① 检查控制电路。

表 4-15a　三相异步电动机连续运行控制(控制电路)检测项目

控制电路检测	
操作方法	1-N 电阻
断开 FU_2,常态下不动作任何器件	
按下按钮 SB_1,同时按下按钮 SB_2	
按下按钮 SB_1	
按下接触器 KM 可动部分	

② 检查主电路(QF 合上,不接入电动机)。

表 4-15b　三相异步电动机连续运行控制(主电路)检测项目

测量项目	L_1-U 电阻	L_2-V 电阻	L_3-W 电阻
常态下,不动作任何器件			
按下 KM 可动部分			

项目四　三相异步电动机及其控制

任务四　三相异步电动机正反转控制电路设计、仿真及安装调试

任务导学

列举一些生产生活中三相异步电动机正反转控制案例，说明三相异步电动机正反转在电路控制中如何实现。

任务说明

在校园、企业、小区等大门口经常会看到自动伸缩门，简要分析实现自动伸缩门运行的电气控制方法，设计正反转控制电路并进行仿真，完成安装调试。

任务实施

如图 4-47 所示，在自动伸缩门运行中，用来控制自动伸缩门开与关的电动机为三相异步电动机，该三相异步电动机可以正转也可以反转，设计一个自动伸缩门控制电路，使其能实现开门与关门及在任意位置停止。应用仿真软件进行仿真，并完成控制电路的安装接线和调试。

图 4-47　自动伸缩门示意图

一、自动伸缩门控制电路设计

1）电气控制电路的设计除了考虑功能的实现也需要一些必要的保护，如短路保护、过载保护、互锁等，列选出能实现自动伸缩门运行所需的元器件，包括控制用的元器件和保护用的元器件。

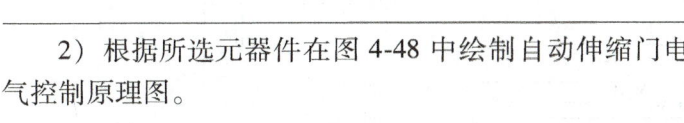

2）根据所选元器件在图 4-48 中绘制自动伸缩门电气控制原理图。

图 4-48　自动伸缩门电气控制原理图

二、自动伸缩门控制电路仿真

基于仿真软件（本项目选用宇龙机电控制仿真软件）选出自动伸缩门控制电路所需元器件并按电器布置图布置元器件，进行仿真接线和调试，将调试中遇到的问题填入表 4-16 中。

表 4-16　仿真调试故障记录表

仿真调试故障现象	仿真调试故障问题点	故障排除方法

三、自动伸缩门控制电路实际安装接线

1）选出所需元器件，填入表 4-17 中。

表 4-17 自动伸缩门控制电路所需元器件

元器件选择列表			
名称	数量	名称	数量

2）参照任务三中的元器件检测表，对所选元器件进行检测，确认元器件完好。

3）将自动伸缩门控制电路所需元器件按电器布置图安装到接线板上，根据接线图完成自动伸缩门控制电路安装接线并进行调试，并简述上电调试过程。

_____

4）总结自动伸缩门控制电路安装接线注意事项。

_____

知识链接

图 4-49 所示为由两个接触器控制的三相异步电动机正反转电路。若同时按下 SB_1 和 SB_2，则接触器 KM_1 和 KM_2 的线圈同时得电并自锁，它们的主触点都闭合，这时会造成电动机三相电源的相间短路事故，因此该电路不完善，不可用。

时间继电器模块

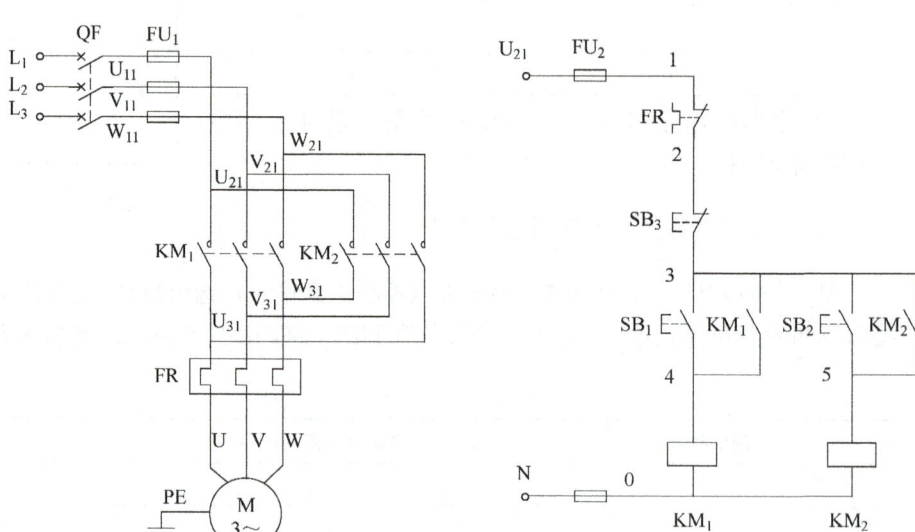

图 4-49 三相异步电动机正反转电路

为此，在控制电路中分别串联了对方接触器的一对常闭辅助触点，如图 4-50 所示。这样，当一个接触器得电动作时，其常闭辅助触点断开，使另一个接触器线圈不能得电动作。接触器间这种相互制约的作用称为接触器联锁（或互锁）。实现联锁作用的常闭辅助触点称为联锁触点（或互锁触点）。

采用接触器联锁的优点是工作安全可靠，但是操作不便。因为电动机正反转之间的切换时，必须要先按下停止按钮，才能进行正反转间的切换，否则接触器联锁作用使其不能正反转直接切换。这时可以采用按钮联锁控制电路，如图 4-51 所示。按钮联锁正反转控制电路操作方便，按下 SB$_1$ 电动机正转，按下 SB$_2$ 电动机反转，切换时不需按停止按钮，可以直接进行正反转切换，但是容易产生相间短路，如当接触器 KM$_1$ 主触点熔焊或者被卡住时，即使接触器 KM$_1$ 线圈失电其主触点也没有分断，这时按下 SB$_2$，KM$_2$ 得电，主触点闭合，就会造成相间短路，所以这一电路也存在一定的安全隐患。

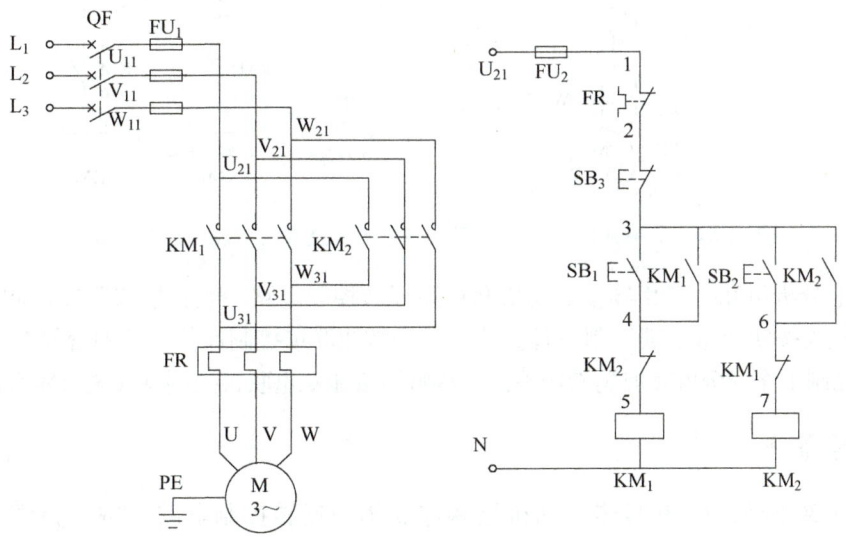

图 4-50　三相异步电动机接触器联锁正反转控制电路

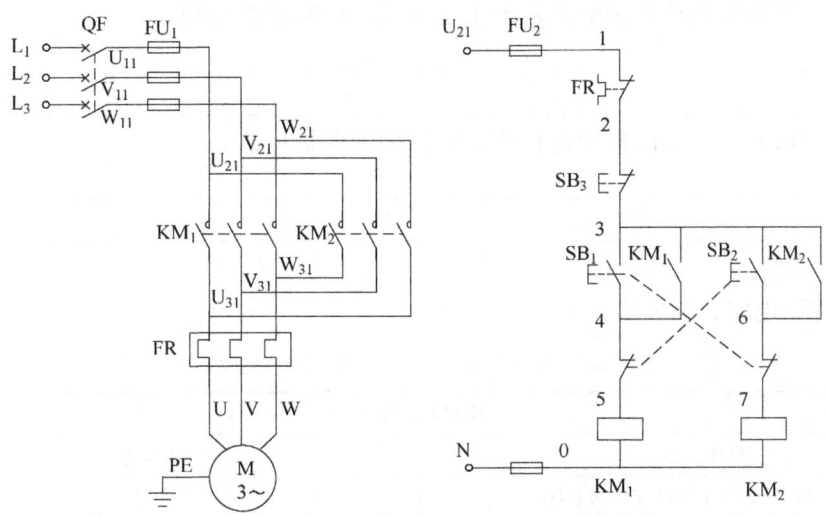

图 4-51　三相异步电动机按钮联锁正反转控制电路

为了消除以上提到的安全隐患，可采用按钮、接触器双重联锁控制电路，如图 4-52 所示。它结合了按钮联锁正反转控制电路和接触器联锁正反转控制电路的结构，把两个线路组合起来形成的，既满足了按钮联锁正反转控制线路操作简单的优点，又满足了接触器联锁正反转控制线路安全可靠的优点，是目前最常用的一种正反转控制电路。

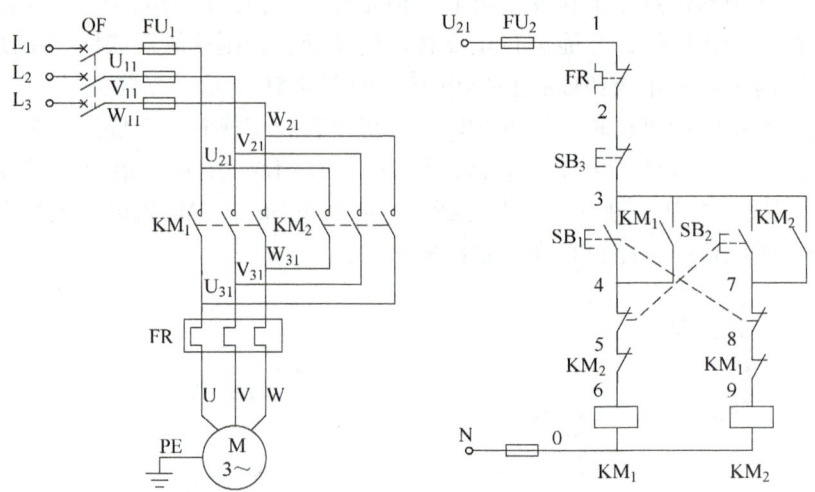

图 4-52　三相异步电动机按钮、接触器双重联锁正反转控制电路

总结以上分析可知，三相异步电动机联锁正反转控制电路一般有按钮联锁控制、接触器联锁控制和接触器按钮双重联锁控制三种方式，其中按钮联锁控制操作方便但容易产生相间短路、接触器联锁控制工作安全可靠但是操作不便、接触器按钮双重联锁控制既安全可靠又操作方便。

 巩固提高

根据图 4-50 所示的三相异步电动机接触器联锁正反转控制电路，按电路图或者接线图从电源开始，逐段核对接线及接线端子处的线号是否正确，有无漏接和错接。使用万用表检查电路的通断情况。检查时万用表应选用适当的倍率档，并进行校零，以防止发生短路事故。

1）阐述三相异步电动机接触器联锁正反转运行控制电路原理。

_____

_____

2）阐述三相异步电动机连续运行控制电路中的保护环节。

_____

_____

3）电路检测。

① 检查控制电路，完成表 4-18。

表 4-18　三相异步电动机连续运行控制（控制电路）检测项目

控制电路检测	
操作方法	1-N 电阻
断开 FU_2，常态下不动作任何器件	
按下按钮 SB_1 或 SB_2，同时按下按钮 SB_3	

（续）

控制电路检测	
操作方法	1-N 电阻
按下按钮 SB_1	
按下按钮 SB_2	
按下接触器 KM_1 可动部分	
按下接触器 KM_2 可动部分	
按下接触器 KM_1 可动部分，并按下按钮 SB_3	
按下接触器 KM_2 可动部分，并按下按钮 SB_3	

② 检查主电路（QF 合上，不接入电动机），填写完成表 4-19。

表 4-19 三相异步电动机连续运行控制（主电路）检测项目

测量项目	L_1-U 电阻	L_2-V 电阻	L_3-W 电阻	L_1-W 电阻	L_3-U 电阻
常态下，不动作任何器件					
按下接触器 KM_1 可动部分					
按下接触器 KM_2 可动部分					

断电检测及故障排除（一）

断电检测及故障排除（二）

项目五

常用半导体器件

项目导读

 素质目标

具有良好的语言表达能力、文字表达能力。
具有独立思考和分析问题、解决问题的能力。
具有良好的心理素质,具备一定的心理适应能力。
具有质量意识、环保意识、安全意识。

 知识目标

掌握 PN 结的单向导电性。
了解二极管的伏安特性及主要参数。
了解晶体管的结构、参数。
熟悉整流电路、稳压电路的工作原理。
掌握二极管、晶体管的基本特性。
熟悉共射极放大电路的分析方法。
了解扩音器电路的基本组成。

 能力目标

能够独立进行半导体器件的识别和检测。
完成共射极放大电路的制作与测量实验。
完成基于 Multisim 仿真软件对相应半导体电路的仿真。
会查阅相关技术资料。

 项目导入:扩音器的功率放大电路

课堂上老师洪亮的声音,学校广播里传出响亮的声音,这些都是扩音器的功劳,扩音器如何将声音进行放大?扩音器由哪些部件组成?各组成部件的作用是什么?扩音器的核心电路组成是什么?

任务一 扩音器电路分析

任务导学

在生产生活中见过或者听说过哪些设备能进行声音放大?这些设备的组成是什么?

任务说明

扩音器电路的主要组成部分有拾音器、调音台、功率放大器、扬声器等。拾音器是能将声音信号转换成电信号的电声元件，而扬声器是将电信号转换为声频信号的电声元件。简要分析扩音器电路。

任务实施

生活中经常会用到扩音器，扩音器中一项重要组成部件是功率放大电路，常用的是集成功率放大器，即功率放大电路芯片，如 TDA2822、KA2201、LM386 等。图 5-1 所示为简易的扩音器电路，这款功放电路外围元器件少，制作简单，音质较好。其采用一块双路音频放大集成电路，特点是效率高、耗电省。请分析该扩音器电路。

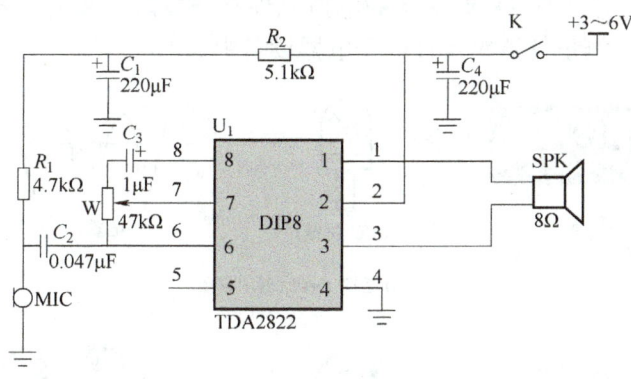

图 5-1　简易的扩音器电路

1）指出图中哪个是话筒？

_____

_____

2）指出图中哪个是扬声器？

_____

_____

3）指出图中哪个是功率放大电路？其作用是什么？

_____

_____

知识链接

一、电子技术

电子技术是研究电子器件、电子电路及其应用的技术科学。

迄今为止，电子技术是人类历史上发展最快的技术科学之一。从它诞生至今只有 100 多年历史，在这样一段不长的时间内，电子技术取得了多方面、令人瞩目的成就，并极大推动了其他技术科学的发展。其中，20 世纪 40 年代制造出的世界上第一只具有放大作用的晶体管，使电子技术进入了一个新纪元。从那时起，仅仅过了 10 年就出现了集成电路，并迅速从小规模集成电路发展到中规模、大规模及超大规模集成电路。从此，电子技术进入了微电子技术时期，这是电子技术的一个重大进步。

二、功率放大器

功率放大器简称功放，俗称"扩音机"，是音响系统中最基本的设备，它的任务是把来自信号源（专业音响系统中则是来自调音台）的微弱电信号进行放大以驱动扬声器发出声音。

三、话筒和扬声器

扬声器（喇叭）和话筒是一种将声音信号转换成电信号（见图 5-2a）或者是将电信号转换为声音信号（见图 5-2b）的换能元件，能将声音信号转换成电信号的电声元件为传声器（话筒）；而将电信号转换成声频信号的电声元件有扬声器、耳机。电声元件主要应用在家用电器音响、玩具、测量仪器等各种电子电器设备中。

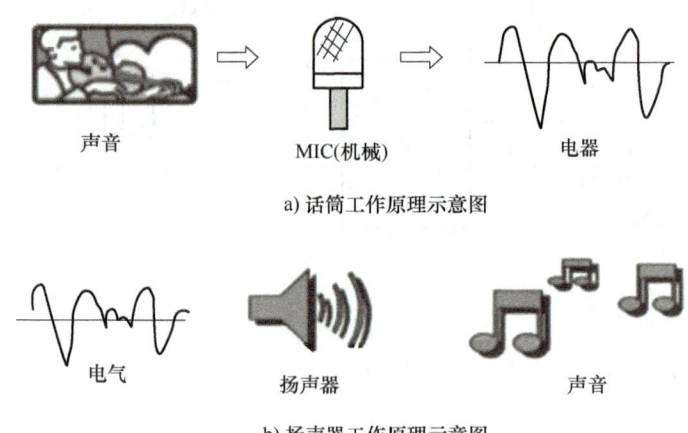

a) 话筒工作原理示意图

b) 扬声器工作原理示意图

图 5-2　话筒和扬声器

任务二　基于 Multisim 的二极管电路仿真分析实验

任务导学

二极管在生产生活中有哪些应用？二极管电路与电工电路有什么不同？

任务说明

二极管最重要的特性是其单向导电性，利用该特性可以组成整流、钳位、隔离、限幅等电路，基于 Multisim 仿真软件分析二极管在具体电路中的功能。

任务实施

1）如图 5-3 所示，直流电压源 $E_1 = 12V$，$E_2 = 6V$，VD_1、VD_2 为二极管，判断二极管 VD_1、VD_2 是导通还是截止，求出 A、O 两端的电压 U_{AO}。

① 根据图 5-3 进行理论分析计算，分析判断二极管的电位及导通、截止状态，填写完成表 5-1 和表 5-2。

表 5-1　初步判断二极管的状态表

名称	阳极电位	阴极电位	阳极与阴极电位差	二极管状态（导通、截止）
二极管 VD_1				
二极管 VD_2				

表 5-2　最终判断二极管的状态表

名称	阳极电位	阴极电位	结论
二极管 VD_1			
二极管 VD_2			
结论	A 点电位	O 点电位	U_{AO}

② 基于 Multisim 仿真软件绘制仿真电路模型，判断二极管的状态，完成表 5-3，进行仿真和理论的对比。

表 5-3　二极管导通判断

参数名称	理论数值（状态）	仿真数值（状态）
VD_1（状态）		
VD_2（状态）		
U_{AO}（数值）		

2) 如图 5-4 所示，已知 $E = 5V$，$u_i = 10\sqrt{2}\sin\omega t\,V$，绘制出输出电压 u_0 的波形。

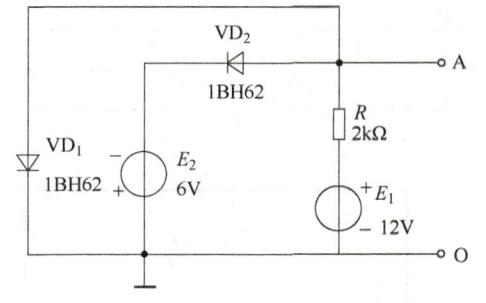

图 5-3　二极管导通判断电路图

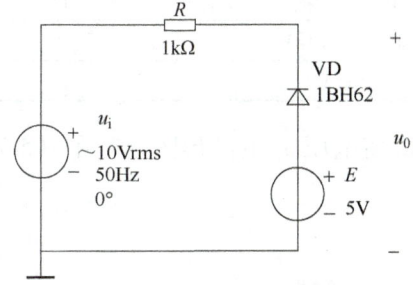

图 5-4　二极管应用电路图

① 根据图 5-4 进行理论分析计算，分析二极管的电位及导通、截止状态，完成表 5-4 和表 5-5。

表 5-4　二极管阳极、阴极电位

名称	阳极电位	阴极电位
二极管 VD		

表 5-5　二极管状态判断

名称	u_i 数值状态	二极管 VD 状态	u_0 数值
状态 1			
状态 2			

② 将电压 u_0 的波形图绘制在图 5-5 中。

③ 基于 Multisim 仿真软件构建仿真分析模型，应用示波器观察输入电压 u_i 和输出电压 u_0 的对比信号波形图。

3) 如图 5-6 所示，已知两个稳压管的稳定电压分别为 $U_Z = 12V$、$u_i = 16\sqrt{2}\sin\omega t \text{V}$，二极管的正向管压降为 0.7V，画出输入电压 u_i、输出电压 u_0 的波形，说明稳压管在该电路中所起的作用。

① 通过理论分析，完成表 5-6 和表 5-7。

图 5-5　输出电压 u_0 的波形图绘制

表 5-6　u_i 正半周期时电路分析

名称	二极管状态				输出电压
u_i 正半周期情况分类	导通的二极管	控制死区的二极管	截止的二极管	稳压的二极管	u_0 数值
u_i 在 0~0.7V					
u_i 在 0.7~12V					
u_i > 12V					

表 5-7　u_i 负半周期时电路分析

名称	二极管状态				输出电压
u_i 负半周期情况分类	导通的二极管	控制死区的二极管	截止的二极管	稳压的二极管	u_0 数值
u_i 在 -0.7~0V					
u_i 在 -0.7~-12V					
u_i < -12V					

② 将电压 u_0 的波形图绘制在图 5-7 中。

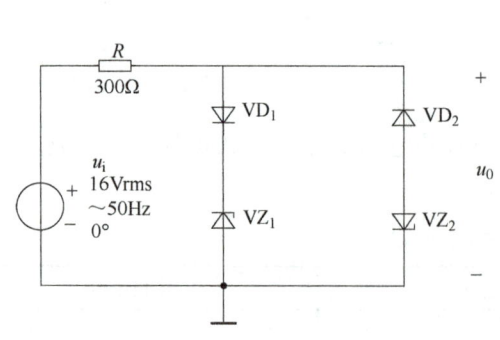

图 5-6　稳压二极管应用电路图

图 5-7　输出电压 u_0 的波形图绘制

③ 基于 Multisim 仿真软件搭建仿真分析模型，应用示波器观察输入电压 u_i 和输出电压 u_o 的对比信号波形图。

知识链接

一、PN 结的特性

1. 半导体的导电特性

自然界的物质按照导电能力的不同，分为导体、绝缘体和半导体。顾名思义，半导体的导电能力介于导体和绝缘体之间。

半导体的导电特性

最常用的半导体材料是高度纯净的元素硅（Si）和元素锗（Ge）的单晶体。硅和锗的共同特点是它们原子结构中最外层的电子都是 4 个，即有 4 个价电子，是 4 价元素。所谓单晶体就是它们的原子都按照一定规律整齐地排列，构成确定的空间点阵。这种高度纯净、具有完整单晶体结构的半导体材料称为本征半导体。

在本征半导体内部是以共价键的形式维系半导体的晶体结构的。本征半导体具有如下导电特性：

1）共价键有很强的结合力，使原子外层的价电子不易脱离共价键的束缚成为自由电子，如图 5-8 所示。因此，半导体的导电能力很差。但是，随着外界温度的增加，本征半导体受到热激发，原来受共价键束缚的电子会因为吸收了热而能量增加，使其脱离共价键的束缚而成为自由电子，原来的共价键因为少了一个电子就形成一个空穴，相对于电子带负电，空穴带正电。因此本征半导体会产生两种导电粒子，即带负电的自由电子和带正电的空穴。电子和空穴总是同时成双成对地产生。这种现象称为本征激发，本征激发产生电子-空穴对，如图 5-9 所示。

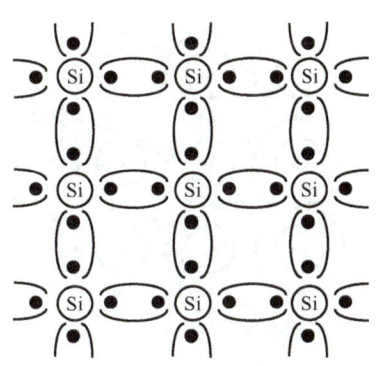
图 5-8 硅的共价键结构

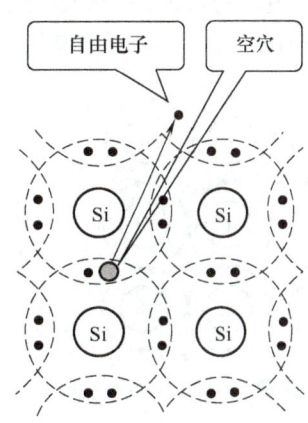
图 5-9 本征激发的电子-空穴对

2）电子和空穴都可以在电场作用下形成电流，故电子和空穴可总称为载流子。具有两种载流子是半导体材料导电性能的重要特征。

3）在一定的外界温度下，本征激发产生的电子-空穴对浓度是确定的。常温时，本征激发产生的电子-空穴对浓度很低，半导体的导电能力很差。随着外界温度的升高，电子-空穴对的浓度也会增大，导电能力相应增强。

两种杂质半导体

2. 两种杂质半导体

采用特殊的制造工艺，在本征半导体中掺入某些微量杂质元素，即使掺入杂质的浓度仅为 0.0001%，也会使其导电能力显著增强。正是这一特点，开辟了利用半导体材料制造电子器件的广阔前景。这种掺入微量杂质元素的半导体就称为杂质半导体，根据掺入杂质的不同，杂质半导体又分为 N 型半导体和 P 型半导体。

（1）N 型半导体

以硅材料本征半导体为例，在其中掺入微量五价元素〔如磷（P）〕，就形成了 N 型半导体，如图 5-10 所示。N 型半导体的形成机理是这样的：在硅材料本征半导体中掺入微量五价元素磷后，原晶体结构中的某些硅原子被磷原子取代。磷原子有 5 个价电子，它在与相邻的 4 个硅原子组成共价键结构时，只需要 4 个价电子。因此，必定有一个价电子游离于共价键之外，成为自由电子。虽然掺入的五价元素磷是微量的，但其中所包含的磷原子的个数却是巨大的，且掺入每一个磷原子就会产生一个自由电子，因此 N 型半导体中自由电子的浓度大大增加。与此同时，还存在因本征激发产生的少量空穴。由于自由电子的数目远大于空穴的数量，所以自由电子是多数载流子（简称多子），空穴是少数载流子（简称少子），因为多子是自由电子，自由电子呈负（Negative）电，所以称为 N 型半导体。

（2）P 型半导体

如果在硅材料本征半导体中掺入微量三价元素〔如硼（B）〕，就形成了 P 型半导体，如图 5-11 所示。P 型半导体的形成机理是这样的：在硅材料本征半导体中掺入微量三价元素硼后，原晶体结构中的某些硅原子被硼原子取代。硼原子有 3 个价电子，它在与相邻的 4 个硅原子组成共价键结构时，还缺少一个价电子，在此就形成一个空穴，空穴相对自由电子带正（Positive）电，每加入一个硼原子就会产生一个空穴载流子，所以称为 P 型半导体。因此，在 P 型半导体中，空穴是多数载流子，本征激发产生的自由电子是少数载流子。

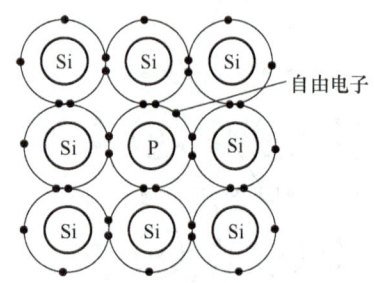

图 5-10　杂质半导体（掺入五价元素 P）

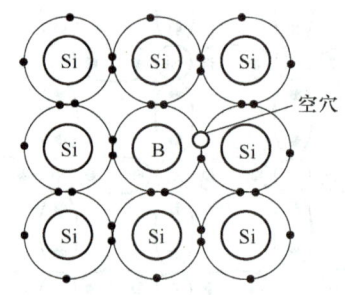

图 5-11　杂质半导体（掺入三价元素 B）

PN 结的单向导电性

除了以上特点之外，一些半导体材料的导电能力对于外界条件的变化也极为敏感。如温度、光照、电和磁的变化都会显著改变这些半导体材料的导电能力。利用这些特性可以制造出各种敏感元件，如热敏元件、光敏元件、磁敏元件等。

3. PN 结的单向导电性

采用掺入杂质的方法，使一块本征半导体的一侧形成 P 型半导体，另一侧形成 N 型半导体，在这两种杂质半导体的交界面处就形成了一个具有特殊导电性能的薄层，称为 PN 结。

PN 结的基本特性是外加不同极性的电压时，导电能力有极为显著的差异，这种特性就是单向导电性。

（1）PN 结外加正偏电压

如图 5-12a 所示，P 区经外部引线接电源正极，N 区经负载（小灯泡）接电源负极，这种接法称为 PN 结的正向接法，所加电压是正偏电压，简称正偏。

在 PN 结上加正偏电压 U，在电场 E 的作用下，P 区的空穴和 N 区的自由电子受电场力的作用下定向移动，使得 PN 结呈现低电阻，在外电路产生很大的正向电流 I_F，因此，小灯泡将会发光，如图 5-12b 所示。此时 PN 结处于正向导通状态。

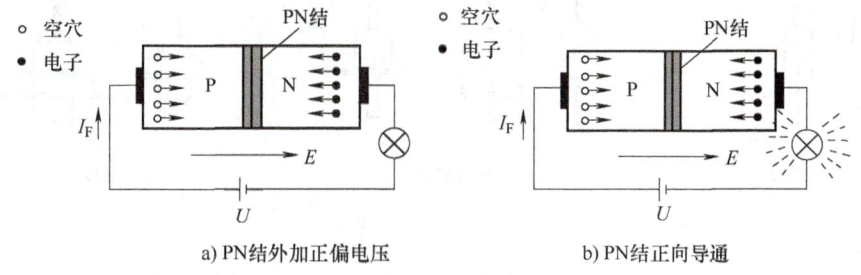

a) PN 结外加正偏电压　　　b) PN 结正向导通

图 5-12　PN 结正偏

（2）PN 结外加反偏电压

如图 5-13a 所示，P 区经外部引线接电源负极，N 区经外部引线接电源正极，这种接法称为 PN 结的反向接法，所加电压是反偏电压，简称反偏。

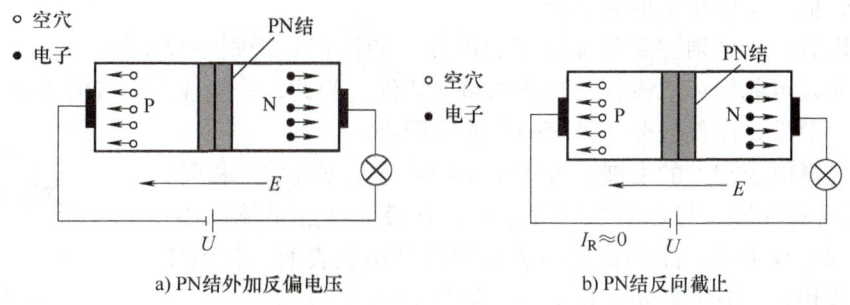

a) PN 结外加反偏电压　　　b) PN 结反偏截止

图 5-13　PN 结反偏

在 PN 结上加反偏电压 U，在电场 E 的作用下，P 区的空穴和 N 区的自由电子受电场力的作用下定向移动，PN 结在反偏电压作用下，呈现高阻状态，形成电流的方向在半导体内部是从 N 区流向 P 区，相对于前者（正偏），是一个反向电流，用 I_R 表示。反向电流是由少数载流子定向运动形成的，而少数载流子由热激发产生，在室温下浓度极低，反向电流数值很小，$I_R≈0$，小灯泡不发光，如图 5-13b 所示。此时 PN 结反偏截止。

还应注意的是，热激发产生的少数载流子浓度随温度的升高而加大，导致反向电流 I_R 的增加，对半导体器件的工作产生较大影响。

综合以上分析，所谓 PN 结的单向导电性就是，当 PN 结外加正偏电压时，呈现低阻状态，可形成较大的正向电流，PN 结导通；PN 结外加反偏电压，则呈现高阻状态，反向电流极小，PN 结截止。

二、半导体二极管

1. 半导体二极管的结构

在 PN 结的两侧加上接触电极和引线，再用玻璃、塑料或金属外壳封装起来，就构成了一个半导体二极管（简称二极管）。其中 P 区一侧的电极称为阳极，N 区一侧的电极称为阴极。从所使用的半导体材料来看，主要有硅和锗两种；从结构上看，主要有点接触型二极管和面接触型二极管。

图 5-14 所示是几种不同类型二极管的外形，图 5-15 是二极管的图形符号。

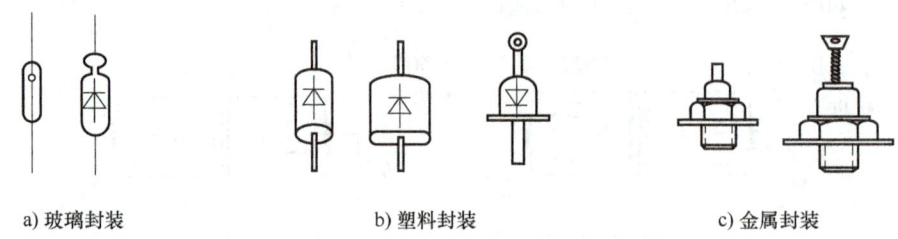

图 5-14 二极管外形

点接触型二极管的特点是 PN 结的接触面积小，允许通过的正向电流较小，工作频率高，可达 100MHz 以上；其缺点是能够承受的工作电压较低，主要应用于小电流整流、高频检波以及在数字电路中用作开关元件。

面接触型二极管的特点是 PN 结的接触面积大，能通过较大电流，但工作频率较低，主要用于低频整流。

使用二极管时，必须注意外加电压的极性不能接错。否则不仅不能正常工作，而且可能损坏二极管及其他电路元器件。为此，一般在二极管的外壳上标有图形符号或色点、色带，以便区分二极管的阳极和阴极。

为了适应微电子技术的发展，近年来又出现了新型片状二极管，图 5-16 所示为其外形。与普通二极管比较，其最大特点是体积小，电极无引线或引线很短，能够直接贴装在印制电路板表面，且消耗功率小，工作稳定。它的额定工作电流一般为 150mA~1A。

图 5-15 二极管图形符号

图 5-16 片状二极管的外形

二极管的伏安特性

2. 二极管的伏安特性

伏安特性曲线形象直观地表示了二极管的单向导电性，是选择和正确使用二极管的依据。

二极管是一个二端元件，通过它的电流与其两端电压之间的关系即为伏安特性，该特性可通过实验测出或直接用图示仪显示出来。图 5-17 所示是硅二极管（实线）和锗二极管（虚线）的伏安特性曲线。

（1）正向特性

当外加正偏电压较小时，正向电流很小，近似

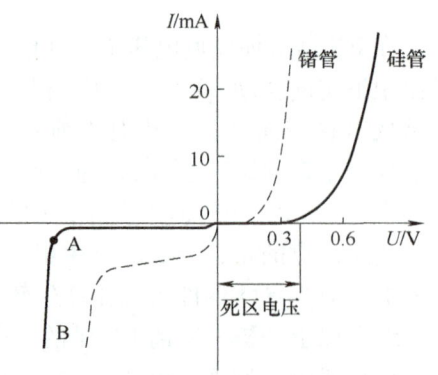

图 5-17 二极管的伏安特性曲线

为零。只有在正偏电压大于某一确定值后,正向电流才明显增加,所对应的电压称为死区电压,如图 5-17 第一象限所示。硅管的死区电压为 0.4~0.5V,锗管的死区电压约为 0.2V。

正偏电压大于死区电压后,正向电流随正偏电压的增加而迅速增加,表明二极管正向导通。通常二极管就工作在特性曲线的这一范围,所对应的是正偏电压,硅管为 0.6~0.7V,锗管约为 0.3V。

(2) 反向特性

当外加反偏电压时,在反偏电压作用下,有少数载流子形成极小的反向电流流过二极管。由于在一定温度下,受热激发产生的少数载流子浓度很低,而且是确定值,因此,反偏电压在较大范围内变化时,反向电流的数值不变,呈饱和性,故称反向饱和电流,如图 5-17 第三象限所示。反向饱和电流的数值越小,二极管的反向截止特性便越好。一般硅管的反向饱和电流较小,约为几 μA,锗管的反向饱和电流则可达上百 μA。

反向饱和电流对温度的变化十分敏感。随着温度的增加,反向饱和电流将显著增加,使二极管的反向截止特性变差。

当反偏电压加大到某一确定值之后,反向电流突然急剧增加,如图 5-17 中曲线的 AB 段。这时二极管被反向击穿,就会失去单向导电性,所对应的反偏电压称为反向击穿电压。对于普通二极管来说,发生反向击穿,则造成二极管的成永久性损坏,使用中应该避免出现这种情况。

(3) 理想二极管

伏安特性曲线直观、形象地表示了二极管的基本特性——单向导电性,同时,表明二极管是非线性元件。

在工程实际问题中,为了简化分析和计算,经常把二极管理想化。理想二极管的导电特性与简单的开关等效。

理想化的二极管,在正偏电压作用下导通,通过较大正向电流。这时 PN 结呈现低电阻,管压降很低(锗管为 0.3V 左右、硅管为 0.6~0.7V),与电源电压(一般是十几伏以上)相比,常常可以忽略不计。即认为管压降为零,相当于开关闭合,如图 5-18a 所示。

二极管承受反偏电压时,略去极小的反向饱和电流,即可近似认为反向电流为零,相当于开关断开,如图 5-18b 所示。

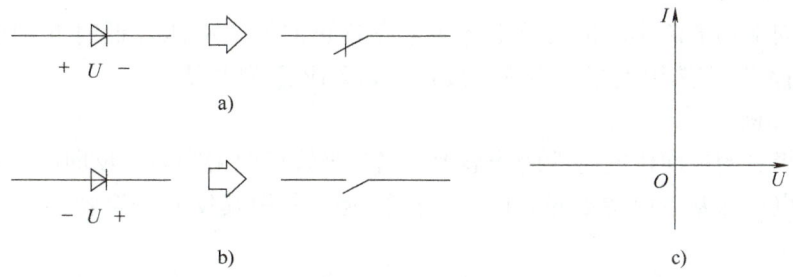

图 5-18 理想二极管

由此可得理想二极管的伏安特性曲线,如图 5-18c 所示。

(4) 二极管的使用知识

1) 二极管的型号。根据我国的国家标准,二极管型号命名由 5 部分组成。第一部分

是阿拉伯数字"2",表示二极管;第二部分是用汉语拼音字母表示二极管的材料和极性,即

A 表示 N 型锗材料、B 表示 P 型锗材料、C 表示 N 型硅材料、D 表示 P 型硅材料;第三部分是用汉语拼音字母表示二极管的类型,例如,P 表示普通管(小信号管)、Z 表示整流管、W 表示稳压管、K 表示开关二极管等;第四部分是用阿拉伯数字表示该二极管的序号,不同序号二极管的特性参数不同;第五部分是用汉语拼音字母表示该二极管的规格号,不同规格号的二极管只是个别参数有所不同。

2)二极管的主要参数。不同型号二极管的伏安特性曲线大体相同,它们的特点则表现为各自的参数不同。所谓参数就是表示二极管导电特性和极限使用条件的一些数据。对于使用者,这些参数是正确选择和合理使用二极管的依据。

① 最大整流电流 I_F。二极管长时间通电运行所允许的最大平均正向电流。使用时如果超过该值,将会烧毁二极管。

② 最高反向工作电压 U_R。保证二极管正常工作、不被反向击穿,所能承受的反向电压。一般取反向击穿电压的一半左右作为最高反向工作电压。

以上两个参数表示二极管承受正向导通电流和反向电压的能力,从使用的角度出发,应该是越大越好。

③ 最大反向电流 I_{RM}。二极管反向运用,承受最高反向工作电压时的反向电流,I_{RM} 越小,表明其单向导电性能越好。

3)二极管应用电路举例。利用二极管的单向导电性,可以组成各种应用电路,完成整流、钳位、隔离、限幅等功能。

① 整流,就是将交流电变换为脉动的直流电。

② 钳位,就是利用二极管的正向导通作用,将电路中的某点电位强行固定为某一确定值。

③ 隔离,就是利用二极管的反向截止作用切断两部分电路之间的联系。

④ 限幅,就是利用二极管来限制电路输出电压的幅度。

4)二极管的选用。选用二极管的一般原则是,若要求正向平均电流大、反向工作电压高、反向电流小且热稳定性好时(如整流电路中的二极管),以选用面接触型硅二极管为好,如 2CZ、2DZ 系列产品。

若要求正向平均电流小、但要求工作频率高且正向导通电压较低时(如检波、小功率整流中的二极管),宜选用点接触型锗二极管,如 2AP 系列产品。

(5)稳压二极管

半导体二极管的反向伏安特性曲线显示,当二极管反向击穿后,反向电流在一较大范围内变化,其端电压却基本保持不变。稳压二极管就是利用其反向击穿特性,实现"稳定电压"作用的。

稳压二极管是一种用特殊工艺制造的面接触型硅半导体二极管,图 5-19 是它的伏安特性曲线,图 5-20 所示是它的图形符号。使用稳压二极管的关键是在电路中加入阻值适当的电阻,用以限制反向电流的大小在允许范围内,使稳压二极管的功率损耗不致过大、烧坏。这样,当反向电压的数值减小后,稳压二极管即可恢复到原来的正常状态,重复使用。

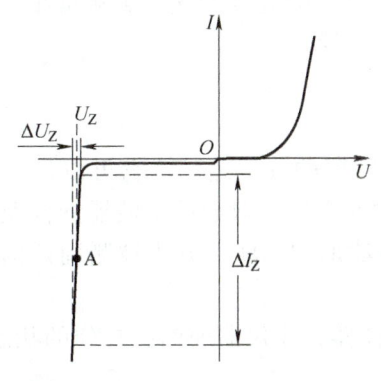
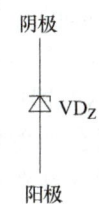

图 5-19　稳压二极管的伏安特性曲线　　　图 5-20　稳压二极管的图形符号

稳压二极管的正向伏安特性曲线与普通二极管基本相同，只是其反向击穿部分更加陡直，**稳压二极管**工作在**反向击穿状态**。

稳压二极管的主要参数如下：

1）稳定电压 U_Z。图 5-19 中，A 点所对应的电压是稳压二极管的反向电流在正常工作范围内的某一规定值时对应其两端的电压。由于制造技术方面的原因，同一型号稳压二极管稳定电压的数值也不可能完全一样，而是有一定的分散性。例如，稳压二极管 2CW58 的稳定电压是在反向电流为 5mA 时，所对应的端电压 $U_Z = 9.2 \sim 10.5 \text{V}$。

2）最大耗散功率 P_{ZM} 和最大稳定电流 I_{Zmax}。稳压二极管正常工作时消耗的最大功率为

$$P_{ZM} = U_Z I_{Zmax} \tag{5-1}$$

实际工作时消耗的功率如果超过 P_{ZM}，稳压二极管会因发热过多，温度过高而损坏。由于 U_Z 的值是基本不变的，所以 P_{ZM} 由通过稳压二极管的电流决定，该电流的数值即为允许通过的最大反向电流 I_{Zmax}。例如，2CW58 的 $I_{Zmax} = 23\text{mA}$，使用中不得超过该电流值。

3）动态电阻 r_Z。r_Z 是表示稳压二极管稳压性能优劣的指标之一。其定义为在特性曲线的反向击穿区内，端电压的变化量 ΔU_Z 与其对应电流的相对变化量 ΔI_Z 的比值，即

$$r_Z = \frac{\Delta U_Z}{\Delta I_Z} \tag{5-2}$$

r_Z 越小，由电流变量 ΔI_Z 引起的电压变量 ΔU_Z 就越小，表现在特性曲线上反向击穿区就越陡直，稳压效果就越好。r_Z 的数值与电流变化量 ΔI_Z 的大小有关，电流变化量 ΔI_Z 越大，r_Z 越小。一般说来，稳压二极管动态电阻 r_Z 的数值都比较小，为几欧到几十欧。例如，2CW58 在电流 $I_Z = 5\text{mA}$ 时，$r_Z = 25\Omega$。

4）温度系数 α_U。表示稳定电压受环境温度变化影响的参数，也是表示稳压二极管稳压性能优劣的指标之一。其定义是环境温度变化 1℃，引起的稳定电压的相对变化量，用百分数表示。

$$\alpha_U = \frac{\Delta U_Z}{U_Z \Delta T} \times 100\% \tag{5-3}$$

式中，ΔT 是温度变化量；ΔU_Z 是相应的电压变化量。显然，α_U 越小越好。例如，2CW58 的 $\alpha_U = +8 \times 10^{-4}/℃$，即环境温度变化 1℃，$U_Z$ 的相对变化量是 0.0008。

稳压二极管具有如下特点：稳定电压 U_Z 数值高于 6V 时具有正温度系数，U_Z 数值低于

6V 时具有负温度系数，而 U_Z 数值 6V 左右时稳压二极管受温度变化的影响最小。因此，要求温度稳定性好的场合可尽量选用 U_Z = 6V 的稳压二极管。

三、Multisim 中的示波器

示波器（Oscilloscope）是电子实验中使用最为频繁的仪器之一。它可以用来显示电信号波形的形状、幅度、频率等参数。Multisim 仿真软件提供的双通道示波器图标及接线符号如图 5-21 所示。该示波器可以观察一路或两路信号波形的形状，分析被测周期信号的幅值和频率，时间基准可在纳秒至秒的范围内调节。

打开仪器工具栏（在菜单栏上右键单击，选择仪器，让仪器前面有打勾的状态），在右边的仪器栏中从上往下第 4 个图标 即为双通道示波器图标，第 5 个图标 是四通道示波器。

双通道示波器有两个通道，可以同时观察两路信号，需要看某个元器件的信号就并联在该元器件两端，比如要看电阻两端电压变化，就把示波器的 A 通道和电阻两端并联，如果这时还要看电容端电压变化，那么再把电容两端并联到 B 通道。

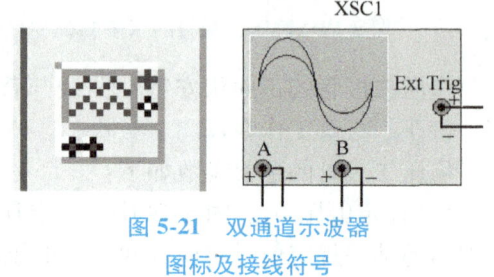

图 5-21　双通道示波器图标及接线符号

双通道示波器的图标有 6 个连接点：A 通道 "+" "-" 输入端、B 通道 "+" "-" 输入端，以及 Ext Trig 外触发器的 "+" "-" 输入端。

示波器的面板如图 5-22 所示，面板由两部分组成：上面是示波器的观察窗口，显示 A、B 两通道的信号波形；下面是控制面板和数轴数据显示区。

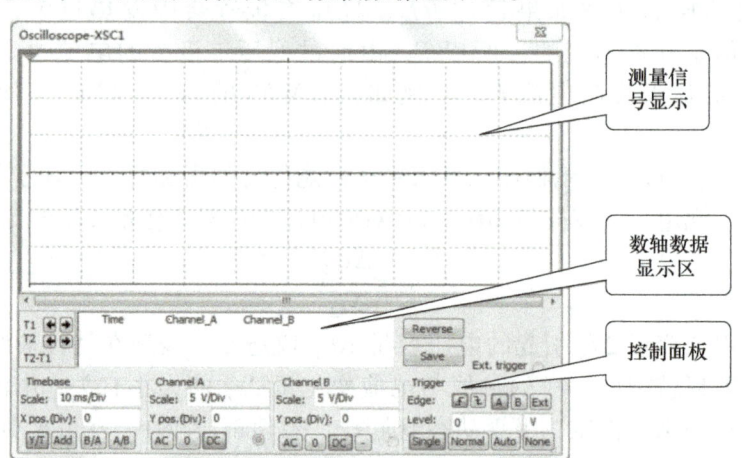

图 5-22　示波器面板

示波器的控制面板各部分功能如下：

1. Time base（时间基准）

用于设置扫描时间及信号显示方式。

（1）Scale 设置扫描时间

设置扫描时间是通过上下箭头，调整扫描时间长短，设置显示波形的 X 轴时间基准，可以控制波形在示波器 X 轴向显示清晰度。信号频率越高，扫描时间越短。例如，频率为 1kHz 的信号，扫描时间设置为 1ms/Div 为最佳，信号显示方式必须为（Y/T）状态。

（2）X pos.（Div）（X 轴位置）

设置 X 轴的起始位置（范围为-5.00~5.00）。当"X pos.（Div）"设为"0"时，波形起始点就从示波器显示屏的左边开始。如果设一个正值，波形起点就向右移；如果设置一个负值，波形起点就向左移。

显示方式设置如下：

1）Y/T：选中表示水平扫描信号为时间基线，垂直扫描信号为 A 或 B 通道输入信号。

2）Add：选中表示水平扫描信号为时间基线，垂直扫描信号为 A 和 B 通道输入信号之和。

3）B/A：选中表示水平扫描信号为 A 通道输入信号，垂直扫描信号为 B 通道输入信号。

4）A/B：选中表示水平扫描信号为 B 通道输入信号，垂直扫描信号为 A 通道输入信号。

2. Channel A（通道 A）设置

1）Scale（量程）：通道 A 的 Y 轴电压刻度设置，即每刻度的电压值，范围为 1fV/Div~1000TV/Div。如果示波器显示处在 A/B 或 B/A 模式时，它也控制 X 轴向的灵敏度。

若要在示波器上得到合适的波形显示，信号通道必须进行适当调整。例如，Y 轴刻度电压值设置为 1V/Div 时，示波器显示输入信号 AC 电压为 3V 比较合适。如果每刻度电压值大，波形就会变小；相反，每刻度电压值太小，波形就会变大，甚至两峰顶将会被截断。

2）Y pos.（Div）（Y 轴位置）：设置 Y 轴的起始点位置，起始点为 0 表明 Y 轴和 X 轴重合，起始点为正值时表明 Y 轴原点位置向上移，否则向下移，比如被设置为"1.00"时，信号波形就移到 X 轴上方，以 Y=+1 为对称轴；设置为"-1.00"时，波形就移到以 Y=-1 为对称轴。

改变输入 A、B 通道信号波形在 Y 方向上的位置，可以使它们容易被分辨。通常情况下，通道 A、B 波形总是重叠的，如果增加通道 A 的"Y pos.（Div）"值，减小通道 B 的"Y pos.（Div）"值，两者的波形就可以分离，从而容易分析，便于研究。

3）"AC"：（交流）耦合时只有信号的交流部分被显示。交流耦合是示波器的探头上串联电容起作用，就像现实中的示波器一样。使用交流耦合，第一个周期的显示是不准确的。一旦直流部分被计算出来，并在第一个周期后被去掉，波形就正确了。

4）"0"：设置输入端接地。

5）"DC"：（直流）耦合时不仅有信号的交流部分，还有直流部分叠加在一起被显示。此时的"Y pos."应选择为 0，以便测量直流成分。

注意：用示波器测试电路的交流信号时，千万不要在示波器的测试笔上串接电容，因为这样做不能为示波器提供电流通路，仿真电路时，被认为是错误的。

3. Channel B（通道 B）设置

通道 B 的 Y 轴量程、起始点、耦合方式等项内容的设置与通道 A 相同。

4. Trigger（触发）方式

示波器触发方式主要用来设置 X 轴的触发信号、触发电平及边沿等。

1）Edge（触发沿）：设置被测信号开始的方式。包括：上升沿触发、下降沿触发、A 通道信号作为触发信号、B 通道信号作为触发信号、Ext 为外触发信号。

2）Level（触发电平）：触发电平是给输入信号设置门槛，信号幅度达到触发电平时，示波器才开始扫描。范围：-999fV~1000TV。

技巧：一个幅度很小的信号波形有可能达不到触发电平设置的值，这时要把触发电平设置为 Auto。

3）Single：单脉冲触发，触发信号电平达到触发电平门槛时，示波器只扫描一次。

4）Normal：一般脉冲触发，触发信号电平只要达到触发电平门槛时，示波器就扫描。

5）Auto：自动脉冲触发，如果是小信号或希望尽可能快地显示，则选择"Auto"按钮。

6）None：无脉冲触发，一旦按下 None 按钮，示波器通道选择、内外触发信号选择就毫无意义。

5. 观察窗口

在示波器的观察窗口中有两条可以左右移动的读数指针，指针上方有三角形标志，通过鼠标左键可拖动读数指针左右移动，在数据显示区会显示出相应的数据。该区域有 T1 区、T2 区和 T2-T1 区。

1）T1 区：显示移动 T1 数轴（红色）读取的数据。

Time：T1 数轴对应的 X 轴的值。

Channel_A：T1 数轴与 A 通道波形相交位置的 Y 轴的值。

Channel_B：T1 数轴与 B 通道波形相交位置的 Y 轴的值。

2）T2 区：显示移动 T2 数轴（蓝色）读取的数据，与 T1 区类似。

3）T2-T1 区：显示 T2 与 T1 数轴之间差值的有关数据。

T2-T1：T2 和 T1 数轴间的 X 轴方向的差值。

VA1-VA2：T2 和 T1 数轴间的 A 通道波形 Y 轴方向的差值。

VB1-VB2：T2 和 T1 数轴间的 B 通道波形 Y 轴方向的差值。

示波器使用时为了区分 A、B 两通道的波形，可以将两路波形以不同的颜色来显示。具体方法是：将鼠标指向连接 A、B 通道的导线，右击弹出快捷菜单选择 Segment Color，即可在弹出对话框中选择不同的颜色。

6. 示波器接地

若电路中已有接地端，示波器可以不接地。

巩固提高

一、填空题

1. P 型半导体中空穴为_____载流子，自由电子为_____载流子。
2. PN 结正偏时，P 区接电源的_____，N 区接电源的_____。
3. PN 结最基本、最主要的性质是_____。

二、判断题

1. N 型半导体随着温度升高，自由电子和空穴的数量都会增多。（　　）
2. P 型半导体带正电，N 型半导体带负电。（　　）
3. 二极管具有单向导电性。（　　）

任务三　基于 Multisim 的单相桥式整流电路仿真分析实验

任务导学

发电厂发出的电能经过电网输送到用户的都是交流电。交流电可以直接用来照明或驱动交流电动机等。但是，几乎所有的电子电路都要求使用稳定的直流电源供电，例如，计算机、各种电子仪器、自动控制系统、通信设备及电视机、收音机等。此外，电解、电镀等也需要使用直流电源。生产生活中是如何将交流电转换为直流电的呢？

任务说明

发电厂发出的交流电变换成稳定的直流电需要经过几个步骤：经过电源变压器将高压交流电变换成低压交流电，经过整流电路将低压交流电整流成脉动的直流电，经过滤波电路将脉动的直流电整流成平滑的直流电，经过稳压电路将输出更加稳定平滑的直流电。其组成框图如图 5-23 所示，试分析整流电路的工作原理。

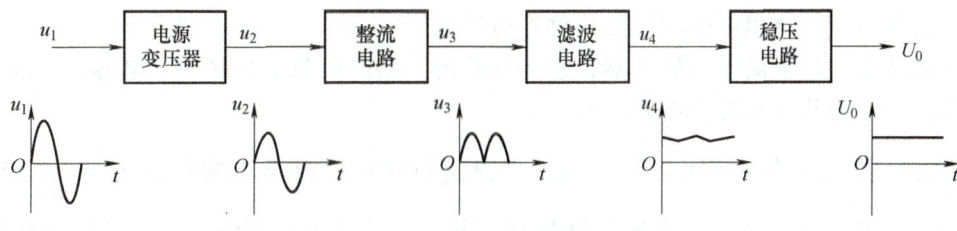

图 5-23　直流电组成框图

任务实施

根据整流电路的形式和整流元件在电路中接法的不同，<u>整流电路分为半波、全波、桥式</u>等形式。根据使用交流供电系统的不同，可以分为<u>单相整流电路和三相整流电路</u>。前者主要用于小功率整流，后者主要用于大功率整流，下面以小功率单相整流电路为例来学习整流原理。

1）单相桥式整流电容滤波电路如图 5-24 所示，分析该电路如何实现将交流电变换成脉动的直流电，完成表 5-8。

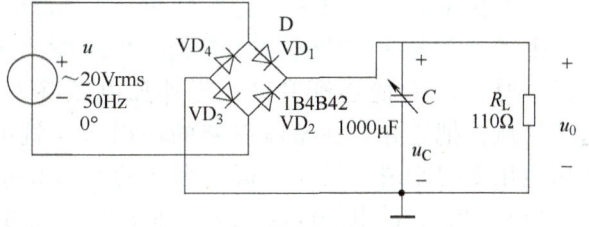

图 5-24　单相桥式整流电容滤波电路

表 5-8　单相桥式整流电路工作原理

名称	导通的二极管	截止的二极管	回路方向
u 正半周期时			
u 负半周期时			

2）基于 Multisim 构建仿真模型，正确连接示波器及电压表，观察电容变化时输出电压的波形图，总结规律，并完成表 5-9。

① 示波器及电压表接线要点。

② 电压波形随电容量变化的规律。

③ 输出电压有效值随电容量变化的规律。

表 5-9 电容 C 取值不同时对应的输出电压 u_0 数值

可变电容数值	$C=0\mu F$	C 为 2% 最大值	C 为 30% 最大值	C 为 90% 最大值	C 为 100% 最大值且负载开路
输出电压 u_0 的有效值					

💡 知识链接

滤波电路的作用是滤除整流电压中的纹波。常用的滤波电路有电容滤波、电感滤波、复式滤波及有源滤波。这里以电容滤波为例进行讨论。

电容滤波电路是最简单的滤波器，它是在整流电路的负载上并联一个电容 C。该电容器容量很大，一般为几百~几千微法。

电容滤波器的工作原理可以从阻抗的角度进行解释。电容器的容抗 $X_C = \dfrac{1}{\omega C}$。对于直流电流而言，$X_C \to \infty$，即对于直流分量相当于断路，这样就使直流分量全部通过负载电阻 R_L。而对于交流电流分量来说，电容器的容量 C 足够大，交流电流分量的频率又比较高，其容抗 X_C 就很小，可近似认为是短路。这样电容器就将交流分量短路掉了，而不会在其两端产生交流压降。所以，在负载端就保留了输出电压中的直流分量，滤除了大部分交流成分。

电容滤波的实际物理过程是其充、放电过程。

由于电容器是一种储存电场能的"储能"元件，它的端电压 u_C 不能突变。当外加电压升高时，u_C 只能逐渐升高；当外加电压降低时，u_C 也只能逐渐降低。根据电容器的这一性质，把它并联在整流电路的输出端，就可以使原来输出的脉动电压受到抑制，使输出电压变得平滑。具体分析是当 u 的数值高于电容的电压 $u_C = u_0$ 时，二极管导通，电源电压在为负载供电的同时也为电容充电，且可近似认为 $u_C = u$。当 u 的数值低于电容的电压 $u_C = u_0$ 时，各二极管均处于反向偏置状态，截止，电容器开始经过负载 R_L 放电。因为放电时间常数 $\tau = R_L C$ 很大，u_C 只能按照指数规律缓慢下降。此后，电源电压 u 数值又升高到高于电容的电压 $u_C = u_0$，二极管又开始导通，电容重新充电。以下电容器依次重复上述充、放电过程，输出电压 $u_0 = u_C$ 的波形如图 5-25 中粗实线所示。

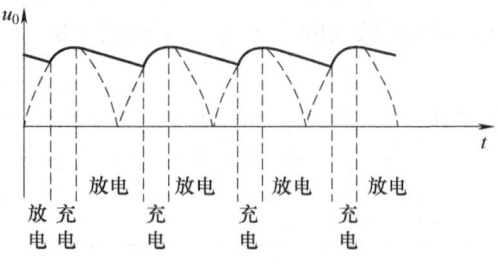

图 5-25 电容滤波器的波形

📚 巩固提高

1. 单相桥式整流电路是利用二极管的单向导电性进行工作的。（　　）
2. 桥式整流器利用 4 个二极管，两两对接，每个周期都是两个二极管导通，两个二极管截止。（　　）
3. 整流电路的作用是将交流电转换成单向脉动性直流电。（　　）

任务四 基于 Multisim 的直流稳压电源仿真分析实验

任务导学

经过整流和滤波后的电压往往还是波动的、不稳定的，要使电路正常工作，就必需经过稳压环节，常用的稳压电路有哪些？稳压电路的工作原理是什么？稳压电路基于二极管的什么特性实现的？

任务说明

图 5-26 所示为并联型稳压电路，u 为交流电源，D 为单相桥式整流电桥，C 为滤波电容，VZ 为稳压二极管，R 为限流电阻，R_L 为负载电阻。根据并联型稳压电路模型，假设交流电源经整流和滤波后的直流电源为 U_I，因负载不稳定引起的变化用可变电阻 R_L 来简化代替。分析输出电压随负载变化和电源波动时的变化情况。

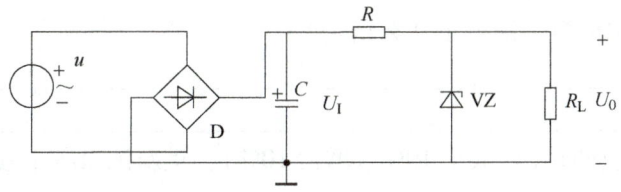

图 5-26 并联型稳压电路

任务实施

稳压电路的简化电路模型如图 5-27 所示，电路图中已标出必要的电参数及其参考方向，根据并联型稳压电路基于 Multisim 验证稳压电路的稳压原理。

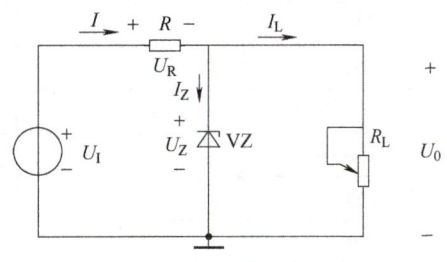

图 5-27 稳压电路简化模型

1) 根据稳压电路的简化电路模型写出输出电压 U_0 与输入电压 U_I 之间的关系式、回路中各支路电流的关系式，完成表 5-10。

表 5-10 回路中电压和电流的关系

回路中各电压之间的关系	
回路中各电流之间的关系	

2) 根据稳压电路模型分析：当 U_I 不变时，负载 R_L 变化时，输出电压 U_0 的变化情况。

3) 根据稳压电路模型分析：当负载 R_L 不变，电源电压 U_I 因某种原因发生变化时，输出电压 U_0 的变化。

4）基于 Multisim 构建稳压管测量电路，假设限流电阻 R 阻值为 400Ω，电源电压为 18V，可变电阻器为 0~1kΩ，通过测量各支路电流和输出电压来验证稳压特性，根据仿真过程中数值变化完成表 5-11。

表 5-11　基于 Multisim 软件测量稳压电路的中相关电参数

R_L 最大值的百分比	电源电流 I/mA	稳压管电流 I_Z/mA	负载电流 I_L/mA	输出电压 U_0/V
2%				
10%				
16%				
18%				
20%				
50%				
70%				
95%				

5）基于表 5-11 中的数值能得出什么结论？

6）当电源电压波动时（如减小 10％或增大 10％），重新测量各电参数，完成表 5-12。

表 5-12　电源电压增加 10％稳压电路的中相关电参数

R_L 最大值的百分比	电源电流 I/mA	稳压管电流 I_Z/mA	负载电流 I_L/mA	输出电压 U_0/V
2%				
10%				
16%				
18%				
20%				
50%				
70%				
95%				

7）基于表 5-12 中的数值能得出什么结论？

 **巩固提高**

一、选择题

用一只直流电压表测量一只接在电路中的稳压二极管的电压，读数只有 0.7V，这表明该稳压二极管（　　）。

A．工作正常　　　B．接反了　　　C．已经击穿　　　D．以上都不对

二、填空题

1. 半导体稳压二极管的稳压功能是利用 PN 结的_____特性实现的。
2. 稳压二极管正常稳压时应工作在_____区域。

任务五　基于 Multisim 的共射极放大电路测试实验

任务导学

所谓放大，就是增加微弱电信号幅度或功率的过程，实现放大作用的电路就是放大电路。共射极放大电路是应用最广泛的放大电路，放大电路如何实现电流放大和电压放大？放大电路的核心元件是什么？

任务说明

如图 5-28 所示为共射极放大电路，该放大电路中 VT 是 NPN 型晶体管，这是放大电路实现放大信号的基础。基于共射极放大电路，简述 NPN 型晶体管的组成；基于 Multisim 仿真软件来验证放大电路的静态工作点、电压放大倍数等参数。

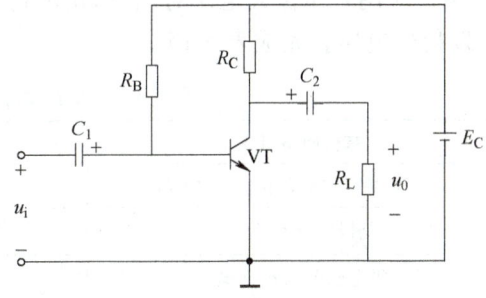

图 5-28　共射极放大电路

任务实施

1）共射极放大电路中的 VT 为 NPN 型晶体管，根据该晶体管的特性完成表 5-13。

表 5-13　晶体管的结构及其放大作用

NPN 型晶体管有几个区，分别是什么	
NPN 型晶体管有几个极，分别是什么	
NPN 型晶体管有几个 PN 结，分别是什么	
根据结构的不同，晶体管还有什么类型	
晶体管具有放大作用的工作条件是什么	

2）共射极放大电路中各元器件的作用是什么？将表 5-14 填写完整。

表 5-14　共射极放大电路中各元件的作用

元件名称	作用	元件名称	作用
u_i		u_0	
晶体管 VT		E_C	
R_B		R_C	
C_1		C_2	

3）什么是放大电路的"静态"？将共射极放大电路的直流通路及其简化电路绘制在图 5-29 中。

_____

_____

图 5-29　共射极放大电路的直流通路及其简化电路

4）应用基尔霍夫定律对图 5-28 进行分析与计算，计算基极电流、集电极电流、集电极-发射极电压，完成表 5-15。

表 5-15　共射极放大电路各参数的分析与计算

基极回路组成	
基极回路基尔霍夫电压定律方程	
基极电流 I_B 公式	
集电极电流 I_C 公式	
集电极回路组成	
集电极回路基尔霍夫电压定律方程	
集电极-发射极电压 U_{CE}	

5）什么是共射极放大电路的动态？如何进行共射极放大电路的动态分析？计算主要的动态性能指标，如电压放大倍数、输入电阻和输出电阻等，完成表 5-16。

① 什么是共射极放大电路的动态。

② 共射极放大电路的动态参数。

表 5-16　共射极放大电路的动态参数

共射极放大电路的动态参数名称	动态参数的分析与计算
u_{BE}	
i_B	
i_C	
u_{CE}	
A_u	
当输出端开路时 A_{u0}	
输入电阻 r_i	
输出电阻 r_0	

6）假设共射极放大电路中 $E_C = 12V$，$R_C = 4k\Omega$，$R_B = 400k\Omega$，$R_L = 5k\Omega$，晶体管的 $\beta = 50$，基于 Multisim 构建静态工作点的测试电路，测量出共射极放大电路的静态参数，并与理论值进行比较，将数值填入表 5-17 中。

表 5-17　共射极放大电路静态工作点参数理论与仿真数值对比

名称	公式	计算结果	仿真结果
基极电流 I_B	$I_B = \dfrac{U_{CC} - U_{BE}}{R_B}$		
集电极电流 I_C	$I_C = \beta I_B$		
集电极-发射极电压 U_{CE}	$U_{CE} = U_{CC} - I_C R_C$		
r_{be}	$r_{be} = 300 + (\beta + 1)\dfrac{26(mV)}{I_E(mA)}$		

7）基于 Multisim 构建共射极放大电路的动态参数测试电路模型，测量出电压放大倍数和输入输出电阻等参数并与理论值进行比较，完成表 5-18。

表 5-18　共射极放大电路放大倍数、输入输出电阻等参数的理论与仿真数值对比

名称	公式	计算结果	仿真结果
r_{be}	$r_{be} = 300 + (\beta + 1)\dfrac{26(mV)}{I_E(mA)}$		
$\dot{U}_0$	$\dot{U}_0 = -\beta \dot{I}_b (R_C // R_L)$		
$\dot{U}_i$	$\dot{U}_i = \dot{I}_b r_{be}$		
A_u	$A_u = \dfrac{\dot{U}_0}{\dot{U}_i} = \dfrac{-\beta \dot{I}_b (R_C // R_L)}{\dot{I}_b r_{be}} = \dfrac{-\beta (R_C // R_L)}{r_{be}}$		
r_i	$r_i = \dfrac{\dot{U}_i}{\dot{I}_i} = R_B // r_{be} \approx r_{be}$		
r_0	$r_0 = R_C$		

知识链接

二极管仅由一个 PN 结构成，有两个电极，是双端器件，其基本特性是单向导电性。如果在一块硅或锗半导体材料上，用专门的工艺方法制作出三个掺杂区，在这三个掺杂区之间形成两个 PN 结，就构成了双极型晶体管。由一个 PN 结过渡到两个 PN 结，使半导体器件的特性有了质的飞跃——具有电流放大作用。双极型晶体管的英文缩写是 BJT，简称晶体管，又由于有三个电极，也简称三极管。

一、晶体管的基本结构

晶体管有三个掺杂区，是一种三层半导体器件，根据组成结构的不同，分为 NPN 和 PNP 两种类型，其结构示意图如图 5-30。

NPN 型晶体管中间夹层是 P 型材料，两端是 N 型材料；PNP 型晶体管中间夹层是 N 型材料，两端是 P 型材料。它们分别对应了晶体管的三个区：基区、发射

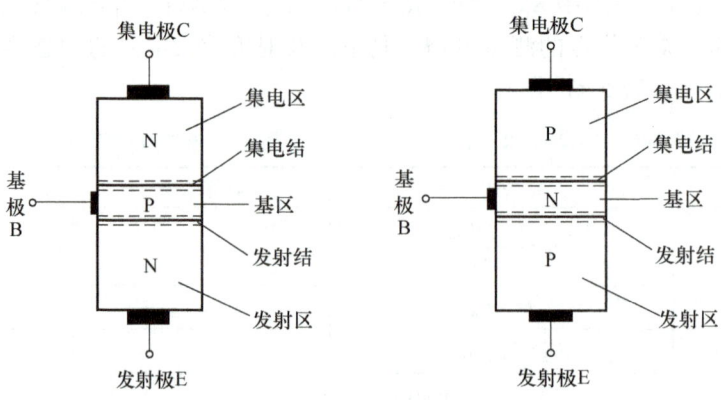

图 5-30 晶体管结构示意

区和集电区。从这三个区引出三个电极，分别称为基极 B、发射极 E 和集电极 C。在这三个区之间形成两个 PN 结，分别是发射结和集电结。

为了实现电流放大作用，还应注意晶体管的结构特点：

1）基区的几何尺寸极薄，仅为几微米至几十微米，占整个晶体管长度的 1% 以下。基区的杂质掺杂浓度很低，仅为发射区掺杂浓度的 1% 左右。

2）发射区和集电区虽然是同一类型的杂质半导体，但是它们的掺杂浓度相差悬殊，发射区的掺杂浓度远大于集电区。

3）集电结的面积大，发射结的面积小。因此，发射极 E 和集电极 C 不能对调使用。

两种类型晶体管的图形符号如图 5-31 所示，图中发射极箭头指示的方向就是晶体管正常工作时电流的方向（带箭头的为发射极，箭头的指向由 P 区指向 N 区）。图 5-32 所示是几种常用晶体管的外形，三层半导体结构就封装在金属或塑料外壳内，并将三个电极引出。

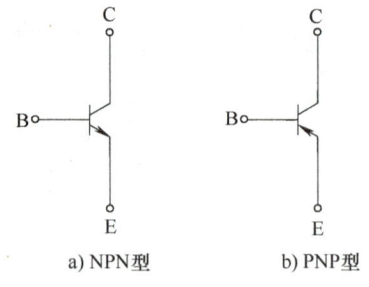

图 5-31 晶体管的图形符号

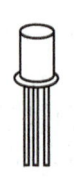
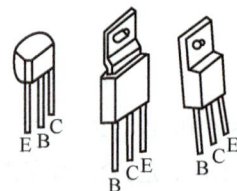

a) 金属封装小功率晶体管   b) 塑料封装小功率晶体管   c) 金属封装大功率晶体管

图 5-32 几种常用晶体管的外形

图 5-33 所示是近年来新出现的贴片晶体管的外形示意图，其长宽尺寸均在 5mm 左右。其中小功率管功率为 100~300mW，大功率管功率为 300mW~2W。

按照国家标准，晶体管型号的命名也由五部分组成：

第一部分是阿拉伯数字 3，表示晶体管。

第二部分是用汉语拼音字母表示晶体管的材料和极性，即

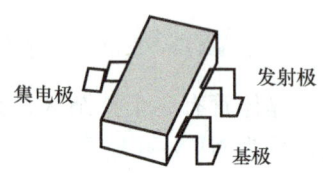

图 5-33 贴片晶体管的外形示意图

A——PNP 型、锗材料；B——NPN 型、锗材料。C——PNP 型、硅材料；D——NPN 型、硅材料。

第三部分是用汉语拼音字母表示晶体管的类别，即 X——低频小功率管；G——高频小功率管；D——低频大功率管；A——高频大功率管。

第四部分是用阿拉伯数字表示的该晶体管的序号。

第五部分是用汉语拼音字母表示的该晶体管的规格号。

二、晶体管的电流放大作用

下面将通过实验讲解晶体管的电流放大作用，NPN 型和 PNP 型晶体管的工作原理相同，这里以 NPN 型晶体管为主，进行分析。

1. 实验电路

如图 5-34 所示，晶体管内部结构组成的特点是其具有电流放大作用的内因，而要实现电流放大作用还必须具备一定的外部工作条件，即外因。外部工作条件是：晶体管的发射结加正向偏压、集电结加反向偏压。

在实验电路中，基极 B、发射结、发射极 E、电源 U_B、电位器 R'_B 和电阻 R_B 组成的回路称为基极回路；集电极 C、晶体管、发射极 E 和电源 U_{CC} 组成的回路称为集电极回路。这两个回路的公共点是发射极，所以称为共射极电路。

在基极回路中直流电源 U_B 的正极经过电阻接晶体管基极，负极接发射极，使发射结正向偏置。在集电极回路中直流电源 U_{CC} 的正极接晶体管集电极，负极接发射极，由于 $U_{CC} > U_B$，集电极电位高于基极电位，使集电结反向偏置。

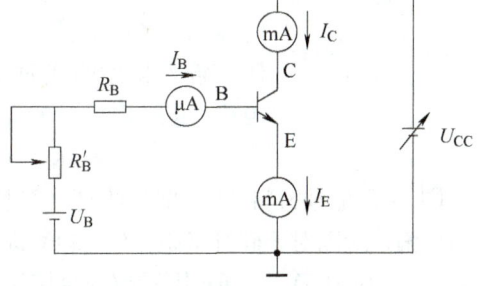

图 5-34　晶体管实验电路

2. 实验过程

改变基极回路中电位器 R'_B 的阻值，导致发射结正偏电压 U_{BE} 变化，使基极电流 I_B 变化。I_B 变化引起集电极电流 I_C 和发射极电流 I_E 都随之发生变化。

记录每一个 I_B 值及其对应的 I_C、I_E 值，得实验数据见表 5-19。

表 5-19　晶体管电流放大电路中的各电流数值

I_B/mA	0	0.02	0.04	0.06	0.08	0.10
I_C/mA	<0.001	0.74	1.50	2.25	3.05	3.85
I_E/mA	<0.001	0.76	1.54	2.31	3.13	3.95

3. 实验数据分析

通过电流表的测量值可以确定，三个电极中电流 I_B、I_C 和 I_E 的实际方向与图 5-34 中箭头标示的方向相同。

分析表 5-19 中的实验数据，得出以下结论：

1）每一组数据说明，三个电流的关系符合基尔霍夫电流定律

$$I_E = I_B + I_C \tag{5-4}$$

2) I_C 和 I_E 的数值比 I_B 大得多，以第三组数据为例，$I_C = 1.50\text{mA}$，$I_E = 1.54\text{mA}$，$I_B = 0.04\text{mA}$。因此，可以认为 $I_C \approx I_E$。

3) 对组与组之间的数据进行比较，例如，从第三组数据变化到第四组数据，基极电流 I_B 增加的电流为 $\Delta I_B = (0.06 - 0.04)\text{mA} = 0.02\text{mA}$，与此相应，集电极电流增加的电流为 $\Delta I_C = (2.25 - 1.50)\text{mA} = 0.75\text{mA}$

$$\frac{\Delta I_C}{\Delta I_B} = \frac{0.75}{0.02} = 37.5$$

结论：晶体管基极电流 I_B 的微小变化会引起集电极电流 I_C 的较大变化。这就是晶体管的电流放大作用。

利用晶体管的电流放大作用可以把微弱的电信号放大到所需要的数值。

晶体管的输入特性曲线

三、晶体管共射极组态的特性曲线

1. 共射极组态输入特性曲线

共射极组态输入特性曲线描述的是输入回路中基极电流 I_B 与发射极电压 U_{BE} 之间的关系，这种关系还要受到输出回路电量的影响，因此在研究输入特性曲线时要将输出变量的影响因素消除，即规定晶体管的集电极-发射极之间的电压 U_{CE} 保持某一恒定值不变。

$$I_B = f(U_{BE})|_{U_{CE}=\text{常数}} \tag{5-5}$$

图 5-35 是硅材料 NPN 型晶体管（简称硅管）的输入特性曲线。由于正常工作时，要求集电结反偏，所以对于硅管来说，$U_{CE} \geq 1\text{V}$ 即可保证集电结反偏（正常工作时，硅管发射结正偏电压 U_{BE} 为 0.6~0.7V）。通过图示仪的直接显示或者实验都可以证明，$U_{CE} \geq 1\text{V}$ 以后的输入特性曲线几乎都是重合的。为此，只需用图示的一条曲线就可以表示 $U_{CE} \geq 1\text{V}$ 的所有 I_B-U_{BE} 关系。

从图 5-35 可以看出，晶体管的 I_B-U_{BE} 之间为非线性关系。与二极管的伏安特性相似，晶体管的输入特性上也有一段死区电压。当发射结正偏电压 U_{BE} 小于死区电压时，$I_B = 0$，只有在 U_{BE} 大于死区电压后，才会使得 I_B 大于零。

硅管的死区电压为 0.4~0.5V，锗管的死区电压约为 0.2V。

U_{BE} 高于死区电压后，是输入特性的起始段，U_{BE} 增加，I_B 上升缓慢。过了起始段，I_B 随着 U_{BE} 的增加迅速增加，且近似有线性关系。正常情况下晶体管就工作在特性曲线的这一线性范围，对应的发射结正偏电压硅管为 0.6~0.7V，锗管为 0.2~0.3V。

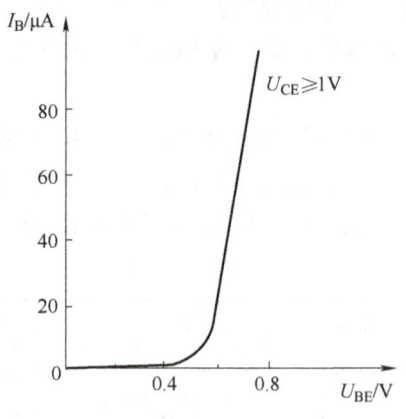

图 5-35 输入特性曲线

2. 共射极组态输出特性曲线

同样，输出特性曲线也是受输入参数的影响，为了消除这种影响在研究输出特性时要让输入参数保持不变，因此，输出特性曲线描述的是基极电流 I_B 保持恒定值不变的条件下，集电极电流 I_C 与集电极-发射极电压 U_{CE} 的关系。

$$I_C = f(U_{CE})|_{I_B=\text{常数}} \tag{5-6}$$

晶体管的输出特性曲线

针对每一恒定值的基极电流 I_B 便可得到一条输出特性曲线,因此可以得到图 5-36 所示某硅管的一组输出特性曲线。

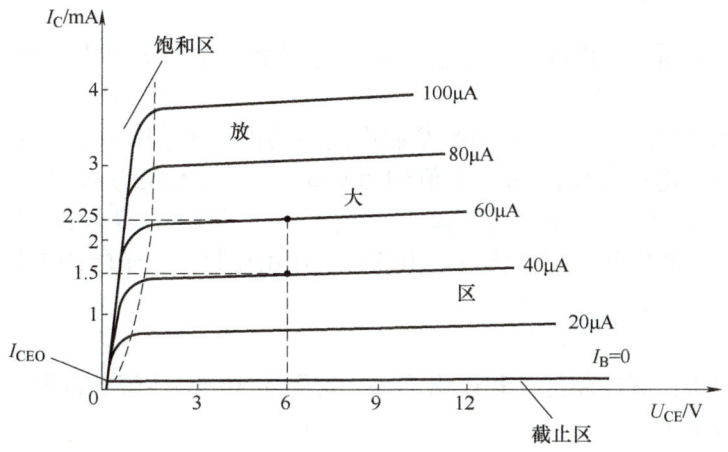

图 5-36　输出特性曲线

对输出特性曲线进行分析需特别注意以下两点：

1）从曲线组中任一条曲线所表示的 I_C 与 U_{CE} 之间的关系可知,它们的变化规律是相同的,以 $I_B = 40\mu A$ 的曲线为例来阐述。

① U_{CE} 从零开始增加,但 $U_{CE}<1V$ 时,是起始段,这一段是陡直的直线,表明 I_C 随 U_{CE} 的增加而呈线性正比关系增加。

② 当 $U_{CE}>1V$ 之后,I_C 随 U_{CE} 的增加变缓。随后,U_{CE} 增加,I_C 几乎不再增加,特性曲线近似平行于水平轴,表现为恒流特性。

③ I_B 固定的数值加大,对应的特性曲线上移。

2）就整个输出特性曲线看,可以分成三个区域：

① 放大区。放大区位于特性曲线虚线右侧,$I_B = 0$ 对应特性曲线的上方。

晶体管工作在放大区的条件是发射结正向偏置；集电结反向偏置。因为只有发射结加正向偏压且 U_{BE} 大于死区电压后,才使 $I_B>0$。又由于正常工作时 $U_{BE} = 0.6\sim0.7V$,而在放大区 $U_{CE}>1V$,从而使集电极电位高于基极电位,即 $U_{CB}>0(U_{CE} = U_{CB}+U_{BE})$,集电结反偏。

从放大区输出特性曲线可以看出,每一条曲线都近似平行于水平轴,I_C 几乎与 U_{CE} 无关,表现为恒流特性。但是,当 I_B 以等差值规律变化时（图 5-36 中 I_B 是以差值 $20\mu A$ 变化）,对应的特性曲线是一组间距基本相等的平行线。这表明要在放大区改变集电极电流 I_C,只能通过改变基极电流 I_B 的方法达到。这一特点集中表示了晶体管对电流的放大作用。例如,保持 $U_{CE} = 6V$ 不变,$I_B = 40\mu A$,对应的 $I_C = 1.5mA$。当 I_B 增加到 $60\mu A$ 时,I_C 相应增加到 $2.25mA$,即 $\Delta I_B = (60-40)\mu A = 20\mu A$,而 $\Delta I_C = (2.25-1.5)mA = 0.75mA$,$\Delta I_C \gg \Delta I_B$。输出特性曲线表明了基极电流 I_B 对集电极电流 I_C 的控制和放大作用。

因此,晶体管最主要、最基本的作用就是电流放大作用,要重点学习和深入理解。

② 截止区。截止区位于 $I_B = 0$ 所对应的输出特性曲线下方的区域。在这个区域内,$I_B \le 0$,表明发射结是反向偏置。同时,集电结也是反向偏置。

$I_B = 0$ 时所对应的 I_C 用 I_{CEO} 表示,其数值很小,$I_C = I_{CEO} \approx 0$。

由于三个电极的电流都近似是零,集电极和发射极之间处于断开状态,晶体管等效为一个断开的电子开关。

③ 饱和区。饱和区位于输出特性的起始段及弯曲部分，图 5-36 中虚线左侧范围。在饱和区内，$I_B>0$，表明发射结正向偏置。而 U_{CE} 数值很小，一般 $U_{CE}<0.7V$，使集电结也处于正向偏置。

饱和区的特点是所有的曲线密集靠近，说明 I_B 已经失去对 I_C 的影响和控制，即失去了电流放大作用。

晶体管在饱和状态下工作，集电极-发射极之间的电压 U_{CE} 用 U_{CES} 表示，称为饱和管压降，其值很小。硅管饱和管压降的典型值约为 0.3V，锗管则仅为 0.1V，可认为 $U_{CES}\approx 0$。这时，集电极-发射极之间近似短路，晶体管等效为一个闭合的电子开关。

晶体管在截止区和饱和区工作所表现出的开关作用在数字电子电路中具有重要的应用。

四、晶体管的主要参数

晶体管的参数表征其性能优劣和适用范围，是合理选用晶体管的依据。晶体管在共射极组态下的主要参数如下：

1. 电流放大系数

电流放大系数是表示晶体管放大电信号能力的参数，分为直流电流放大系数和交流电流放大系数。

（1）直流电流放大系数

在直流工作状态下（未加入放大信号），集电极电流 I_C 与基极电流 I_B 之比，用 $\bar{\beta}$ 表示。

$$\bar{\beta}=\frac{I_C}{I_B} \tag{5-7}$$

（2）交流电流放大系数

加入被放大的电信号之后，基极电流变化 ΔI_B 引起集电极电流变化 ΔI_C，ΔI_C 与 ΔI_B 的比值称为交流电流放大系数，用 β 表示。

$$\beta=\frac{\Delta I_C}{\Delta I_B} \tag{5-8}$$

利用输出特性曲线可以计算晶体管的电流放大系数。例如，在图 5-36 中放大区内 $I_B=40\mu A$ 特性曲线上的一点，对应 $I_C=1.5mA$，可得 $\bar{\beta}=\frac{I_C}{I_B}=\frac{1.5\times10^{-3}}{40\times10^{-6}}=37.5$。当 $I_B=60\mu A$ 时，对应 $I_C=2.25mA$，可得 $\beta=\frac{\Delta I_C}{\Delta I_B}=\frac{(2.25-1.5)\times10^{-3}}{(60-40)\times10^{-6}}=37.5$。

在放大区内，特性曲线近似是等间距的平行线（I_B 等差值变化），所以 $\beta\approx\bar{\beta}$。

2. 集电极-发射极反向饱和电流 I_{CEO}

晶体管基极开路（$I_B=0$）时，集电极与发射极之间加上一定的电压 U_{CC}，使集电结反偏，将产生集电极电流。这个电流从集电区穿过基区到达发射区，又称为穿透电流。在输出特性中，$I_B=0$ 曲线所对应的集电极电流（纵轴上的截距点）即为 I_{CEO}。

I_{CEO} 是由少数载流子形成的，数值一般都很小。但因半导体特性，I_{CEO} 受温度变化的影响极大，温度升高，I_{CEO} 增加很快，使晶体管的工作电流不稳定。为此，应尽可能选用 I_{CEO} 小的晶体管。

3. 集电极最大允许电流 I_{CM}

集电极电流过大会使晶体管的 β 值降低，为此规定允许通过晶体管的最大集电极电流

I_{CM},使用中不得超过该数值。

4. 集电极-发射极反向击穿电压 $U_{(BR)CEO}$

基极开路,集电极与发射极之间所能承受的最高电压。在实际使用中,如果该电压值超过 $U_{(BR)CEO}$,集电极会被反向击穿,使集电极电流急剧加大,损坏晶体管。

5. 集电极最大允许耗散功率 P_{CM}

晶体管工作时集电极消耗的电功率 P_C 等于集电极电流 I_C 与管压降 U_{CE} 的乘积 $P_C = U_{CE}I_C$。这个功耗过大时,会使集电结温升过高。一般情况下,锗管允许的最高结温是 70~90℃,硅管是 150℃,超过此值,就可能烧坏晶体管。为此,规定集电极最大允许耗散功率为 P_{CM},在使用中不得超过。同样的管子,改善散热条件后,例如,加上散热器,允许的集电极最大功耗可以得到较大提高。

规定在一般环境温度下,当集电极最大允许耗散功率 $P_{CM} > 1W$ 的晶体管为大功率管,$P_{CM} < 0.5W$ 的是小功率管,$0.5~1W$ 的是中功率管。

五、晶体管的小信号电路模型

晶体管的小信号电路模型是定量分析、计算晶体管放大电路的一种方法。

1. 为什么要建立晶体管的小信号电路模型

晶体管的特性曲线表明,它的各极电流与电压之间不具有线性正比关系,是一种非线性器件,这使得晶体管电路的分析、计算变得烦琐。希望能够用一个线性元器件组成的电路模型来等效代替晶体管,使晶体管电路转换成为线性电路,从而大大简化分析、计算过程。

2. 等效的可能性

从整体上看,晶体管是非线性器件。但是,其特性曲线中都有一段近似为线性段。如果被放大的电信号的幅度较小,输入后就在这个线性段范围内工作,这时,电流变量与电压变量之间就存在确定的线性关系。这就为建立晶体管的小信号电路模型提供了可能。

所谓"等效"是指对于晶体管三个电极以外的电路等效,即小信号电路模型的三个电极对应引出端的电流、电压变量间的关系与晶体管三个电极电流、电压变量之间的关系完全相同,就可以认为变换后的小信号电路模型与晶体管等效(见图 5-37)。

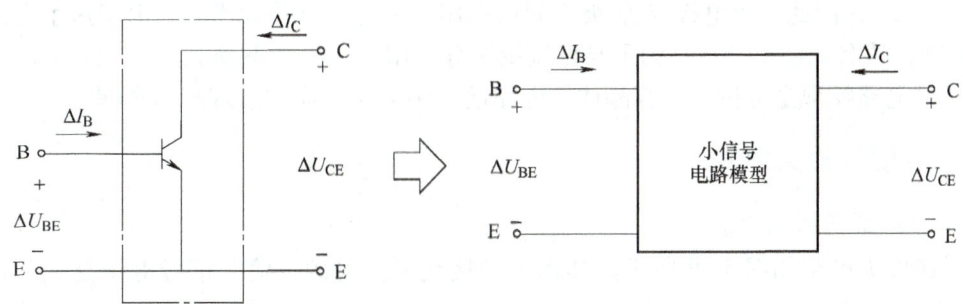

图 5-37 晶体管等效变换为小信号电路模型

3. 建立晶体管简化小信号电路模型的方法

晶体管的输入特性表示了基极电流 I_B 与基极-发射极电压 U_{BE} 之间的关系,如图 5-38a 所示。曲线的 ab 段近似是直线,晶体管工作在该直线范围内的某一点 Q,对应的基极电流是 I_B。

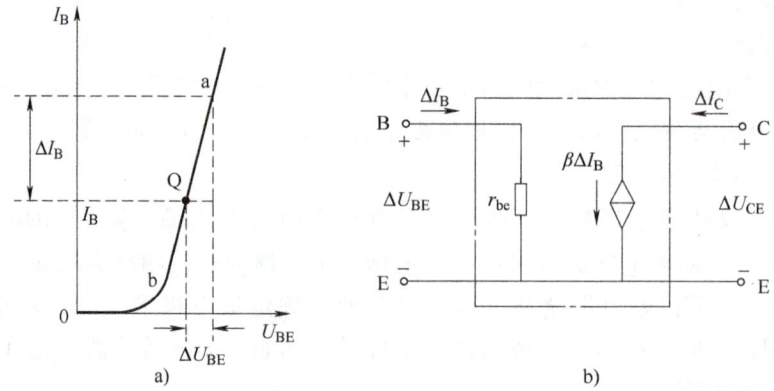

图 5-38 晶体管简化小信号电路模型的建立

现输入被放大的电信号，使基极-发射极电压产生一个小的增量 ΔU_{BE}，根据输入特性曲线，必将引起基极电流增加 ΔI_B。于是，这两个增量之间的关系就由特性曲线 Q 点处切线斜率的倒数 r_{be} 确定

$$r_{be} = \frac{\Delta U_{BE}}{\Delta I_B} \tag{5-9}$$

r_{be} 称为晶体管的输入电阻。由于是小信号，晶体管始终工作在特性曲线的直线范围，所以 r_{be} 是一个常数，能够用来表示基极电流 I_B 与基极-发射极电压 U_{BE} 变量之间的关系。这样，晶体管的基极-发射极之间就可以用输入电阻 r_{be} 来等效代替，如图 5-38b 所示。

输入电阻的数值能够用专门的仪器测量出来。在实际工程计算中，低频小功率晶体管的输入电阻可以用式（5-10）近似计算：

$$r_{be} = 300 + (\beta+1) \cdot \frac{26(\text{mV})}{I_E(\text{mA})} \tag{5-10}$$

式中，I_E 是 Q 点对应的发射极电流（mA）。

通过分析集电极-发射极之间电流与电压变量之间的关系、输出特性曲线表明，在放大区特性曲线呈现恒流特性，集电极电流 I_C 只受 I_B 的控制，而与 U_{CE} 无关。其变量之间的关系是 $\Delta I_C = \beta \Delta I_B$，因此，集电极-发射极之间可以用一个电流源等效代替。由于这个电流源受 ΔI_B 的控制，故名受控电流源，为了与恒流源区分，用菱形符号来表示。

小信号电路模型是分析、计算晶体管电路的一种方法，应重点理解与掌握。

六、共射极放大电路

1. 电路组成和各元件的作用

共射极放大电路如图 5-39 所示。其输入端接交流信号源，输入信号电压是 u_i，输出端接负载电阻 R_L，输出信号是 u_0。

放大电路的核心元件是一只 NPN 型晶体管 VT，利用其基极电流对集电极电流的控制作用实现放大电信号的目的。

直流电源 E_C 一般为几伏至十几伏，是放大电路中的能源。同时，为晶体管 VT 工作在放大状态提供必要的外部条件：其正极经过电阻 R_B 接到晶体管 VT 的基极，为发射极提供正偏电压。正极又经过电阻 R_C 接到晶体管 VT 的集电极，通过适当选择电阻的阻值，可以使集电极电位高于基极电位，使集电极反向偏置。

基极电阻 R_B 的作用是与直流电源 E_C 配合为晶体管发射结提供正偏电压，产生一个合适的基极电流 I_B。这个电流决定了晶体管的工作点，对于放大电路的工作有重要影响。I_B 又称为**偏置电流**，简称偏流，R_B 也称为**偏置电阻**，其所在电路称为**偏置电路**。R_B 的阻值较大，一般是几十千欧至几百千欧。

集电极电阻 R_C 的作用是将集电极电流的变化转换为电压变化，即受基极信号电流控制的集电极信号电流流过 R_C，产生信号电压，以实现电压放大作用。R_C 的阻值一般是几千欧至几十千欧。

电容器 C_1 和 C_2 称为耦合电容，又称隔直电容，分别接在放大电路的输入端和输出端，作用是"**隔直流、通交流**"。一方面，它们对于被放大的交流信号呈现的容抗很小，近似短路，能够使交流信号顺畅地加入放大电路或输出到负载 R_L。另一

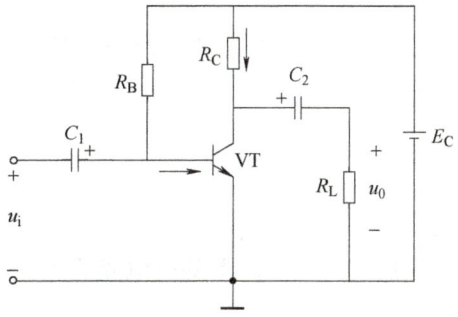

图 5-39 共射极放大电路

方面，则用来隔断放大电路与交流信号源、与负载 R_L 之间的直流通路，免去其间的相互影响。C_1 和 C_2 的电容量较大，在几微法至几十微法之间。这样大容量的电容器需要选用**电解电容器**。电解电容器的特点是**它的两个出线端有正、负极性之分**。接线时**正极性端接电路的高电位点，负极性端接电路的低电位点**，不可接错。在电路图中，正极性端用"+"标示。

通过以上分析可以大致了解放大电路的工作过程。待放大的微弱电信号 u_i 经过 C_1 加在晶体管的基极-发射极之间，使基极电流产生相应变量 i_b。通过晶体管的电流放大作用，在集电极电路产生放大后的信号电流 $i_c = \beta i_b$，并由电阻 R_C 转换为电压信号 $i_c R_C$，通过 C_2 输出到负载。

2. 静态分析

放大电路**没有外加输入信号时 $u_i = 0$**，电路中**只有在直流电源 E_C 作用下产生的直流电流和直流电压**，是一种直流工作状态，称为**静态**，静态是保证放大电路正常工作的基础。待被放大的信号 u_i 输入后，电路中同时存在**直流量和交流变化量**，各部分电压、电流都处于变动状态，这种工作状态称为**动态**。下面来分析放大电路的静态工作情况。

（1）直流通路

静态工作条件下，输入信号 $u_i = 0$，放大电路中只直流电源 E_C 作用下产生的直流电流，这种直流电流流通的路径称为放大电路的**直流通路**。在图 5-39 中，电容 C_1、C_2 相当于开路，故得直流通路如图 5-40a 所示。

为了简化电路的画法，将不再画出直流电源 E_C。这是因为在放大电路中都是以接"地"点作为零电位点（电位参考点），所以只需在 E_C 的接线端标出其正、负极性，且 $U_{CC} = E_C$，就可以表示直流电源 E_C 的存在和作用。简化电路如图 5-40b 所示。

（2）静态工作点

应用估算法对放大电路的静态进行分析计算。

晶体管的电流放大系数 β、放大电路的电阻 R_B、R_C 和电源电压 $U_{CC}(E_C)$ 均为已知，则可对放大电路的静态进行计算。

在直流通路中，对基极回路列 KVL 方程有

$$I_B R_B + U_{BE} = U_{CC} \tag{5-11}$$

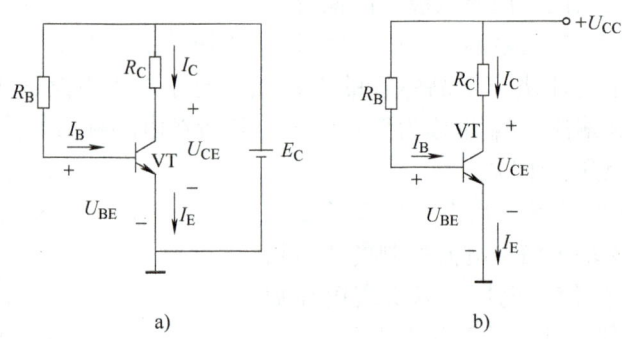

图 5-40 直流通路

变换式（5-11）得基极电流为

$$I_B = \frac{U_{CC} - U_{BE}}{R_B} \tag{5-12}$$

硅管 U_{BE} 用 0.6V（锗管用 0.3V）代入式（5-12），即可估算出 I_B。

通常 $U_{CC} \gg U_{BE}$，也可将 U_{BE} 略去不计，近似有

$$I_B \approx \frac{U_{CC}}{R_B} \tag{5-13}$$

根据式（5-13）可得集电极电流为

$$I_C = \beta I_B \tag{5-14}$$

对集电极回路列 KVL 方程，可得集电极-发射极电压为

$$U_{CE} = U_{CC} - I_C R_C \tag{5-15}$$

以上直流电流、直流电压分别与晶体管输入特性和输出特性曲线上的一个确定点对应，这个确定点叫作静态工作点，所以上述静态计算又习惯称为静态工作点计算。

3. 动态分析

假设放大电路的输出端开路，$R_L = \infty$。微变等效电路法是对放大电路进行定量分析和计算的重要方法，具有普遍的适用性。

当静态工作点选择合理，信号幅度也较小时，就可以使晶体管始终工作在特性曲线的线性部分。这时电压变量与电流变量之间就存在线性正比关系，晶体管就可以用一个小信号电路模型等效代替。这样，放大电路就可以等效变换为线性电路。应该指出的是，这种等效电路只适用于小信号工作情况的交流、动态（变量）计算，这也是"微变"的含义。

（1）放大电路的交流通路

根据信号波形分解的原理，可将交、直流共存的信号波形分解成直流分量（静态）和交流（动态）分量，再分别进行研究。前面利用直流通路对放大电路的静态进行了分析、计算，对交流动态的分析、计算则需利用交流通路进行。

放大电路的交流通路就是交流电流分量流通的路径，表示交流信号的传输关系。交流通路的绘制方法为

1) 耦合电容 C_1 和 C_2 隔断直流分量，通过交流分量，因此，只对交流分量提供通路，均可作为短路处理。

2) 直流电源 $E_C(U_{CC})$ 只能产生直流激励作用，在交流通路中不起作用，E_C 其内阻可

以忽略时,在交流通路中作为短路处理。

放大电路的交流通路如图 5-41 所示。由图中可以更清楚地看出,发射极是输入回路与输出回路的公共点。

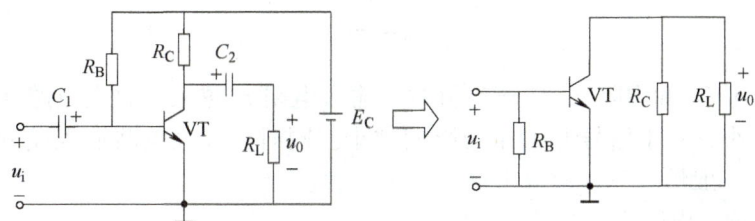

图 5-41　放大电路的交流通路

(2)放大电路的微变等效电路

将交流通路中的晶体管用小信号模型等效代替,得到放大电路的微变等效电路如图 5-42 所示。

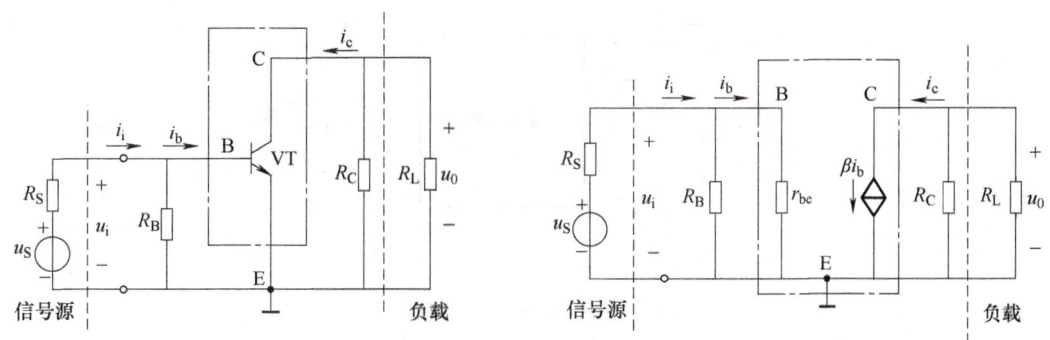

图 5-42　放大电路的微变等效电路

(3)微变等效电路分析法

假设输入信号 u_i 是正弦信号,则晶体管各部分电压、电流也为正弦信号,可采用相量法计算放大电路的几个主要性能指标。

1)电压放大倍数 A_u。电压放大倍数是输出电压相量与输入电压相量之比,是表示放大电路放大电信号能力的主要性能指标之一。

$$A_u = \frac{\dot{U}_0}{\dot{U}_i} \tag{5-16}$$

根据微变等效电路,输入电压相量 $\dot{U}_i = \dot{I}_b r_{be}$。

输出电压相量为

$$\dot{U}_0 = -\dot{I}_c \cdot \left(\frac{R_C R_L}{R_C + R_L}\right) = -\beta \dot{I}_b \cdot \left(\frac{R_C R_L}{R_C + R_L}\right) = -\beta \dot{I}_b \cdot R'_L \tag{5-17}$$

代入式(5-16),得电压放大倍数

$$A_u = \frac{\dot{U}_0}{\dot{U}_i} = \frac{-\beta \dot{I}_b \cdot R'_L}{\dot{I}_b r_{be}} = -\beta \frac{R'_L}{r_{be}} \tag{5-18}$$

式中,R'_L 是 R_C 和 R_L 的并联等效电阻,称为等效负载电阻;式中的负号表示输出电压 $\dot{U}_0$ 与

输入电压 $\dot{U}_i$ 的相位相反。

2）输入电阻 r_i。放大电路的输入端要与信号源相连，相当于信号源的负载，这种等效负载的作用就用输入电阻 r_i 表示。其定义就是从放大电路输入端看进去的交流动态电阻。

$$r_i = \frac{\dot{U}_i}{\dot{I}_i} \quad (5\text{-}19)$$

信号源的电压 U_S 和内阻 R_S 是确定值时，输入电阻 r_i 越大，放大电路要求信号源提供的输入电流 I_i 越小，对于信号源工作的影响越小。同时，放大电路输入端分得的信号电压 U_i 越大。所以，一般情况下，都要求输入电阻 r_i 大。

放大电路的输入电阻为

$$r_i = R_B // r_{be} \quad (5\text{-}20)$$

3）输出电阻 r_0。从输出端看，放大电路外接负载电阻 R_L，这时，放大电路就相当于一个信号源。该信号源的内阻（即从放大电路输出端看进去的电阻）就是放大电路的输出电阻 r_0（见图 5-43）。

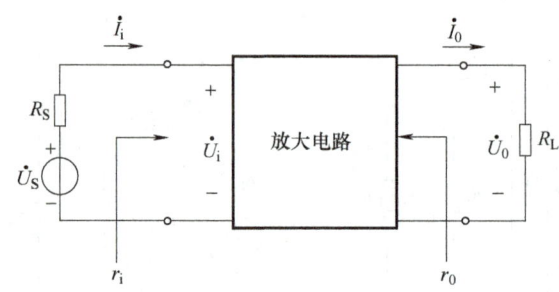

图 5-43　放大电路的 r_i 和 r_0

显然，输出电阻 r_0 越小，放大电路内部损失的信号电压越小，输出到负载 R_L 的信号电压越高，放大电路越近似是一个恒压源。而且，在负载电阻 R_L 变化时，输出电压 U_0 的幅度基本不变。这种情况称为带负载能力强。所以，一般情况下要求输出电阻 r_0 小一些好。

 巩固提高

一、选择题

1. 晶体管的（　　）作用是晶体管最基本和最重要的特性。
   A. 电流放大　　　　B. 电压放大　　　　C. 功率放大　　　　D. 电压放大和电流放大
2. 晶体管是由（　　）。
   A. 一个 PN 结组成　　　　　　　　B. 两个 PN 结组成
   C. 三个 PN 结组成　　　　　　　　D. 多个 PN 结组成
3. 晶体管用作开关时，工作于（　　）。
   A. 放大区　　　　B. 截止区　　　　C. 饱和区和截止区　　　　D. 饱和区

二、填空题

1. 晶体管分三个区域：_____ 区、_____ 区和集电区。
2. 晶体管具有放大作用的外部电压条件是发射结_____，集电结_____。

项目六

数字电路基础

项 目 导 读

 素质目标

具有探究学习、善于发现规律、敢于创新的能力。
具有竞争意识、客观的自我认识态度和良好的心理调节能力。
具有质量意识、环保意识、安全意识。

 知识目标

了解数字信号的特点。
熟悉逻辑代数的化简方法。
掌握基本的逻辑门电路的表示方法。
掌握逻辑门电路的分析、仿真方法。

 能力目标

具有良好的语言、文字表达能力和沟通能力。
完成与非门、或非门逻辑功能测试实验。
完成基于 Multisim 的逻辑功能的仿真。

 项目导入：交通信号灯逻辑电路

行人和车辆在道路上的安全有序离不开交通信号灯的指示，交通信号灯指挥着行人及各种车辆的安全，实现了红、黄、绿灯的切换。在电子技术中如何表示灯的亮灭？这是一种什么信号？某一时刻交通灯的组合状态如何表示？两个方向的交通灯信号应该如何配合才能使交通安全有序呢？

任务一　十字路口交通信号灯的逻辑功能分析

任务导学

生活中交通信号灯指挥着行人和车辆的出行安全，交通信号灯的控制与前面几个项目中

的控制电路有什么区别？（提示：可从交通信号灯的电参数特点上分析）

任务说明

现有一城乡街道的十字交叉路口处南北方向和东西方向各设置有一组红、黄、绿交通信号灯，其中，绿灯亮的时间为 25s，闪动 3s，黄灯亮的时间为 2s，红灯亮的时间为 30s。简要分析交通信号灯的表示方法，并绘制逻辑电路图。

任务实施

1）电路中电信号有几种类型？分别是什么？各有什么特点？
_____
_____

2）交通信号灯的亮或灭属于什么信号？如何表示这种信号？（提示：如何表示两种互异的状态）
_____
_____

3）什么是逻辑关系？有几种基本的逻辑关系？有几种复合逻辑关系，分别是哪些？
_____
_____

4）单方向上（比如南北方向）有一组交通信号灯，分别为红、黄、绿共三盏灯，红、黄、绿三种信号灯某个时刻正常工作的状态有哪些？将这些状态组合填入表 6-1 中。

表 6-1 交通信号灯的状态组合

交通信号灯正常工作状态	交通信号灯的种类		
	绿灯	黄灯	红灯
状态一			
状态二			
状态三			

5）如何表示某个时刻信号灯的工作状态？一组灯某一时刻的逻辑关系是什么？每种工作状态（不同时刻的信号灯）之间的逻辑关系是什么？
_____
_____

6）如何用波形图来表示单方向上一个周期内红、黄、绿灯正常的工作状态？假设用输入变量"G"表示绿灯，"Y"表示黄灯，"R"表示红灯，用"1"表示灯亮，"0"表示灯灭，其中绿灯亮的时间为 25s，闪烁时间为 3s，黄灯亮的时间为 2s，红灯亮的时间为 30s。"T"为矩形脉冲波，周期为 1s，在图 6-1 中绘制出红、黄、绿三种灯在一个周期内的状态波形。

7）如何用逻辑函数式来表示单方向交通信号灯的正常工作状态？完成表 6-2。

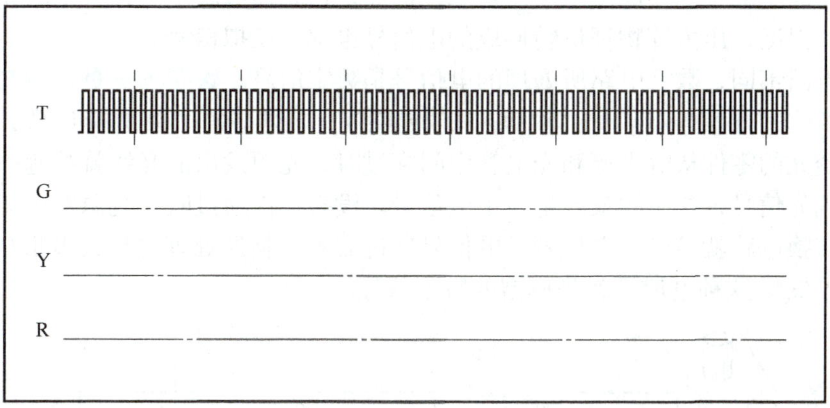

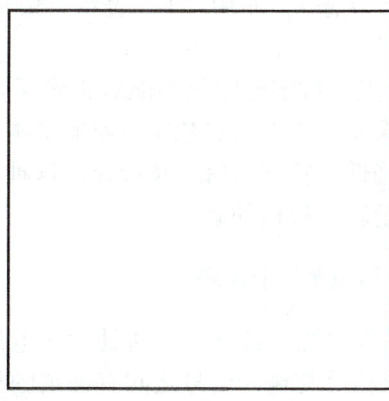

图 6-1　交通信号灯正常状态下的矩形脉冲波形图

表 6-2　交通信号灯正常工作状态逻辑表达式

交通信号灯三种正常工作状态	红灯亮，黄灯、绿灯灭	绿灯亮，黄灯、红灯灭	黄灯亮，绿灯、红灯灭
交通信号灯三种正常状态逻辑表达式			
单方向交通信号灯正常工作的电路逻辑表达式			

8）用逻辑符号表示单方向交通信号灯正常工作状态的逻辑电路图，将工作状态为红灯亮，黄灯、绿灯灭的逻辑电路图绘制在图 6-2 中。

图 6-2　红灯亮时的交通信号灯逻辑电路图

知识链接

一、数字信号与数字电路

什么是模拟电路和数字电路？模拟电路和数字电路是以它们所处理的电信号的不同来区分的。

前面几个项目所介绍的电子电路属于模拟电路，它们所处理的电信号都是模拟信号。所谓**模拟信号就是电信号随时间是连续变化的**，例如，正弦信号就是一种典型的模拟信号。此外，由声音、温度、压力等物理量转换成的电信号也都是模拟信号。

与模拟电路不同，数字电路所处理的电信号是数字信号。**数字信号是一种在时间和数值上都不连续变化的电信号**。例如，对某一机械零件生产线上的产品进行计数，如图6-3所示。当有不透光的零件从电光源和光电管中间穿过时，光源发出的光线就被遮挡一次，光电管就接收不到光信号，相应的就产生一个电信号。没有零件通过时，光源发出的光就不会被遮挡，光电转换电路就不产生电信号。电信号经过放大、整形处理之后，就形成图6-3中所示的输出波形 u_0。这种电信号就是典型的数字信号。

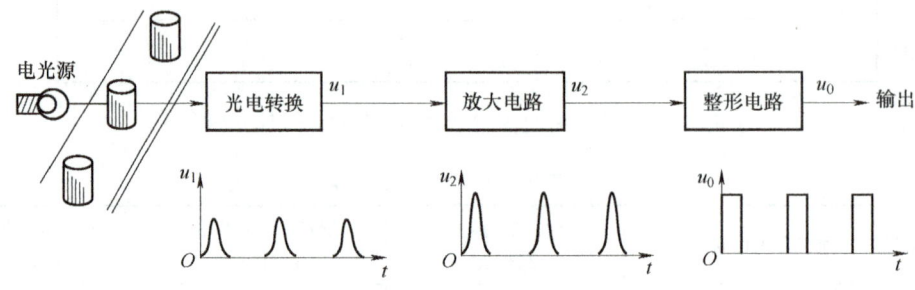

图6-3 数字信号

由以上介绍可知，数字信号和数字电路有以下特点：

1）**数字信号不随时间连续变化，信号的变化只发生在一系列离散的瞬间。此外，数字信号在数值变化上也是不连续的，而是阶跃变化的形式。**

2）数字信号只有两种可能的情况：**有信号和没有信号**。表现在数字电路上就是只有两种可能的稳定状态，可以用"0"和"1"两个符号来分别表示。如用"0"表示没有信号输出的情况（可对应电路的低电平状态），而用"1"表示有信号输出的情况（对应电路的高电平状态）。

3）基于数字信号的以上特点，数字电路只要能够正确反映信号的有无即可，因而允许信号在数值上存在一定范围的误差。所以组成数字电路的基本单元电路相对比较简单，对元件数值准确性的要求也可稍有降低，特别适宜于集成化。这种数字集成电路有很高的工作稳定性和可靠性，且体积小、重量轻、价格便宜。

二、基本逻辑关系与基本逻辑门电路

"逻辑"泛指事物或思维的规律性。数字电路所处理的电信号是一种**二值信号**，它的取值只有**0和1**。而且电路的输出信号与输入信号之间有确定的规律性和因果关系，即有确定的逻辑关系。因此，**数字电路有时也称为逻辑电路**。

1. 与门电路

（1）与门逻辑和二极管与门

首先用图6-4所示电路说明什么是"与"逻辑关系。

与门电路

从图6-4中可知，灯 X_1 和开关 S_1、S_2 及电源 U_1 串联在同一电路中。如果以开关的状态（断开或闭合）作为条件，以灯的状态（亮或灭）作为结果。那么，只有两个开关 S_1、S_2 全都闭合，灯 X_1 才能被点亮。这个例子表明了这样一种逻辑关系：**只有当决定一件事情的所有条件全都具备之后，这件事情**

才发生。这种逻辑关系就称为与逻辑。与的条件为两个或两个以上。

在数字电路中，各种逻辑关系都是通过电子电路来实现的，图6-5就是一个用二极管组成的与门电路。电路的 A、B 是输入端，加入高电平信号（+3V）或低电平信号（+0.3V）作为原因（条件），Y 是电路的输出端，其输出电平的高、低作为结果。这个电路的输出、输入之间的因果关系（即逻辑关系）为

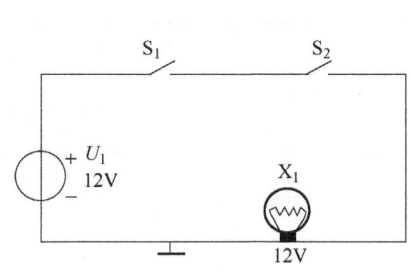

图6-4 "与"逻辑

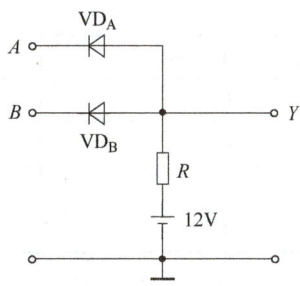

图6-5 二极管与门电路

1）当 A、B 两个输入端都加入 0.3V 低电平信号时，即 A、B 点电位 $V_A = V_B = 0.3V$，使二极管 VD_A、VD_B 都承受正偏电压导通。忽略二极管导通时很小的管压降（如锗管管压降约为 0.3V），可近似认为输出 Y 点电位 $V_Y ≈ 0.3V$，也是低电平。

2）当 A、B 两个输入端当中，只有一个是高电平，如 $V_A = 3V$，另一个输入低电平，即 $V_B = 0.3V$ 时，由于二极管 VD_B 承受的正偏电压高，便优先导通，使 $V_Y ≈ V_B = 0.3V$（称为二极管的钳位作用）。这样就使得 VD_A 承受反偏电压而截止，维持输出 V_Y 是低电平。

3）当 A、B 两个输入端都加入高电平信号 $V_A = V_B = 3V$ 时，二极管 VD_A、VD_B 处于同样的正偏电压作用下，压差一样，都能导通。忽略二极管的导通管压降，Y 点被钳位为 3V，即 $V_Y ≈ 3V$，电路输出高电平。

总结以上讨论，该二极管与门电路的逻辑功能是：只有当输入信号全都是高电平时，输出才是高电平；输入信号中只要有一个（或几个）是低电平，输出就是低电平。所以这个电路对于输出高电平来说，满足与的逻辑关系，是一种与门。其输出与输入的对应关系见表6-3。

表6-3 与门输出、输入电平关系

V_A	V_B	V_Y
0.3V	0.3V	0.3V
0.3V	3.0V	0.3V
3.0V	0.3V	0.3V
3.0V	3.0V	3.0V

通过以上分析可知，门电路具有这样的特点，当它的输入信号满足确定的逻辑关系时，就有信号输出，如同一扇门被打开一样。反之，就没有信号输出，如同门被关闭，因此，具有这种功能特点的电路就称为门电路。

(2) 与门真值表

如果规定用符号1表示高电平，这时的1又称为逻辑1；用符号0表示低电平，这时的0又称为逻辑0，则与门的逻辑功能可以见表6-4。表6-4的特点是：输入 A、B 和输出 Y 称

为逻辑变量，其取值可以是 0 或 1。表 6-4 的左侧列出输入变量所有可能的取值组合（注意：不能遗漏。2 个输入变量有 $2^2=4$ 种取值组合，3 个输入变量有 $2^3=8$ 种取值组合，n 个输入变量有 2^n 种取值组合），表 6-4 的右侧列出每一种输入变量取值组合所对应的输出逻辑变量值。这种表就称为真值表。列写真值表是表示数字电路逻辑功能及进行逻辑设计的重要方法。

表 6-4　与门真值表

A	B	Y
0	0	0
0	1	0
1	0	0
1	1	1

总结以上，与门的逻辑功能可以概括为全 1 出 1，有 0 出 0。

（3）与门逻辑函数式

与逻辑关系又称为逻辑乘。其中 A、B 是输入逻辑变量，Y 是输出逻辑变量，输出逻辑变量 Y 的取值取决于输入逻辑变量。逻辑变量之间的这种关系就称为逻辑函数，可以用逻辑函数式表示逻辑关系，并规定用"·"表示与，则与逻辑函数式写成

$$Y = A \cdot B \tag{6-1}$$

为简化书写，常将"·"略去不写，则与逻辑函数式表示为

$$Y = AB \tag{6-2}$$

根据以上介绍及真值表可知，与逻辑的运算规则是

$$0 \cdot 0 = 0,\ 0 \cdot 1 = 0$$
$$1 \cdot 0 = 0,\ 1 \cdot 1 = 1$$

应该注意，与逻辑的运算规则与算数乘法只是形式上相同，它们所代表的意义是完全不同的。与逻辑函数式只是借用了算术乘法的符号，应该读作"Y 等于 A 与 B"。

在数字电路中一般都不必画出逻辑门的实际电路，而是采用图形符号表示，如图 6-6 所示，该与门有三个输入端，其输出表达式为

$$Y = A \cdot B \cdot C \tag{6-3}$$

图 6-7 所示为与门的应用举例。该例子实现了控制脉冲信号的传送。图中的与门是一个具有两个输入端的与门，输入端 A 加入一系列矩形脉冲信号，输入端 B 加入一个控制脉冲。根据与门的逻辑功能，只有当 B 端是高电平时，A 端的矩形脉冲信号才能通过与门，并在输出端 Y 得到矩形脉冲信号。此时，相当于与门被打开。当 B 端是低电平时，没有信号输出，相当于与门被封锁。

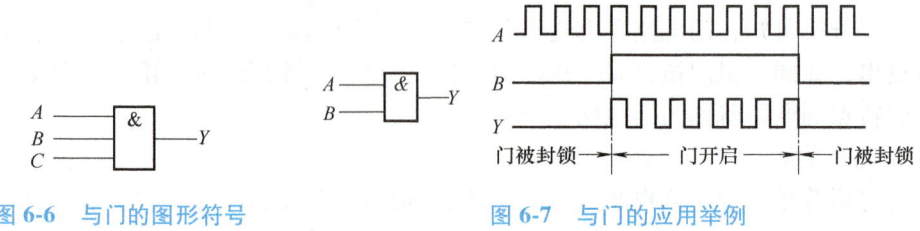

图 6-6　与门的图形符号　　　　图 6-7　与门的应用举例

2. 或门电路

（1）或门逻辑和二极管或门

图 6-8 所示电路中，两个开关 S_1、S_2 并联，控制一个灯 X_1 的亮、灭。其中开关的状态作为条件（输入），灯的亮、灭作为结果（输出），这个电路的因果关系是：只要有一个（或几个）开关闭合，灯就会亮；只有在两个开关全都断开时，灯才不亮。这个例子表明了这样一种逻辑关系：当决定一件事情的几个条件中，只要有一个条件得到满足，这件事情就会发生。这种逻辑关系称为或逻辑。

或门电路

二极管或门电路如图 6-9 所示。工作原理如下：

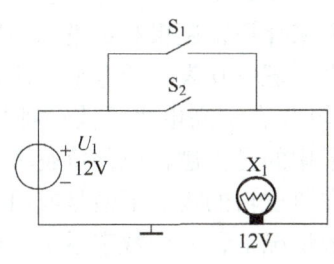

图 6-8　或逻辑

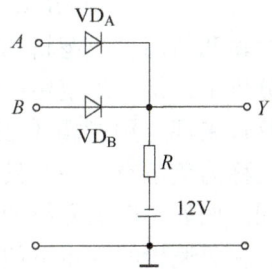

图 6-9　二极管或门电路

1）当输入信号 A、B 都是 +0.3V 的低电平时，二极管 VD_A、VD_B 都处于相同大小的正偏电压的作用下，同时导通，Y 点电位被钳位，使 V_Y = +0.3V。电路输出低电平。

2）如果输入信号中有一个是高电平，如 V_A = +3V，另一个是低电平，即 V_B = +0.3V。由于 VD_A 二端承受的正偏电压高，优先导通，使 Y 点电位被钳位为 +3V。进而使 VD_B 处于反向偏置作用下而截止。这时电路输出高电平，V_Y ≈ +3V。

反之，若 V_A = +0.3V，V_B = +3V，则 VD_B 优先导通，VD_A 处于反向偏置作用而截止。这时电路输出仍是高电平，V_Y ≈ +3V。

3）输入信号 A、B 全是高电平，即 V_A = V_B = +3V，使 VD_A、VD_B 处于同样的正偏电压作用下，同时导通，Y 点电位被钳位为高电平，V_Y ≈ +3V。

依照前面关于逻辑 1 和逻辑 0 的规定，或门的逻辑功能是：只要输入逻辑变量中有一个（或一个以上）是 1 状态，输出必定是 1 状态；只有输入逻辑变量全都是 0 状态时，输出才是 0 状态。

（2）或门真值表

或门的真值表见表 6-5。或逻辑关系可以概括为全 0 出 0，有 1 出 1。

表 6-5　或门真值表

A	B	Y
0	0	0
0	1	1
1	0	1
1	1	1

（3）或门逻辑函数式

或逻辑又称逻辑加，用符号"+"表示，或逻辑关系表达式为

$$Y = A + B \tag{6-4}$$

由真值表可知，或逻辑（逻辑加）的运算规则是

$$0+0=0, \quad 0+1=1$$
$$1+0=1, \quad 1+1=1$$

注意：不管有多少个 1 进行逻辑相或，其逻辑结果也只能是 1，因为这里的 1 是"逻辑 1"，表示的是事物的状态、事件的结果。而状态和结果只有两种可能，即只能是 0 或者是 1。

或门的图形符号如图 6-10 所示。

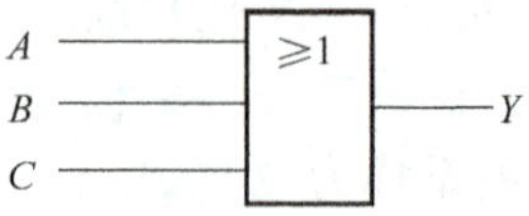

它有三个输入端，逻辑函数式为

$$Y = A + B + C \tag{6-5}$$

图 6-10　或门的图形符号

介绍完与逻辑和与门、或逻辑和或门之后，我们来介绍正逻辑和负逻辑的概念。

在以上的分析中，都是规定用逻辑 1 表示高电平、逻辑 0 表示低电平，这是一种人为的规定。也可以反过来规定用逻辑 1 表示低电平，逻辑 0 表示高电平。前一种规定称为正逻辑，后一种规定称为负逻辑。一个具体的门电路因采用的是正逻辑或是负逻辑的不同，其逻辑功能也就不同。例如，以上介绍的正逻辑与门，在负逻辑的规定下便是或门。而在正逻辑规定下的或门，在负逻辑的规定下便是与门。在一般情况下，一个数字系统一经选定了某一逻辑体制，系统内的所有单元电路和逻辑部件都应该服从这个规定，不得更改。这样每一个单元电路的逻辑功能便是确定的了。本书中所讨论的数字电路均按照正逻辑的规定，用逻辑 1 表示高电平、逻辑 0 表示低电平。

3. 非门电路

（1）非逻辑和非门

非门电路

非逻辑就是对一个逻辑变量取"反"，即对这个逻辑变量从逻辑上加以否定：对于高电平的否定就是低电平，对于低电平的否定就是高电平。

能够完成非逻辑功能的逻辑门称为<u>非门</u>，又叫<u>反相器</u>。非门的特点是<u>它只有一个输入端，且输出端的逻辑状态与该输入端的逻辑状态相反</u>：当输入端是高电平时，输出便是低电平；当输入端是低电平时，输出便是高电平。

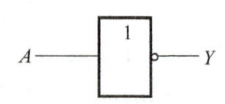

图 6-11　非门图形符号

非门的图形符号如图 6-11 所示，非门的真值表见表 6-6。

表 6-6　非门真值表

A	Y
0	1
1	0

非逻辑运算的表示符号是在逻辑变量的字母上方加一个短横"－"，如 $\overline{A}$，读作"非 A"或"A 反"。所以表 6-6 所表示的非逻辑关系可以用逻辑函数式表示为

$$Y = \overline{A} \tag{6-6}$$

式（6-6）可读作"Y 等于非 A"或"Y 等于 A 反"。

非逻辑的运算规则是

$$\overline{0}=1, \quad \overline{1}=0$$

例如，$A=1$ 时，则 $Y=\overline{A}=\overline{1}=0$；

反之，$A=0$ 时，则 $Y=\overline{A}=\overline{0}=1$。

（2）晶体管非门电路

在模拟电子电路中已经学习过，<u>由晶体管构成的单管共射极放大电路的一个重要特点就是其输出电压信号与输入电压信号的相位是相反的</u>。根据这个特点单管共射极放大电路就可以构成一个反相器，即非门。其电路如图 6-12 所示。

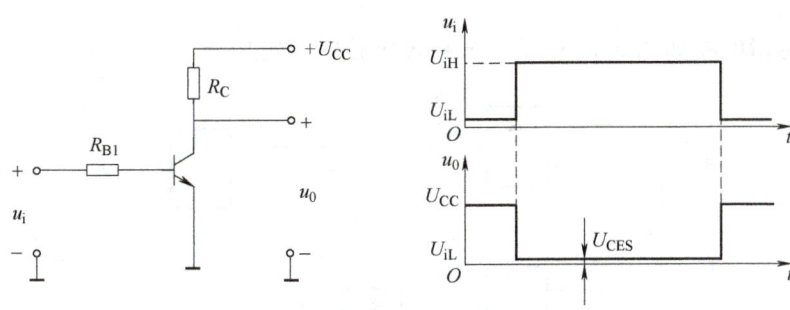

图 6-12　晶体管反相器

当输入信号是低电平 $u_i=U_{iL}=+0.3\text{V}$ 时，低于晶体管的发射结死区电压（硅管死区电压为 $0.4\sim0.5\text{V}$），晶体管截止。略去极小的穿透电流，可以认为 $I_C\approx0$，晶体管等效为开关断开，电路输出高电平，且 $u_0\approx U_{CC}$。当输入信号是高电平时，$u_i=U_{iH}$，使晶体管的发射结正偏，且足以使管子从截止状态转换为饱和状态，晶体管等效为开关闭合，电路输出低电平。该低电平的数值就是晶体管的饱和电压降，$u_0=U_{CES}=+0.3\text{V}$。

通过以上定性分析可知，这个电路具有反相功能，能够完成非逻辑运算。

巩固提高

一、选择题

1. 数字信号与模拟信号相比，有什么不同（　　）。

A. 数字信号连续，模拟信号断续

B. 数字信号在时间上离散，在幅值上连续

C. 模拟信号在时间上离散，在幅值上连续

D. 数字信号在时间上离散，在幅值上也离散

2. 处理（　　）的电子电路是数字电路。

A. 交流电压信号　　　　　　　　B. 时间和幅值上离散的信号

C. 时间和幅值上连续变化的信号　　D. 无法确定

3. 数字电路主要研究输入与输出信号之间的对应（　　）关系。

A. 数量　　　　　B. 线性　　　　　C. 逻辑　　　　　D. 以上都不是

二、简答题

说明在不同运算方式中，$1+1=2$、$1+1=10$、$1+1=1$ 的含义有什么不同？

任务二 简单逻辑电路的分析

任务导学

逻辑功能的表示方法有哪些？列出逻辑功能的表示方式。

任务说明

已知组合逻辑电路如图 6-13 所示，分析该电路的逻辑功能。

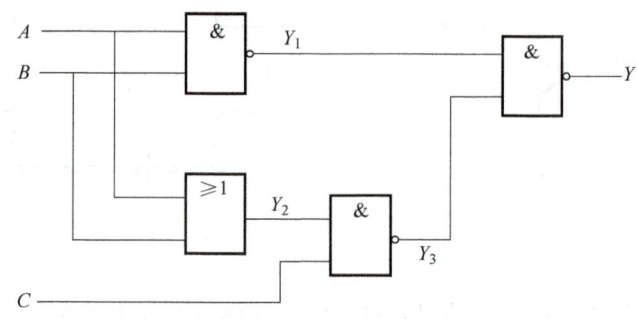

图 6-13 简单组合逻辑电路分析

任务实施

1) 如图 6-13 所示的组合逻辑电路，分步骤写出该逻辑电路的函数式，完成表 6-7。

表 6-7 图 6-13 对应的逻辑函数式

输出变量	Y_1	Y_2	Y_3	Y
输出变量的逻辑表达式				

2) 用逻辑函数化简公式对该逻辑表达式进行化简，将化简过程写在下面的横线上。

3) 什么是真值表？根据化简的逻辑函数式列出对应真值表，完成表 6-8。

表 6-8 图 6-13 对应的真值表

逻辑输入变量			中间逻辑函数式			输出变量 Y
A	B	C				
0	0	0				
0	0	1				
0	1	0				

(续)

逻辑输入变量			中间逻辑函数式	输出变量 Y
A	B	C		
0	1	1		
1	0	0		
1	0	1		
1	1	0		
1	1	1		

4）根据该逻辑电路的真值表分析该逻辑电路的功能。

 知识链接

一、组合逻辑

一般说来，在数字系统中遇到的实际问题都可以用与、或、非三种基本逻辑关系及逻辑门来实现。但是在工程实际中，更多的还是使用与非、或非和与或非等复合逻辑，并有相应的复合门电路来实现这些逻辑功能。

复合逻辑门

1. 与非门

与非门电路可以由二极管与门和非门串联组合而成，其电路和等效电路如图 6-14 所示，图形符号如图 6-15 所示。

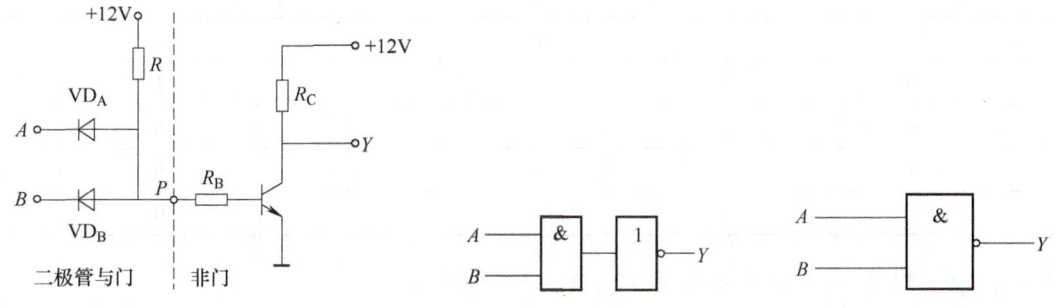

图 6-14　与非门电路和等效电路　　　　图 6-15　与非门的图形符号

与非门可以有多个输入端（如 A、B、C 三个输入端），但只有一个输出端 Y，自晶体管集电极引出。与非门电路的工作原理是输入信号通过二极管与门控制晶体管的饱和或截止。它的逻辑功能是：当输入端全是高电平时，二极管与门的输出 V_P（与门输出、非门输入）将是高电平，并使晶体管饱和，输出 V_Y（与非门输出）是低电平；输入端当中只要有一个（或几个）是低电平时，V_P 将被钳位为低电平，使晶体管截止，输出 V_Y 是高电平。

与非门的真值表见表 6-9。

表 6-9　与非门真值表

A	B	Y
0	0	1
0	1	1
1	0	1
1	1	0

由真值表可见，**与非门的逻辑功能可以概括为全 1 出 0、有 0 出 1**。与非门的逻辑函数式（以有三个输入端 A、B、C 的与非门为例）为

$$Y=\overline{A \cdot B \cdot C} \tag{6-7}$$

2. 或非门

或非门的逻辑函数式是

$$Y=\overline{A+B} \tag{6-8}$$

或非门的逻辑功能是：输入端当中只要有一个是高电平（1），输出就是低电平（0）；只有输入端全是低电平（0）时，输出才是高电平（1）。

或非门电路也可以用二极管或门和非门电路串联组合而成，其等效电路如图 6-16 所示，图形符号如图 6-17 所示。

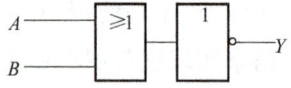　　　　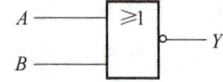

图 6-16　或非门等效电路　　　图 6-17　或非门的图形符号

或非门的真值表见表 6-10。

表 6-10　或非门真值表

A	B	Y
0	0	1
0	1	0
1	0	0
1	1	0

或非门的逻辑功能可以概括为有 1 出 0、全 0 出 1。

3. 与或非门

与或非门也是一种常用的复合门电路，其电路也可用基本逻辑门电路组成，图 6-18 画出了与或非门的图形符号。它的输入端分成若干组，如 A、B 为一组输入端，C、D 为另一组输入端，它只有一个输出端 Y。

与或非门的逻辑组成是，每一组输入端之间是与逻辑关系，组与组之间是或非逻辑运算关系。当各组输入端当中有任何一组（或几组）的输入全是高电平时，输出就是低电平；只有在每一组的输入中都有低电平时，输出才是高电平。

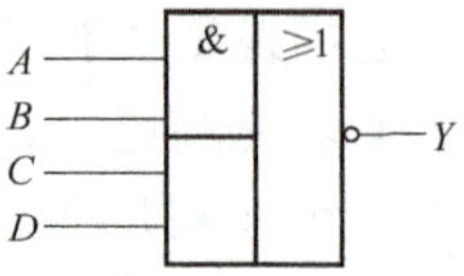

图 6-18　与或非门的图形符号

与或非门的逻辑函数式为

$$Y=\overline{A \cdot B+C \cdot D} \tag{6-9}$$

二、逻辑代数

逻辑代数又叫布尔代数，它能用数学公式的方法表示数字电路中的逻辑关系，并有一套完整的运算规则。这些规则为分析和设计数字电路提供了理论基础，是学习数字电路的重要工具。

1. 逻辑变量

逻辑代数之所以称为"代数"，是因为它和普通代数有相似之处。例如，逻辑代数的变量与普通代数一样都是用字母表示的，但是必须注意两者有本质的区别。普通代数的变量有"数"的概念，它的取值范围可以从负无穷大到正无穷大，可以比较大小等。而**逻辑代数中的变量——逻辑变量的取值只有两种可能：0 和 1。而且这里的 0 和 1 是逻辑 0 和逻辑 1**，它们不再具有数的概念，而是两个符号，用来表示一个统一体中两个互异的状态。

逻辑代数

2. 逻辑代数的基本公式

实践表明，表示同一逻辑功能的逻辑函数式并不是唯一的，有复杂的、有简单的。对比较复杂的函数式进行化简，就能够用较少的器件、较简单的电路实现相同的逻辑功能，使得逻辑设计更加合理。

另外，有的逻辑函数式虽然已经不能再化简，但是需要进行变换。例如，由于在实际应用中普遍使用与非门，所以经常要将其他形式的逻辑函数式变换成"与非-与非"表示式，然后用与非门来实现它。这就涉及逻辑函数式的变换问题。

逻辑代数的基本公式是进行逻辑函数式化简与变换的基础和依据，需要熟练掌握这些基本公式。

1）**只包含一个逻辑变量的基本公式**，见表 6-11。表 6-11 中的公式都只包含一个逻辑变量，利用逻辑变量只有两种取值的特点，证明上面任何一个公式的正确性都是很容易的。例如，对于公式 4 来说，如果 $A=0$，则有 $0+\overline{0}=0+1=1$，公式 4 成立；如果 $A=1$，则有 $1+\overline{1}=1+0=1$，公式 4 仍然成立。以上证明是充分的。

表 6-11　逻辑代数基本公式 1

公式 1	$A+0=A$	公式 1′	$A \cdot 1=A$
公式 2	$A+1=1$	公式 2′	$A \cdot 0=0$
公式 3	$A+A=A$	公式 3′	$A \cdot A=A$	这两个公式称为重叠律
公式 4	$A+\overline{A}=1$	公式 4′	$A \cdot \overline{A}=0$	这两个公式称为互补律
公式 5	$\overline{\overline{A}}=A$			这个公式称为还原律

2）**交换律、结合律和分配律**，见表 6-12。普通代数中的交换律、结合律和分配律在逻辑代数中也存在，但这是由与、或、非等基本逻辑关系的性质本身决定的，表示形式也不尽相同。

表 6-12 逻辑代数基本公式 2

交换律	公式 6	$A+B=B+A$
	公式 6′	$A \cdot B = B \cdot A$
结合律	公式 7	$(A+B)+C=A+(B+C)$
	公式 7′	$(A \cdot B) \cdot C = A \cdot (B \cdot C)$
分配律	公式 8	$A \cdot (B+C) = A \cdot B + A \cdot C$
	公式 8′	$A+(B \cdot C) = (A+B) \cdot (A+C)$

表 6-12 中的公式的正确性可以用不同的方法得到证明，其中<u>用真值表法证明</u>是常用的方法之一。这种方法是分别列出公式两边的真值表，如果对应于变量的任何一组取值，公式两边的函数值都是相等的，那么这个公式就成立。例如，表 6-12 中公式 8 的证明，见表 6-13。

表 6-13 表 6-12 中公式 8 真值法证明

1	2	3	4	5	6	7	8
A	B	C	$B+C$	$A \cdot B$	$A \cdot C$	$A \cdot (B+C)$	$A \cdot B + A \cdot C$
0	0	0	0	0	0	0	0
0	0	1	1	0	0	0	0
0	1	0	1	0	0	0	0
0	1	1	1	0	0	0	0
1	0	0	0	0	0	0	0
1	0	1	1	0	1	1	1
1	1	0	1	1	0	1	1
1	1	1	1	1	1	1	1

公式 8 的两边各有三个变量，它们共有 8 种取值组合，并于表 6-13 中左侧第 1、2、3 三列列出。第 4、5、6 列则分别是公式 8 两边的函数值。从表中可见，第 7、8 两列内对应的各项完全相等。从而证明了公式 8 分配律的正确性。

3）反演律，见表 6-14。表中的两个公式又叫<u>德·摩根定理。其表明或运算可以变换成与运算，与运算也可以变换成或运算</u>。这在电路的化简与变换方面有很大的实用意义。

表 6-14 反演律

公式 9	$\overline{A+B} = \overline{A} \cdot \overline{B}$
公式 9′	$\overline{A \cdot B} = \overline{A} + \overline{B}$

下面再用真值表法证明反演律的正确性，真值表见表 6-15。

表 6-15 用真值表法证明反演律

1	2	3	4	5	6	7	8
A	B	$\overline{A}$	$\overline{B}$	$\overline{A+B}$	$\overline{A} \cdot \overline{B}$	$\overline{A \cdot B}$	$\overline{A} + \overline{B}$
0	0	1	1	1	1	1	1
0	1	1	0	0	0	1	1
1	0	0	1	0	0	1	1
1	1	0	0	0	0	0	0

两个公式的两边都只有两个变量，它们共有四种取值组合，并于表 6-15 中左侧第 1、2 两列列出。第 5、6、7、8 列则分别是公式 9 和公式 9′两端的函数值。从表中可见，第 5、6 两列内对应的各项完全相等，第 7、8 两列内对应的各项也完全相等。从而证明了反演律的正确性。

反演律对于有多个逻辑变量的情况也是成立的。

$$\overline{A+B+C+\cdots} = \overline{A} \cdot \overline{B} \cdot \overline{C} \cdots$$
$$\overline{A \cdot B \cdot C \cdots} = \overline{A} + \overline{B} + \overline{C} + \cdots$$
(6-10)

三、逻辑图与逻辑函数式的相互转换

在前面的讨论中，主要使用真值表法和逻辑函数式两种方法来表示逻辑函数，现在再介绍第三种方法：逻辑图法。在数字电路中，用图形符号表示每一个逻辑单元（如门电路），再由逻辑单元相互连接组成逻辑电路。这样得到的图形就是逻辑图，有时也叫逻辑电路图。每一个逻辑图的输出、输入之间的关系都可以用相应的逻辑函数式表示。反之，逻辑函数表示式的逻辑功能也都可以用相应的逻辑图来实现。逻辑图接近工程实际，是逻辑问题的工程化。

逻辑图与逻辑函数式的转换

1. 已知逻辑图，写出逻辑函数式

一般可以用逐级写出逻辑式的方法来实现。

如图 6-19 所示的逻辑图，写出输出 Y 的逻辑函数式。

首先把逻辑图中各个逻辑单元从输入到输出按顺序编号（如 1、2、3、…），再从输入开始，逐一写出它们的输出、输入关系式，如图 6-19 所示，标示在逻辑图中，最后非门 6 的输出，也就是整个逻辑电路的输出

$$Y = \overline{\overline{\overline{A}B + A\overline{B}}} = \overline{A}B + A\overline{B}$$
(6-11)

式（6-11）就是异或门的逻辑功能表示式。

2. 已知逻辑函数式，画出逻辑图

$$Y = \overline{A \cdot \overline{AB} + B \cdot \overline{AB}}$$
(6-12)

式（6-12）包含与、与非、或非等逻辑运算。其中，进行或非运算的两项中均包含 $\overline{AB}$，现用与非门 1 完成。$A \cdot \overline{AB}$ 用与门 2 完成，$B \cdot \overline{AB}$ 用与门 3 完成。最后用或非门 4 完成以上两部分的或非运算，如图 6-20 所示。

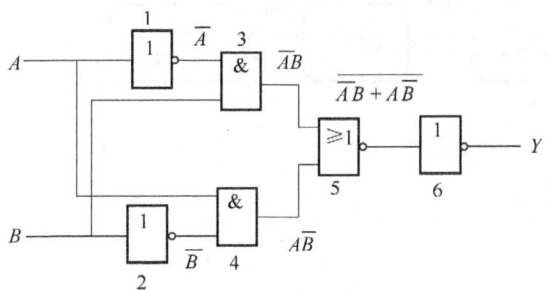

图 6-19　逻辑图转换为逻辑函数式

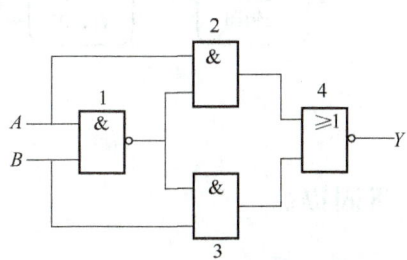

图 6-20　逻辑函数式转换为逻辑电路图

四、组合逻辑电路的分析

组合逻辑电路
的分析

组合逻辑电路的特点，从电路结构看，只由门电路组成，不包含反馈，输出状态不影响输入状态。从逻辑功能看，它在任意时刻的输出状态只取决于该时刻的输入信号，而与信号输入之前电路原来的状态无关。

组合逻辑电路的分析就是根据已经给出的逻辑电路图，写出逻辑函数式，分析输出与输入之间的逻辑关系，即可分析其逻辑功能。有时，还要求用函数化简的方法，检查原来电路的设计是否合理。下面通过一个具体的逻辑电路分析图（见图 6-21），具体说明组合逻辑电路分析的方法和步骤。

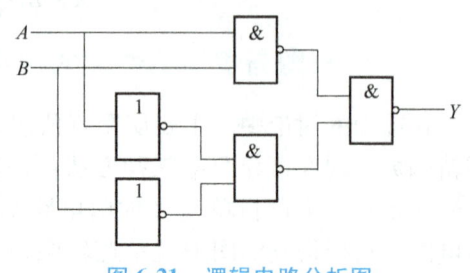

图 6-21 逻辑电路分析图

组合逻辑电路分析步骤：

1）从输入级开始，逐级向后推导出各个门的输出函数，写出电路的函数式为

$$Y = \overline{\overline{AB} \cdot \overline{A} \cdot \overline{B}} \tag{6-13}$$

2）对函数式进行化简或变换，可以根据公式法，观察函数式可知该式子可用反演律对其进行化简，可得

$$Y = AB + \overline{A}\,\overline{B} \tag{6-14}$$

3）由逻辑表达式推导出对应的真值表（见表 6-16），分析其逻辑功能。

表 6-16 组合逻辑电路真值表

A	B	$\overline{A}$	$\overline{B}$	AB	$\overline{A}\,\overline{B}$	Y
0	0	1	1	0	1	1
0	1	1	0	0	0	0
1	0	0	1	0	0	0
1	1	0	0	1	0	1

从真值表可以看出，该逻辑电路的功能是：当输入逻辑变量 A、B 相同时（同为 0 或同为 1），输出 Y 等于 1。当输入逻辑变量 A、B 不同时，输出 Y 等于 0。这种逻辑功能称为同或。同或逻辑功能与异或逻辑功能刚好相反。图 6-22 所示为组合逻辑电路分析步骤。

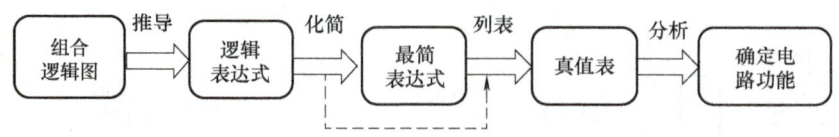

图 6-22 组合逻辑电路分析步骤

 **巩固提高**

一、选择题

1. 只有当全部输入都是低电平时，输出才是高电平，则该逻辑门电路属于（　　）电路。

A. 与　　　　　B. 或　　　　　C. 与非　　　　　D. 或非

2. 只有当全部输入都是高电平时，输出才是高电平，则该逻辑门电路属于（　　）电路。

A. 与　　　　　B. 或　　　　　C. 与非　　　　　D. 或非

3. 只有输入是不同的电平信号或全为高电平时，输出才是低电平的是（　　）电路。

A. 与　　　　　B. 或　　　　　C. 与非　　　　　D. 或非

二、计算题

写出逻辑函数 $Y=A\overline{B}+B\overline{C}+C\overline{A}$ 的真值表，完成表 6-17。

表 6-17　逻辑函数 $Y=A\overline{B}+B\overline{C}+C\overline{A}$ 的真值表

A	B	C	$\overline{A}$	$\overline{B}$	$\overline{C}$	$A\overline{B}$	$B\overline{C}$	$C\overline{A}$	Y
0	0	0							
0	0	1							
0	1	0							
0	1	1							
1	0	0							
1	0	1							
1	1	0							
1	1	1							

任务三　基于 Multisim 的基本逻辑电路仿真

任务导学

总结基本的逻辑门电路"与""或""非""与非""或非"的逻辑功能。

任务说明

基本的逻辑电路有"与""或""非"，复杂的逻辑电路是由基本逻辑电路组合而成的，基于 Multisim 仿真软件验证基本逻辑门电路。

任务实施

1）"与"逻辑的逻辑关系是：只有当决定一件事情的所有条件都具备之后，这件事情才发生。根据图 6-5 二极管与门电路，基于 Multisim 仿真软件构建仿真模型并验证"与"逻辑功能，完成表 6-18。（提示：可用直流电源代表 A、B 的电位，修改直流电源数值大小来改变电位的高低，通过电平指示器 X 观察输出电位的高低）

表 6-18　基于 Multisim 的二极管"与"门电路仿真结果

U_A 电压值/V	U_B 电压值/V	X 电平指示器亮灭情况
0	0	
0	3	

(续)

U_A 电压值/V	U_B 电压值/V	X 电平指示器亮灭情况
3	0	
3	3	

2)"或"逻辑的逻辑关系是:当决定一件事情的几个条件中,只要有一个条件得到满足,这件事情就会发生。根据图 6-9 二极管"或"门电路,基于 Multisim 仿真软件构建仿真模型并验证"或"逻辑功能,完成表 6-19(提示:可用直流电源代表 A、B 的电位,修改直流电源数值大小来改变电位的高低,通过电平指示器 X 观察输出电位的高低)。

表 6-19 基于 Multisim 的二极管"或"门电路仿真结果

U_A 电压值/V	U_B 电压值/V	X 电平指示器亮灭情况
0	0	
0	3	
3	0	
3	3	

3)基于 Multisim 验证有三个逻辑变量输入的"与非"门电路的逻辑关系,根据图 6-23 所给元器件的提示完成仿真电路模型的构建,完成仿真接线(提示:用双掷开关来进行输入变量的切换,U_{CC} = 5.0V 代表高电位,接地为 0V 代表低电位),根据仿真电路实验结果填写表 6-20 并总结"与非"逻辑关系的特点。

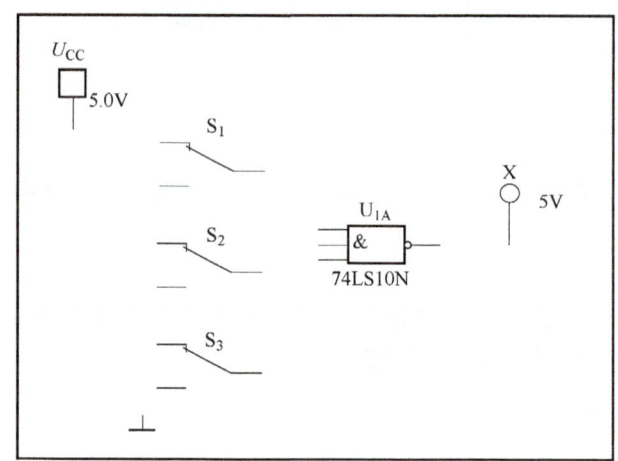

图 6-23 "与非"门逻辑电路仿真接线示意图

表 6-20 "与非"门逻辑电路仿真结果

开关 S_1 所接电位情况	开关 S_2 所接电位情况	开关 S_3 所接电位情况	电平指示器 X 亮灭情况
低电位	低电位	低电位	
低电位	低电位	高电位	
低电位	高电位	低电位	
低电位	高电位	高电位	
高电位	低电位	低电位	

（续）

开关 S_1 所接电位情况	开关 S_2 所接电位情况	开关 S_3 所接电位情况	电平指示器 X 亮灭情况
高电位	低电位	高电位	
高电位	高电位	低电位	
高电位	高电位	高电位	

4）基于 Multisim 验证有三个逻辑变量输入的"或非"门电路的逻辑关系，根据图 6-24 所示元器件的提示完成仿真电路模型的构建（提示：用双掷开关来进行输入变量的切换，$U_{CC}=5.0\text{V}$ 代表高电位，接地为 0V 代表低电位），根据仿真电路实验结果填写表 6-21 并总结"或非"逻辑关系的特点。

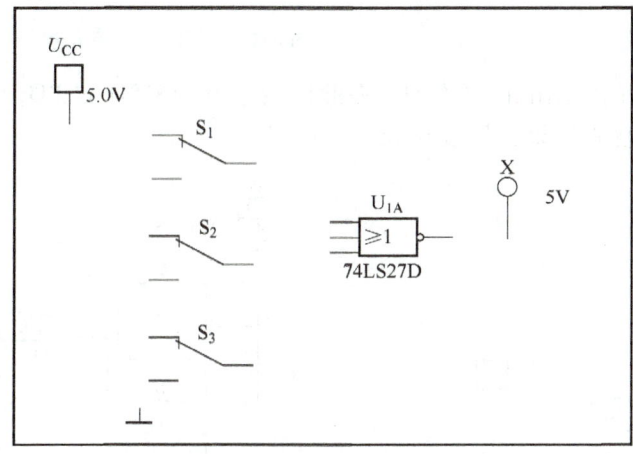

图 6-24 "或非"门逻辑电路仿真接线示意图

表 6-21 "或非"门逻辑电路仿真结果

开关 S_1 所接电位情况	开关 S_2 所接电位情况	开关 S_3 所接电位情况	电平指示器 X 亮灭情况
低电位	低电位	低电位	
低电位	低电位	高电位	
低电位	高电位	低电位	
低电位	高电位	高电位	
高电位	低电位	低电位	
高电位	低电位	高电位	
高电位	高电位	低电位	
高电位	高电位	高电位	

知识链接

逻辑变量是二元制的，用"0"和"1"表示，在 Multisim 仿真软件中用高电平表示"1"，低电平表示"0"，用双掷开关来切换"0"和"1"的状态，在基础元器件库的"SWITCH"中选择"SPDT"图标，如图 6-25 所示。TTL 元器件库图标为 ，其中包含有各种门电路（如"与非门""或非门""与门""或门"等）可供选择，如图 6-26 所示。元器件图标 指示器库中的"PROBE"为"探测器"，当电压超过所设定的阈值电压时，探测器会亮，探针有各种可选颜色，逻辑"0"和"1"用"数字地"和"5V"的直流电源来表示（在电源模块中 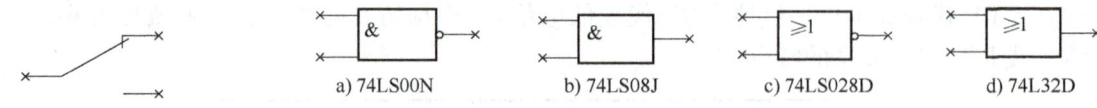），即一个表示低电位，一个表示高电位，如图6-27所示［这里提一下 DGND（数字地线）和 GROUND（地线）的区别，DGND 主要用于数字电路，确保数字信号的稳定和隔离，防止谐波成分干扰其他电路。而 GROUND 作为电路中的参考地，是电源的负极，确保电路的基准电压正确。DGND 在 Multisim 软件中用于模拟数字电路的部分，确保数字信号的稳定和隔离。而 GROUND 则用于整个电路的接地，确保电压计算的基准正确。在仿真电路时，即使原电路中没有明确接地，仿真电路也必须接地以确保准确性］。

图 6-25 双掷开关 SPDT

图 6-26 TTL 门电路元器件示例

图 6-28 所示为与门电路的仿真模型，在此以型号为 74S15D 的 TTL 与门电路为例，根据其仿真电路模型可得仿真结果，见表 6-22。

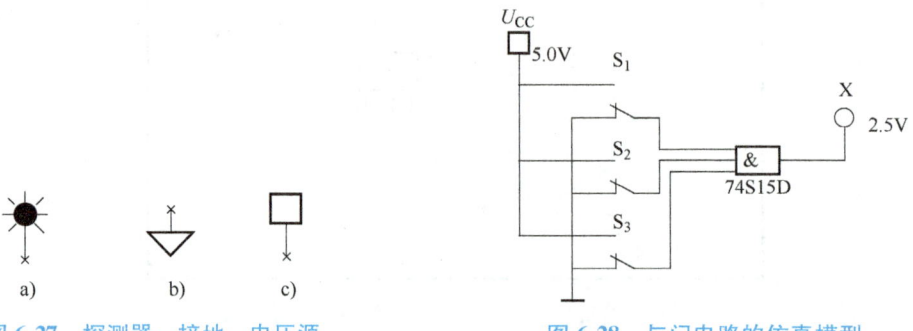

图 6-27 探测器、接地、电压源

图 6-28 与门电路的仿真模型

表 6-22 "与"门逻辑电路仿真结果

开关 S_1 所接电位情况	开关 S_2 所接电位情况	开关 S_3 所接电位情况	电平指示器 X 亮灭情况
低电位	低电位	低电位	灭
低电位	低电位	高电位	灭
低电位	高电位	低电位	灭
低电位	高电位	高电位	灭
高电位	低电位	低电位	灭
高电位	低电位	高电位	灭
高电位	高电位	低电位	灭
高电位	高电位	高电位	亮

巩固提高

如图 6-29 所示，基于 Multisim 验证"与或非"门电路，完成对应的真值表，并说明该逻辑电路的逻辑功能。

1) 输入变量 A、B、C、D 的输入状态如何表示？输出结果 Y 如何显示？

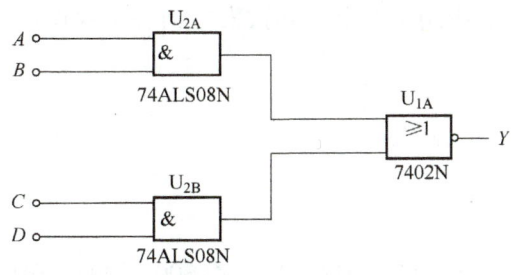

图 6-29　逻辑电路

2）基于 Multisim 仿真软件完成表 6-23。

表 6-23　"与或非"门电路真值表

输入变量 A	输入变量 B	输入变量 C	输入变量 D	输出变量 Y
低电位	低电位	低电位	低电位	
低电位	低电位	低电位	高电位	
低电位	低电位	高电位	低电位	
低电位	低电位	高电位	高电位	
低电位	高电位	低电位	低电位	
低电位	高电位	低电位	高电位	
低电位	高电位	高电位	低电位	
低电位	高电位	高电位	高电位	
高电位	低电位	低电位	低电位	
高电位	低电位	低电位	高电位	
高电位	低电位	高电位	低电位	
高电位	低电位	高电位	高电位	
高电位	高电位	低电位	低电位	
高电位	高电位	低电位	高电位	
高电位	高电位	高电位	低电位	
高电位	高电位	高电位	高电位	

3）基于真值表分析"与或非"门电路的逻辑功能。

任务四　与非门逻辑功能测试实验

任务导学

在实验中经常会用到示波器和函数发生器，示波器和函数发生器有哪些应用？通过查阅资料，举出示波器和函数发生器的应用场合及使用注意事项。

任务说明

通过前面的学习已经掌握了基本的逻辑电路"与""或""非"及简单的组合逻辑电路

"与非""或非""与或非"。应用示波器、函数发生器等实验设备完成与非门逻辑功能的测试,总结与非门逻辑功能。

任务实施

一、实验仪器

数字电路实验台、示波器、函数发生器、74LS00 二输入端四与非门集成电路 2 片、74LS20 四输入端双与非门集成电路 1 片。

二、实验内容与步骤

1. 测试门电路的逻辑功能

1)如图 6-30 所示,74LS20 特点是在一块集成块内含有两个互相独立的与非门,每个与非门有四个输入端。写出四输入与非门逻辑表达式,并画出四输入与非门逻辑符号。

① 四输入与非门逻辑表达式。

② 完成图 6-31。

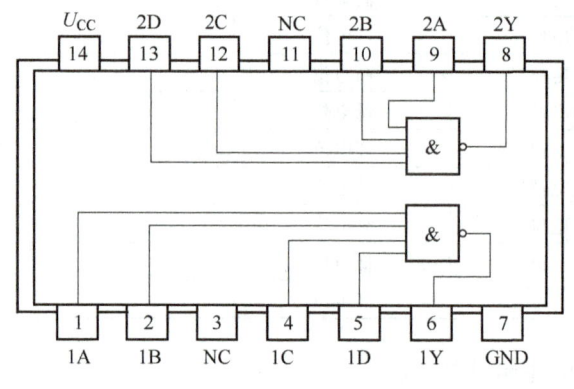

图 6-30 74LS20 引脚排列示意图

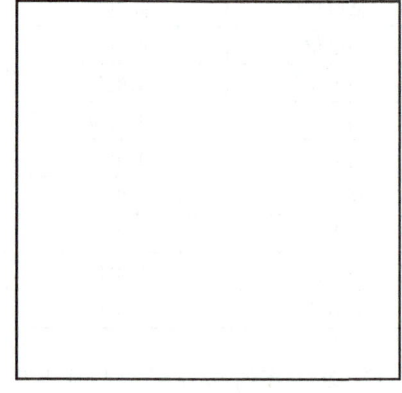

图 6-31 四输入与非门逻辑电路图

2)说明如何辨认 74LS20 集成电路的起始引脚?

3)将逻辑电平开关按照表 6-24 中的状态进行转换,测出输出逻辑状态值及电压值,完成表 6-24 和表 6-25。

表 6-24 与非门逻辑电平开关表

输入				输出	
A	B	C	D	Y	电压/V
1	1	1	1		
0	1	1	1		

(续)

输入				输出	
A	B	C	D	Y	电压/V
0	0	1	1		
0	0	0	1		
0	0	0	0		

表 6-25 各引脚电位数值

各引脚电位				输出
V_A/V	V_B/V	V_C/V	V_D/V	电压/V

2. 利用与非门控制波形的输出

1) 选用 74LS00 与非门，按图 6-32a、b 所示接线，将一个输入端接连续脉冲源（频率为 20kHz），另一端分别接高、低电位开关，输出端 Y 接示波器，用示波器观察高低电位对电路输出波形的影响，将示波器观察到的波形记录在图 6-33 和图 6-34 中。

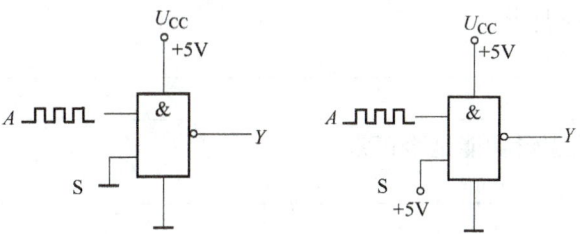

a) 其中一端输入端接低电位　　b) 其中一端输入端接高电位

图 6-32　与非门对脉冲的控制作用接线示意图

图 6-33　与非门对脉冲的控制作用结果示意图
（输入端接低电位）

图 6-34　与非门对脉冲的控制作用结果示意图
（输入端接高电位）

2）通过示波器的输出脉冲波形总结与非门对脉冲的控制作用。

三、实验注意事项

1）接插集成电路时，要认清定位标记，不得插反。

2）电源电压使用范围为+4.5～+5.5V，实验中要求使用 U_{CC} = +5V。电源极性绝对不允许接错。

3）闲置输入端处理方法。

① 悬空，相当于正逻辑"1"，对于一般小规模集成电路的数据输入端，实验时允许悬空处理，但易受外界干扰，导致电路的逻辑功能不正常。因此，对于接有长线的输入端，中规模以上的集成电路和使用集成电路较多的复杂电路，所有控制输入端必须按逻辑要求接入电路，不允许悬空。

② 直接接电源电压 U_{CC}（也可以串入一只 1～10kΩ 的固定电阻）或接至某一固定电压（+2.4V≤U≤4.5V）的电源上，或与输入端为接地的多余与非门的输出端相接。

③ 若前级驱动能力允许，可以与使用的输入端并联。

四、实验思考

1）与非门一个输入接连续脉冲，其余端什么状态时允许脉冲通过？什么状态时禁止脉冲通过？对脉冲信号有何要求？

2）怎样判断门电路逻辑功能是否正常？

知识链接

一、TTL 与非门电路

数字电路的发展方向之一就是集成化。双极型集成电路是以双极型晶体管（NPN 型或 PNP 型）为基础组成的集成电路，也是最早制成的数字集成电路。其代表性产品为 TTL（Transistor-Transistor-Logic，即晶体管-晶体管逻辑）数字集成电路，有非常广泛的应用。

图 6-35 所示是一个 TTL 与非门的基本电路。电路的输入级为晶体管 VT_1，其有一个集电极、一个基极、还有若干个发射极，因此又称为多发射极晶体管。由于基极与各发射极之间均构成 PN 结，基极与集电极之间也存在一个 PN 结，所以多发射极晶体管 VT_1 在集成电路中起与门的作用。

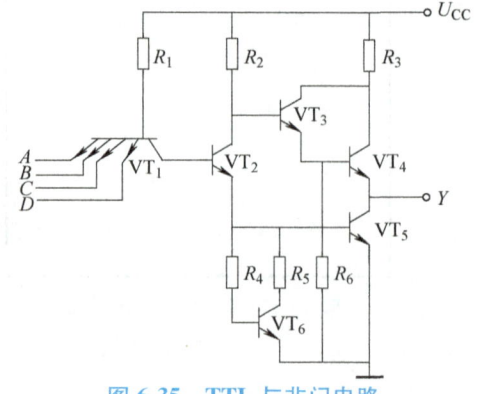

图 6-35 TTL 与非门电路

该与非门电路的输入级为多发射极晶体管 VT_1 和电阻 R_1 组成，实现对输入信号（A、B、C、D）的与逻辑运算，Y 为输出端，其逻辑符号如图 6-36 所示。

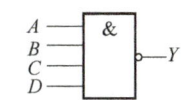

图 6-36　四输入与非门逻辑符号

该与非门的逻辑功能是：当输入端中有一个或一个以上是低电平时，输出端为高电平；只有当输入端全部为高电平时，输出端才是低电平（即有"0"得"1"，全"1"得"0"）。

二、74LS20 双四输入与非门

数字电路实验中所用到的集成电路都是双列直插式的，集成电路 74LS20 双四输入与非门其引脚排列规则如图 6-37 所示。由图中可知，**正对集成电路型号（如 74LS20）或看标记（左边的缺口或小圆点标记），从左下角开始按逆时针方向以 1、2、3、…，依次排列到最后一脚（在左上角）**。在标准的 TTL 集成电路中，电源端 U_{CC} 一般排在左上端，接地端 GND 一般排在右下端。如 74LS20 为 14 脚芯片，14 脚为 U_{CC}，7 脚为 GND。**若集成电路引脚上的功能标号为 NC，则表示该引脚为空脚，与内部电路不连接。**

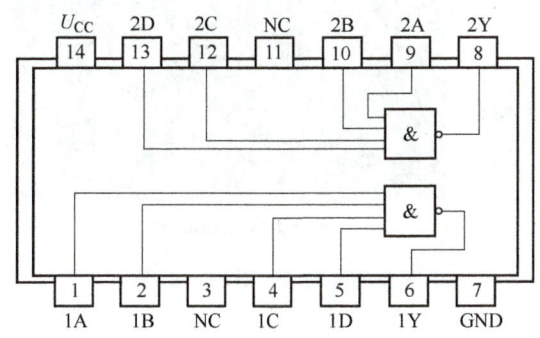

图 6-37　74LS20 引脚排列示意图

该与非门的四个输入端接逻辑开关输出插口，以提供"0"与"1"电平信号，开关向上，输出逻辑"1"，向下为逻辑"0"。**该与非门的输出端接由 LED 发光二极管组成的逻辑电平显示器（又称 0-1 指示器）的显示插口**，LED 亮为逻辑"1"，不亮为逻辑"0"。74LS20 有 4 个输入端，共有 16 个组合情况，在实际测试时，只要通过对输入 1111、0111、1011、1101、1110 进行检测就可判断其逻辑功能是否正常。

三、数字示波器

数字示波器应用非常广泛，具有波形触发、存储、显示、测量、波形数据分析处理等独特优点。

由图 6-38 可看出，示波器的前面板中包括左侧的显示区和右侧的功能操作区。

1. 显示区

显示区可以显示波形，以及关于波形和示波器控制设置的详细信息。

以图中显示区显示信息为例，包含以下信息：

1）显示图标表示采集模式。

⊓⊔表示取样模式；⊓⊔表示峰值检测模式；⊓⊔表示均值模式。

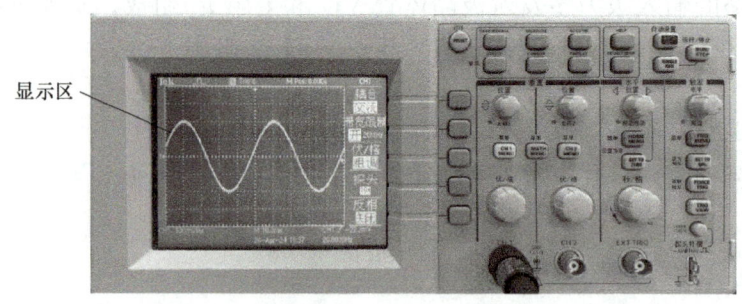

a) 数字示波器前面板示意图

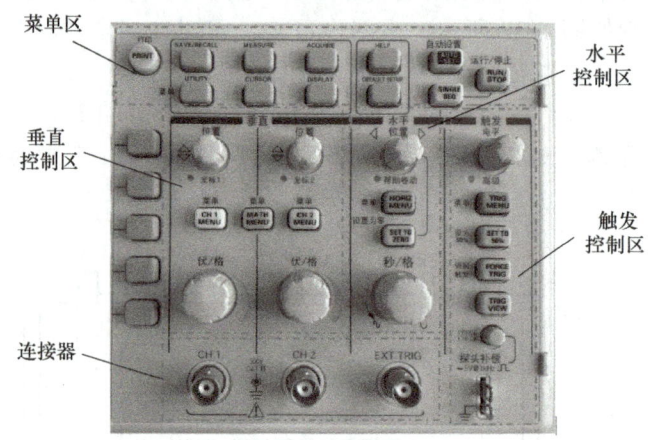

b) 示波器功能操作区

图 6-38 数字示波器示意图

2) 触发状态显示。

□ 表示已配备，示波器正在采集预触发的数据。在此状态下忽略所有触发。

🄷 表示准备就绪，示波器已采集所有预触发数据并准备接受这些触发。

■ 表示已触发，示波器已发现一个触发并正在采集触发之后的数据。

● 表示停止，示波器暂停采集波形数据。

● 表示采集完成，示波器完成一个"单次序列"的采集。

🄷 表示示波器处于自动模式并在无触发状态下采集波形。

□ 表示示波器在扫描模式下，将连续采集并显示波形。

3) 使用标记显示水平触发位置，旋转"水平位置"旋钮可调整标记位置。

4) 用读数显示中心刻度线的时间，触发时间为零。

5) 使用标记显示"边沿"脉冲宽度触发电平，或选定的视频线或场。

6) 使用屏幕标记表明显示波形的接地参考点，如没有标记，不会显示通道。

7) 箭头图标表示波形是反相的。

8) 以读数显示通道的垂直刻度系数。

9) B_W 图标表示通道是带宽限制的。

10) 以读数显示主时基设置。

11) 如使用窗口时基，以读数显示窗口时基设置。

12) 以读数显示触发使用的触发源。

13）采用图标显示以下选定的触发类型：

⌠为上升沿的"边沿"触发；⌡为下降沿的"边沿"触发；⌢⌣为行同步的"视频"触发；▬▬为场同步的"视频"触发；⊓为"脉冲宽度"触发，正极性；⊔为"脉冲宽度"触发，负极性。

14）用读数表示"边沿"脉冲宽度触发电平。

15）显示区显示有用信息，有些信息仅显示 3s。

如果调出某个储存的波形，读数就显示基准波形的信息，如 RefA 1.00V 500μs。

16）以读数显示触发频率。

2. 菜单区

SAVE/RECALL：保存/调出，显示设置和波形的"保存/调出菜单"。

MEASURE：测量，显示自动测量菜单。

ACQUIRE：采集，显示"采集菜单"。

DISPLAY：显示，显示"显示菜单"。

CURSOR：光标，显示"光标菜单"。当显示"光标菜单"并且光标被激活时，"垂直位置"控制方式可以调整光标的位置。离开"光标菜单"后，光标保持显示（除非"类型"选项设置为"关闭"），但不可调整。

UTILITY：辅助功能，显示"辅助功能菜单"。

HELP：帮助，显示"帮助菜单"。

DEFAULT SETUP：默认设置，调出厂商设置。

AUTO SET：自动设置，自动设置示波器控制状态，以产生适用于输出信号的显示图形。

SINGLE SEQ：单次序列，采集单个波形，然后停止。

RUN/STOP：运行/停止，连续采集波形或停止采集。

PRINT：打印，打印操作。要求有适用于 RS-232 等端口的扩充模块。

3. 垂直控制区

CH1 光标 1 位置及 CH2 光标 2 位置：可垂直定位波形。

CH1 MENU、CH2 MENU：显示垂直菜单选择项并打开或关闭通道波形的显示。

伏/格（CH1、CH2）：选择标定的刻度系数。

4. 水平控制区

位置：调整所有通道和数学波形的水平位置。这一控制的分辨率随时基设置的不同而改变。

注意：要对水平位置进行大幅调整，可将秒/格旋钮旋转到较大数值，更改水平位置，然后再将此旋钮转到原来的数值。

当显示帮助主题时，可使用此旋钮滚动选择链接或索引条目。

水平菜单（HORIZ MENU）：显示"水平菜单"。

设置为零（SET TO ZERO）：将水平位置设置为零。

秒/格：为主时基或窗口时基选择水平的时间/格（刻度系数）。

5. 触发控制区

电平：使用"边沿"触发时，"电平"旋钮的基本功能是设置电平幅度，信号必须高于它才能进行采集，还可使用此旋钮执行"用户选择"的其他功能。

菜单（TRIG MENU）：显示"触发菜单"。

设置为50%（SET To 50%）：触发电平设置为触发信号峰值的垂直中点。

强制触发（FORCE TRIG）：不管触发信号是否适当，都完成采集。如采集已停止，则该按钮不产生影响。

触发视图（TRIG VIEW）：当按下"触发视图"按钮时，显示触发波形而不显示通道波形。可用此按钮查看诸如触发耦合之类的触发设置对触发信号的影响。

6. 连接器

探头补偿：电压探头补偿输出及接地。用于使探头与示波器电路互相匹配。

探头补偿接地与BNC屏蔽层连接到地并被当作接地端。

注意：如将电压源连接到接地端，在测试时可能会损坏示波器或电路。为避免此种情况发生，请不要将电压源连接到任何接地端。

CH1、CH2：用于显示波形的输入连接器。

外部触发（EXT TRIG）：外部触发源的输入连接器。使用"触发菜单"选择"外部"或"外部/5"触发源。

四、函数发生器

函数信号发生器是一种常用的电子测试仪器，用于产生各种波形的信号，之后将信号送往待测试电路，以检测电路在不同工作条件下的性能表现。

图6-39所示为函数发生器面板，其数字输入键及各功能键的功能说明见表6-26和表6-27。

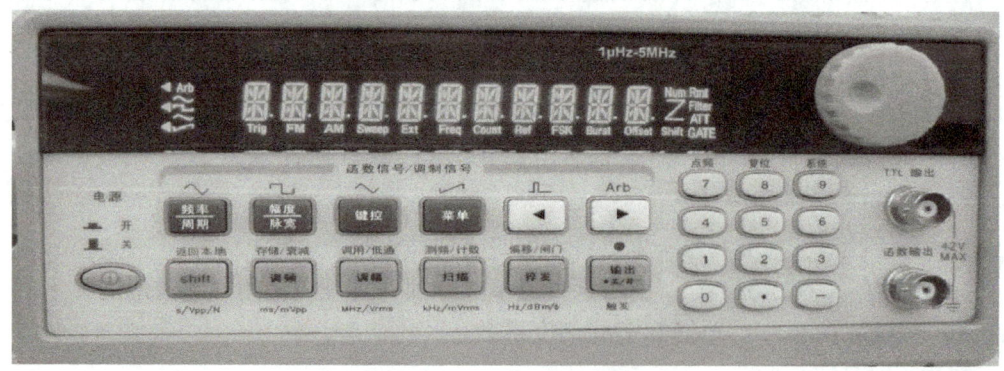

图6-39 函数发生器面板

表6-26 数字输入键的功能说明

键名	主功能	第二功能	键名	主功能	第二功能
0	输入数字0	无	7	输入数字7	进入点频
1	输入数字1	无	8	输入数字8	复位仪器
2	输入数字2	无	9	输入数字9	进入系统
3	输入数字3	无	●	输入小数点	无
4	输入数字4	无	━	输入负号	无
5	输入数字5	无	◀	闪烁数字左移	选择脉冲波
6	输入数字6	无	▶	闪烁数字右移	选择ARB波形

表 6-27 各功能键的功能说明

键名	主功能	第二功能	计数第二功能	单位功能
频率/周期	频率选择	正弦波选择	无	无
幅度/脉宽	幅度选择	方波选择	无	无
键控	键控功能	三角波选择	无	无
菜单	菜单选择	升锯齿波选择	无	无
调频	调频功能选择	存储功能选择	衰减选择	ms/mVpp
调幅	调幅功能选择	调用功能选择	低通选择	MHz/Vrms
扫描	扫描功能选择	测频功能选择	测频/计数选择	kHz/mVrms
猝发	猝发功能选择	直流偏移选择	闸门选择	Hz/dBm

项目七

组合逻辑电路

项 目 导 读

 素质目标

具有一定的逻辑思维、创新思维。
具有一定的科学和人文素养。
具有胆大心细、心灵手巧的素质。

 知识目标

掌握常用工具、量具以及仪器仪表的使用方法。
熟悉组合逻辑电路的分析和设计方法。
了解编码器、译码器原理。

 能力目标

具有探究学习、终身学习、分析问题和解决问题的能力。
具有良好的语言、文字表达能力和沟通能力。
完成交通信号灯故障检测电路的设计。
完成基于 Multisim 的逻辑电路仿真验证分析。
完成简单的编码器、译码器的设计。
学会查阅相关技术资料。

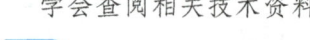 **项目导入：交通信号灯故障检测逻辑电路**

交通信号灯的正常运行为行人和车辆在道路上的安全有序通行提供保障，若交通信号灯出现故障，轻则导致交通拥堵，重则导致出现交通事故造成人员和财产的损失。那么交通信号灯的哪些状态属于故障状态？应该如何设计交通信号灯的故障检测逻辑电路呢？

任务一 交通信号灯的故障检测电路分析

任务导学

在出行过程中是否遇到过交通信号灯出现故障？描述你遇到的故障现象，还有哪些你认为有可能会出现的交通灯故障现象？

项目七　组合逻辑电路

任务说明

现有一城乡街道的十字交叉路口处南北方向和东西方向各设置一组红、黄、绿交通信号灯，正常情况下交通信号灯的工作顺序是：东西方向绿灯亮的时间为 25s，绿灯闪亮 3s，黄灯亮的时间为 2s，红灯亮的时间为 30s；同时，南北方向为红灯 30s，绿灯 25s，绿灯闪亮 3s，黄灯 2s，除此以外的都属于故障状态。简要分析十字路口交通信号灯的故障检测电路。

任务实施

1) 双方向交通信号灯的正常工作状态见表 7-1，在此交通信号灯的故障检测电路中涉及几个逻辑输入变量？分别是什么？这些变量总计可以组成几种输入状态？

_____

_____

表 7-1　十字路口交通信号灯的工作

南北	信号	红灯亮			绿灯亮	绿灯闪亮	黄灯亮
	时间/s	30			25	3	2
东西	信号	绿灯亮	绿灯闪亮	黄灯亮	红灯亮		
	时间/s	25	3	2	30		

2) 双方向交通信号灯故障检测电路中输入变量的组合状态数量较多，如何分析才不会重复或者漏掉其中的某种状态？（提示：逻辑变量的状态和二进制的"0""1"对应，因此状态的种类是否也可以采用二进制的形式有规律地列出）

_____

_____

3) 在分析逻辑电路时需要先对逻辑变量进行必要的规定，确定逻辑变量的个数并用符号表示各逻辑变量，确定用符号"0"和"1"来表示不同的逻辑状态。对双方向交通信号灯的输入、输出变量进行分析，完成表 7-2。

表 7-2　十字路口交通信号灯逻辑变量参考

名称	逻辑变量（符号）	名称	逻辑变量（符号）
南北方向绿灯（灯亮）		东西方向绿灯（灯亮）	
南北方向黄灯（灯亮）		东西方向黄灯（灯亮）	
南北方向红灯（灯亮）		东西方向红灯（灯亮）	
南北方向绿灯（灯灭）		东西方向绿灯（灯灭）	
南北方向黄灯（灯灭）		东西方向黄灯（灯灭）	
南北方向红灯（灯灭）		东西方向红灯（灯灭）	
输出逻辑变量			
输入、输出逻辑变量的状态表示（"0"或"1"）			
逻辑输入状态（灯亮）		逻辑输出状态（故障）	
逻辑输入状态（灯灭）		逻辑输出状态（正常）	

211

4)根据表 7-1,分析双方向交通信号灯故障检测电路中的故障的状态。

_____

_____

5)分析双向交通信号灯状态的前十种组合(0~9)情况填入表 7-3 中,分析前十种状态中有无故障状态。(提示:将逻辑组合状态按照十进制的 0~9 转换为对应二进制,再对应看各组合是否属于故障状态)

_____

_____

表 7-3　十字路口双向交通信号灯真值表

对应十进制	输入变量						输出变量
	G_1	Y_1	R_1	G_2	Y_2	R_2	F
0	0	0	0	0	0	0	
1	0	0	0	0	0	1	
2	0	0	0	0	1	0	
3	0	0	0	0	1	1	
4	0	0	0	1	0	0	
5	0	0	0	1	0	1	
6	0	0	0	1	1	0	
7	0	0	0	1	1	1	
8	0	0	1	0	0	0	
9	0	0	1	0	0	1	

知识链接

一、二进制计数制

学习二进制数之前先复习十进制数的特点。

1. 十进制数的表示方法和特点

十进制计数制是大家最熟悉、在生活和生产中使用最多的计数方法。其主要特点是:

1)十进制数每一位可能出现的数字符号称为数码,十进制数共有 10 个数码,即 0~9。

2)逢十进一,即十进制的进位基数是 10。

3)同一数码处于不同位置(数位)所代表的意义不同,即分别是个位、十位、百位等。

任何一个十进制整数 D 都可以展开为"以进位基数 10 为底的幂之和"这样一种展开式,即

$$D = K_{n-1} \cdot (10)^{n-1} + \cdots + K_1 \cdot (10)^1 + K_0 \cdot (10)^0 \tag{7-1}$$
$$= \sum_{i=0}^{n-1} K_i \cdot (10)^i$$

式中,K_i 表示十进制整数 D 相应各位的数码,它们是 0~9 中的任何一个;i 表示数位,是 0

和正整数 1、2、…、n。

例如，十进制数 168 可以表示为

$$168 = 1 \times 10^2 + 6 \times 10^1 + 8 \times 10^0$$

2. 二进制数的表示方法

和十进制数相似，二进制数也具有以下几个特点：

1) 二进制数的每一位有两个不同的数码可取"0"和"1"，即二进制的基数是 2。
2) 逢二进一，每一位计满二就向高位进一。

一些十进制数对应的二进制数，见表 7-4。

表 7-4 一些十进制数对应的二进制数

十进制数	二进制数	十进制数	二进制数
0	00	10	1010
1	01	11	1011
2	10	12	1100
3	11	13	1101
4	100	14	1110
5	101	15	1111
6	110	16	10000
7	111	32	100000
8	1000	64	1000000
9	1001	128	10000000

必须注意二进制数的特点，如表中的二进制数"10"不能读做十，而应读作"壹零"，与十进制中的"10"是完全不同的。

3) 任何一个二进制数都可以写成"以进位基数 2 为底的幂之和"的展开式。例如，二进制数 1101 可以写成

$$1101 = 1 \times 2^3 + 1 \times 2^2 + 0 \times 2^1 + 1 \times 2^0$$

由此推出，任意一个二进制整数 B 都可以展开为

$$B = K_{n-1} \cdot (2)^{n-1} + \cdots + K_1 \cdot (2)^1 + K_0 \cdot (2)^0 \tag{7-2}$$

$$= \sum_{i=0}^{n-1} K_i \cdot (2)^i$$

式中，K_i 分别表示二进制整数 B 相应各位的数码，它们可能是"0"或"1"；i 表示数位，等于 0 或正整数 1、2、…、n。

下面介绍关于"权"的概念。在二进制中的"权"就是它的每个数位上的数码 1 所对应的十进制数值。结合表 7-4 及二进制数的展开式可知，二进制整数的第一位（最低位）的"权"是 $2^0 = 1$（表 7-4 中的二进制数"01"与十进制数 $2^0 = 1$ 对应）；第二位（次低位）的"权"是 $2^1 = 2$（表 7-4 中的二进制数"10"与十进制数 $2^1 = 2$ 对应）；第三位的"权"是 $2^2 = 4$（表中的二进制数"100"与十进制数 $2^2 = 4$ 对应）；第四位的"权"是 $2^3 = 8$（表中的二进制数"1000"与十进制数 $2^3 = 8$ 对应）。依次类推，第 n 位的"权"就是 2^{n-1}，因此，二进制整数 B 的展开式就可以称作是按"权"的展开式。

要把一个二进制整数转换成为十进制数，只需将该二进制整数写成按"权"的展开式，

并将式中各乘积项相加即可。

3. 二-十进制的转换

1）二进制数转换为十进制数，只要将它按权位展开，并求出各项的和，即可得到所对应的十进制数。

$$(1101.01)_B = (1 \times 2^3 + 1 \times 2^2 + 0 \times 2^1 + 1 \times 2^0 + 0 \times 2^{-1} + 1 \times 2^{-2})$$
$$= (13.25)_D$$

2）十进制数转换为二进制数。十进制数的整数部分和小数部分需分别进行转换，再将结果排列在一起，得出完整的结果。

整数部分采用"除2取余数法"，即将整数部分逐次除以2（基数），依次记下余数，直至商为0。第一个余数为二进制数的最低位，最后一个余数为二进制数的最高位。

将十进制数 $(29)_D$ 转换成二进制数：

```
          余数
2│29
2│14    … 1   低位
2│ 7    … 0    ↑
2│ 3    … 1   读数方向
2│ 1    … 1
   0    … 1   高位
```

所以，$(29)_D = (11101)_B$。

小数部分采用"乘2取整法"，即将小数部分连续乘以2（基数），取积的整数部分作为二进制的小数。首次乘积的整数为所得二进制小数的最高位，第二次乘积的整数为次高位，依次进行，直至满足转换精度要求为止。

将十进制数 $(0.723)_D$ 转换为二进制数（要求精确到小数点后第4位）：

```
   0.723          整数
 ×    2
   1.446         … 1   最高位
   0.446          读
 ×    2           数
   0.892         … 0   方
                  向
   0.892          ↓
 ×    2
   1.784         … 1
   0.784
 ×    2
   1.568         … 1   最低位
```

所以，$(0.723)_D = (0.1011)_B$。

二、码制及 8421BCD 码

数字系统的信息有两类：一类是数值信息，另一类是文字图形符号，表示非数值的其他事物。对于后一类信息，常用按一定规律编制的各种代码来表示，这一规律称为码制。

对数字系统而言，使用最方便的是按二进制数编制代码。如在用二进制数码表示一位十进制数的0~9这10个状态时，经常采用8421BCD码。

8421BCD码是最常用的一种有权码，其4位二进制码从高位至低位的权依次为 2^3、2^2、2^1、2^0，即为8、4、2、1，故称为8421BCD码。按8421BCD码编码的0~9与用4位二进制数表示的0~9完全一样，是一种人机联系时广泛使用的中间形式。

需要注意的是，8421BCD 码中不允许出现 1010～1111 六种组合，因为没有十进制数字符号与其对应。用 8421BCD 码制编制的代码见表 7-5。

表 7-5　用 8421BCD 码制编制的代码

十进制数	代码			
	D	C	B	A
0	0	0	0	0
1	0	0	0	1
2	0	0	1	0
3	0	0	1	1
4	0	1	0	0
5	0	1	0	1
6	0	1	1	0
7	0	1	1	1
8	1	0	0	0
9	1	0	0	1
权	8	4	2	1

8421BCD 码与十进制数之间的转换是按位进行的，即十进制数的每一位与 4 位二进制编码对应。例如，$D = (0010\ 0101\ 1000)_{8421BCD码}$。

8421BCD 码与二进制的区别，例如，$(28)_D = (11100)_B = (00101000)_{8421BCD码}$。

 巩固提高

一、选择题

1. 将十进制小数转换为二进制数一般采用（　　）。
A. 乘 2 取余法法　　B. 乘 10 取整法　　C. 乘 10 取余法　　D. 乘 2 取整法

2. 用不同数制的数字来表示 2019，位数最少的是（　　）。
A. 二进制　　　　　B. 八进制　　　　　C. 十进制　　　　　D. 十六进制

3. 十进制整数转换为二进制数一般采用（　　）。
A. 除 2 取余法　　　B. 除 2 取整法　　　C. 除 10 取余法　　　D. 除 10 取整法

二、判断题

1. 二进制只可以用来表示数字，不可以用来表示文字和符号等。　　（　　）
2. 声音是数字信号。　　（　　）
3. 二进制数中每个位数上的 "1" 和 "0" 与所对应的十进制数中是一样的。　　（　　）

任务二　单方向交通信号灯的故障检测电路设计

任务导学

想要解决一个组合逻辑问题时，该如何设计逻辑电路图呢？与之前的已知逻辑电路图分析逻辑功能正好相反，现在是已知逻辑功能，解决逻辑电路的问题，写出组合逻辑电路设计的步骤。

电工电子技术

任务说明

单方向交通信号灯正常工作状态有三种组合，即绿灯亮，红、黄灯灭；黄灯亮，绿灯、红灯灭；红灯亮，绿、黄灯灭。当三盏灯出现其他组合情况时，就表明控制电路出现了故障，写出单方向交通信号灯故障检测电路的真值表、逻辑表达式，绘制相应的逻辑电路图。

任务实施

1）根据单方向交通信号灯故障检测电路需要，分析输入、输出逻辑变量，将分析结果填入表 7-6 中。

表 7-6　单方向交通信号灯的状态组合

三盏灯的状态			红绿交通灯某时刻的状态（正常、故障）
红灯	黄灯	绿灯	

2）什么是真值表？如何列出真值表？

3）根据逻辑分析的结果填写表 7-7。

表 7-7　单方向的交通信号灯故障检测电路真值表

逻辑输入变量			逻辑输出变量（F）
红灯（R）	黄灯（Y）	绿灯（G）	灯的状态（正常、故障）

4)根据单方向交通信号灯故障检测电路真值表写出逻辑表达式。

___

5)化简交通信号灯故障检测电路逻辑函数式。

___

6)根据化简后的交通信号灯故障检测电路函数式,将对应的逻辑电路图画入图 7-1。

7)将单方向交通信号灯故障检测电路的逻辑电路用与非门组成的逻辑电路图表示(先进行函数式的转换),画入图 7-2。

___

图 7-1 交通信号灯故障检测逻辑电路图

图 7-2 交通信号灯故障检测逻辑电路图(与非门)

知识链接

组合电路的设计过程与组合逻辑电路的分析过程刚好相反,它是提出一定的逻辑功能要求和一定的条件限制(如所使用的门电路类型),然后设计出所用门电路最少、连线最简单的逻辑电路。

组合逻辑电路的设计

组合逻辑电路设计的步骤如下:

1)根据设计要求,对输入、输出逻辑变量进行分析,定义逻辑变量状态的含义(确定逻辑状态"0"和"1"的实际意义)。

2)根据实际逻辑问题进行分析,确定其输入、输出的逻辑关系,在真值表中列出所有可能出现的组合。输入组合状态数由变量数确定,若变量数为 n,则输入组合状态总数为 2^n。

3)根据真值表,写出输出变量 F 的表示式。由真值表写出逻辑函数式的步骤为,先找出真值表中使逻辑函数为"1"的输入变量的组合;每组输入变量的组合对应一个乘积项(逻辑与),其中取值为"1"的写入原变量(如 A),取值为"0"的写入反变量(如 $\bar{A}$);最后将这些乘积项相加(逻辑或),即为逻辑表达式。

4)将逻辑函数式化简或转化为其他类型的表达式,如只包含与非关系的逻辑式。

5)根据化简的门电路画出组合逻辑电路。

总结以上,组合逻辑电路的设计步骤如图 7-3 所示。

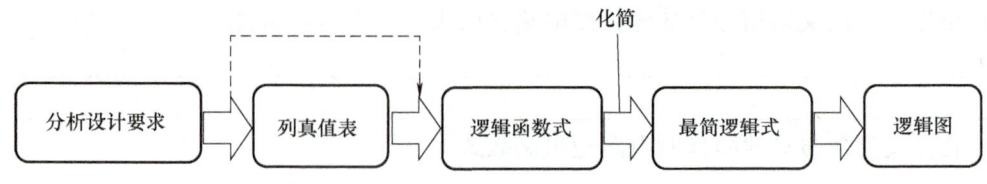

图 7-3　组合逻辑电路设计步骤

巩固提高

设计一个三变量多数表决电路，当输入变量 A、B、C 中有两个或两个以上为 1 时，表决结果有效，即表决结果为 1。

1) 列写三变量多数表决电路的真值表，填入表 7-8。

表 7-8　三变量多数表决电路的真值表

A	B	C	Y

2) 根据真值表的结果列写逻辑函数式。

3) 化简逻辑函数式。

4) 在图 7-4 中绘制逻辑图。

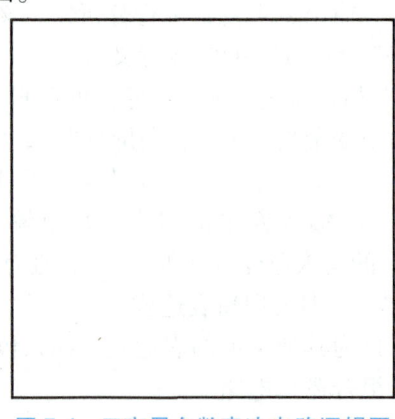

图 7-4　三变量多数表决电路逻辑图

项目七　组合逻辑电路

任务三　基于 Multisim 的交通信号灯故障检测电路仿真分析

任务导学

基于 Multisim 仿真软件的逻辑转换仪可以实现哪些逻辑表现形式之间的转换？

任务说明

单方向交通信号灯故障检测电路的逻辑输入信号共有三盏灯，分别是红灯、黄灯和绿灯，简要描述基于 Multisim 仿真软件设计该逻辑电路的操作步骤并验证该逻辑电路的功能。

任务实施

1）根据单方向上交通信号灯故障检测逻辑电路设计要求，基于 Multisim 中逻辑转换仪 ▦ ，对输入、输出的逻辑变量进行分析。（提示：说明有几个逻辑输入变量，分别用什么符号表示，输出变量如何表示等）

_____

_____

2）根据逻辑分析的结果基于 Multisim 列出单方向上交通信号灯故障检测逻辑电路的真值表，将结果绘制在图 7-5 中，写出必要的设计过程。

_____

_____

3）基于 Multisim 根据单方向上的交通信号灯故障检测逻辑电路，写出仿真的操作步骤和仿真逻辑表达式结果。

_____

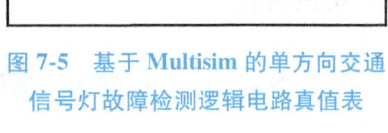

图 7-5　基于 Multisim 的单方向交通信号灯故障检测逻辑电路真值表

4）基于 Multisim 将单方向上的交通信号灯故障检测逻辑电路的逻辑表达式进行化简，写出仿真的操作步骤和仿真化简的逻辑表达式结果。

_____

_____

5）基于 Multisim 画出对应的逻辑电路图，将仿真结果截图绘制在图 7-6 中，写出仿真操作步骤。

_____

6）基于 Multisim 对单方向上的交通信号灯故障检测逻辑电路进行验证，在三个逻辑输入端通过连接双掷开关使其能在高低电位之间切换，即高电位代表灯亮，低电位代表灯灭，三个输入端接入三个电位指示器，在输出端接入电位指示器灯亮代表故障状态，灯灭代表正常状态，将验证电路绘制在图 7-7 中，并将完成表 7-9。

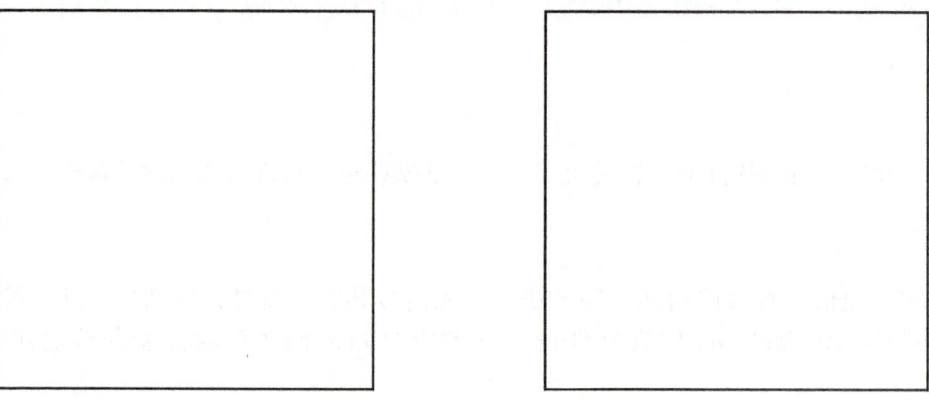

图 7-6　交通信号灯故障检测逻辑电路图　　　图 7-7　基于 Multisim 单方向交通信号
　　　　　　　　　　　　　　　　　　　　　　　　　　灯故障检测逻辑电路验证图

表 7-9　基于 Multisim 单方向交通信号灯故障检测逻辑电路结果验证

逻辑输入变量（红、黄、绿灯状态）			逻辑输出（L）
红灯 R（A 端）	黄灯 Y（B 端）	绿灯 G（C 端）	输出电位指示器（0）的状态
灭	灭	灭	
灭	灭	亮	
灭	亮	灭	
灭	亮	亮	
亮	灭	灭	
亮	灭	亮	
亮	亮	灭	
亮	亮	亮	

知识链接

基于 Multisim 的组合逻辑分析

组合逻辑电路的分析就是由给定的逻辑电路图求出输出函数的逻辑功能，即求出逻辑表达式和真值表等。组合逻辑电路的设计就是根据目标要求的逻辑功能，利用现有的逻辑器件，设计出实现一定要求的逻辑电路。

1. 组合逻辑电路的 Multisim 仿真方法

首先，单击"Misc Digital" ，在"family"中选择 ，根据需要选择与门"AND2" 、与非门"NAND2" 、或非门"NOR2" 、或门"OR2" 、或门"NOT" 等，这些逻辑门电路可以根据需要选择变量的数量，画出逻辑电路图。

从仪器栏中取出逻辑转换器图标 ，放置后的图标如图 7-8 所示。将待分析逻辑电路的输入、输出端部分，分别连接到逻辑转化器的输入、输出端。

然后，双击逻辑转换器，当弹出控制面板后，如图 7-9 所示，按下"电路图转换为真值表"的按钮，即可得出该电路的真值表，按下"真值表转换为最简表达式"的按钮，得到的就是所求最简表达式。

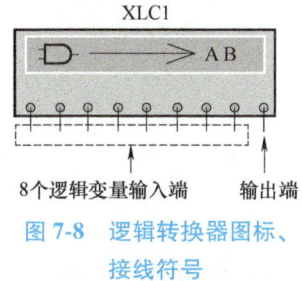

图 7-8　逻辑转换器图标、接线符号

2. 真值表的输入和转化

建立真值表：位于逻辑转换器面板上方的是逻辑变量的输入通道，其标号为 A、B、C、D、E、F、G、H。若用三个输入变量，则单击标号 A、B、C 上方的小圆点，如图 7-10 所示，真值表中出现了三个输入逻辑变量的完全逻辑组合。此时，输出框默认值为"？"。根据逻辑输出要求，在输出框的相对应位置输入"1""0"或"X"（X 表示 1 或 0 都可以接受）。

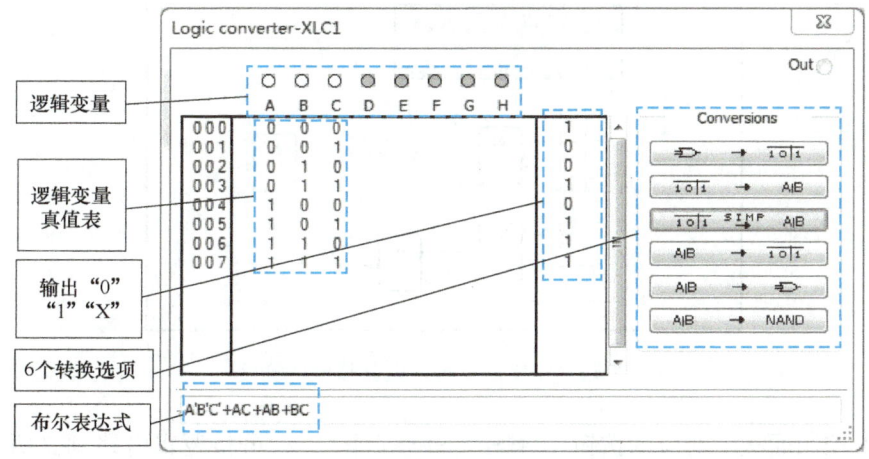

图 7-9　逻辑转换器控制面板

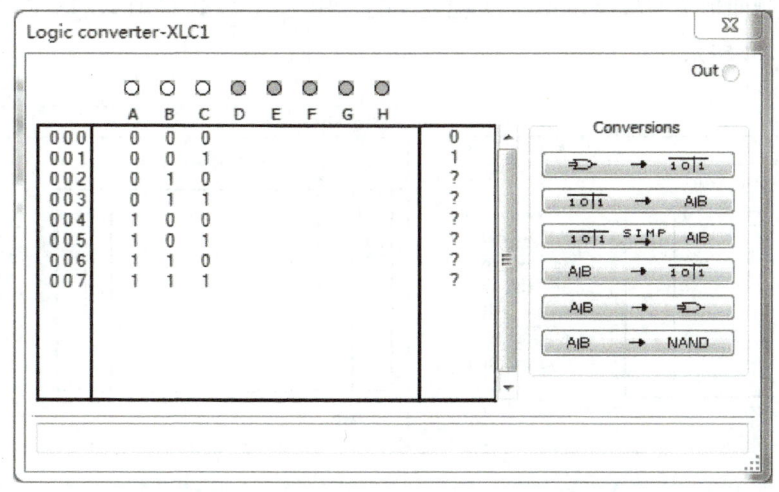

图 7-10　逻辑转换器中真值表的输入和转换

下面看一个具体的案例，基于 Multisim 进行逻辑电路分析，根据所给的逻辑电路图 7-11 分析该电路的逻辑功能。

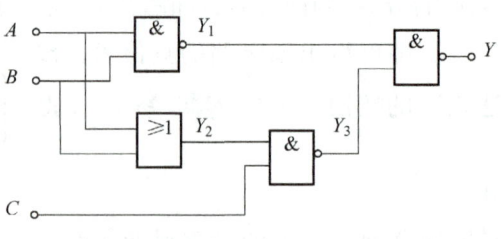

图 7-11 逻辑电路

1) 在 Multisim 中绘制出逻辑电路图,并将逻辑电路的输入、输出端分别连接到逻辑转换器的输入、输出端,仿真建模结果如图 7-12 所示。

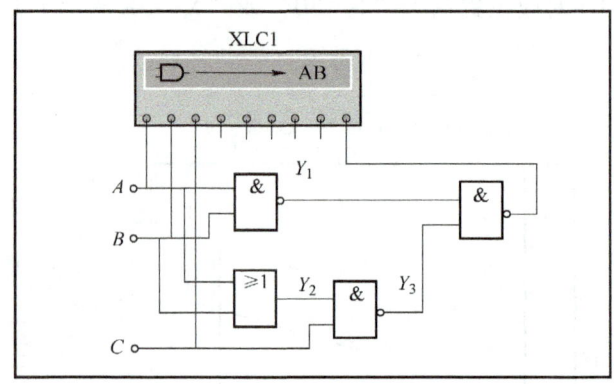

图 7-12 逻辑电路与逻辑转换器的连接

2) 单击控制面板上对应的按钮 ![] ,分析逻辑电路到真值表的转换,仿真结果如图 7-13 所示。

3) 单击控制面板上对应的按钮 ![] ,分析真值表到最简表达式的转换,仿真结果如图 7-14 所示。

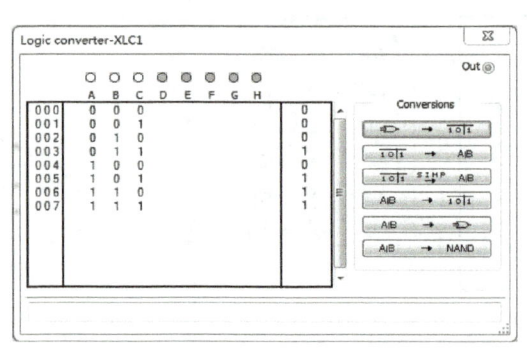

图 7-13 逻辑电路到真值表的转换

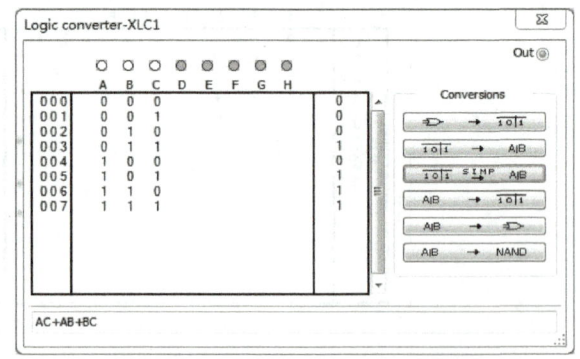

图 7-14 真值表到最简表达式的转换

巩固提高

设计一个"与或非"逻辑门电路(四个逻辑输入变量分两组,每组之间两个逻辑变量相"与",其结果组之间相"或",最后再取反),如图 7-15 所示,应用 Multisim 仿真软件中的逻辑转换器验证其结果。

1)将逻辑转换器与电路连接好,构建仿真电路模型。

2)基于 Multisim 求出真值表。

3)基于 Multisim 求出最简表达式,写出仿真结果。

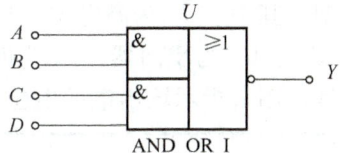

图 7-15 "与或非"逻辑门电路

任务四 基于 Multisim 的 8 线-3 线优先编码器 74148 验证

任务导学

通过查阅资料思考:什么是编码器?编码器有哪些用途?

任务说明

分析 8 线-3 线优先编码器 74148 的工作原理,应用 Multisim 进行 8 线-3 线优先编码器 74148 逻辑功能的验证。

任务实施

1)8 线-3 线优先编码器 74148 有几位输入?对应几位输出?能表示几种信息?输入和输出如何一一对应?

_____

2)当几个输入信号同时出现时,只对优先权最高的一个进行编码,8 线-3 线优先编码器 74148 的优先级别如何规定的?片选端 E_I 的作用是什么?输出信号端 E_0、G_s 的作用是什么?

_____

3)列出 8 线-3 线优先编码器 74148 的输入输出真值表,完成表 7-10。

表 7-10 8 线-3 线优先编码器 74148 的输入输出真值表

输入端									输出端				
E_I	0	1	2	3	4	5	6	7	G_s	E_0	A_2	A_1	A_0
1	×	×	×	×	×	×	×	×					
0	1	1	1	1	1	1	1	1					
0	×	×	×	×	×	×	×	0					
0	×	×	×	×	×	×	0	1					
0	×	×	×	×	×	0	1	1					
0	×	×	×	×	0	1	1	1					
0	×	×	×	0	1	1	1	1					
0	×	×	0	1	1	1	1	1					
0	×	0	1	1	1	1	1	1					
0	0	1	1	1	1	1	1	1					

4）按照 8 线-3 线优先编码器 74148 逻辑功能测试电路的模型框架在 Multisim 中构建仿真模型。其中，U_{CC} 为高电位，接地点为低电位，$S_0 \sim S_7$ 为双掷开关，U 为 74148N 编码器，U_{1A}、U_{1B}、U_{1C} 为反向器，U_2 为四引脚的带译码器的数码管，其码位左高右低，$X_1 \sim X_5$ 为逻辑探针，用来指示输出端的电位信号，根据模型进行仿真接线，如图 7-16 所示。

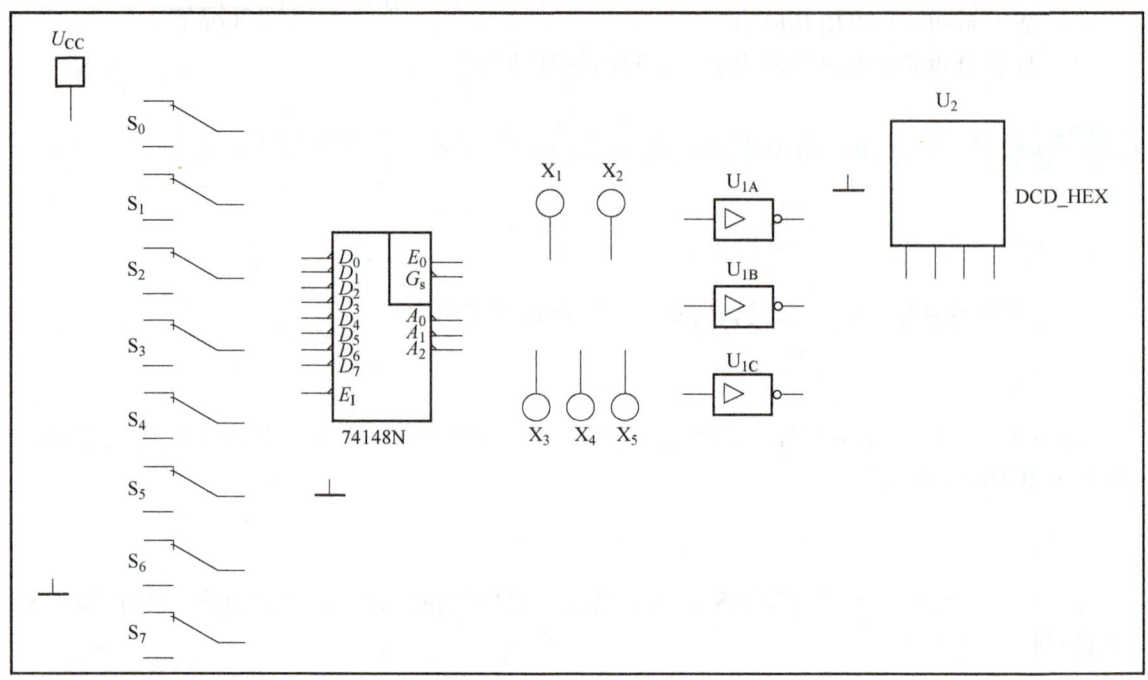

图 7-16 基于 Multisim 的 8 线-3 线优先编码器 74148 仿真元器件

5）8 线-3 线优先编码器 74148 中为什么要接入 U_{1A}、U_{1B}、U_{1C} 三个反向器？有什么作用？

6）根据 8 线-3 线优先编码器 74148 仿真模型验证其逻辑功能，将验证的结果填入表 7-11 中。

表 7-11 8 线-3 线优先编码器 74148 功能验证

输入端									输出端				
E_I	D_0	D_1	D_2	D_3	D_4	D_5	D_6	D_7	G_s	E_0	A_2	A_1	A_0
对应的控制输入端									对应的输出信号端				
E_I	S_0	S_1	S_2	S_3	S_4	S_5	S_6	S_7	X_2	X_1	X_5	X_4	X_3
1	×	×	×	×	×	×	×	×					
0	1	1	1	1	1	1	1	1					
0	×	×	×	×	×	×	×	0					
0	×	×	×	×	×	×	0	1					
0	×	×	×	×	×	0	1	1					
0	×	×	×	×	0	1	1	1					
0	×	×	×	0	1	1	1	1					
0	×	×	0	1	1	1	1	1					
0	×	0	1	1	1	1	1	1					
0	0	1	1	1	1	1	1	1					

7) 总结 8 线-3 线优先编码器 74148 的输入、输出逻辑功能特点。

知识链接

一、编码器

码——即代码，是多位二进制码（0 和 1）按照一定规律的排列组合。在数字系统中，都是用代码来表示确定的信息（如计算机中的指令、地址和数据等）。

编码器是将一个十进制数或某一特定信息用一组二进制代码来表示的逻辑电路，常用的编码器有普通编码器和优先编码器两类。普通编码器要求任何时刻只能有一个有效输入信号，否则编码器将不能正确输出；优先编码器可以避免这个缺点，在多个有效输入信号中，能够识别输入信号的优先级别，选中优先级别最高的一个进行编码，产生相应的输出代码。编码器又可分为二进制编码器和二-十进制编码器。

编码器的输入信号是表示不同信息的一组信号，输出的是一组二进制代码。编码器的示意图如图 7-17 所示。

编码器的典型应用是计算机和数字系统的键盘。当按下键盘上某一个按键时，对应的输入端由低电平变为高电平，相当于输入了一个表示数据或指令的信号，在机器内部就由编码器将该信号转换为确定的二进制代码，然后进行存储或执行操作。以一个计算器键盘为例，其原理示意如图 7-18 所示，该编码器输入端有四个按键，分别输入加、减、乘、除运算信号，有两个二进制码输出端 Y_1、Y_0。当按下"加"运算按键后，就为编码器输入了一个控制信号（如使其对应输入端由低电平转换为高电平），编码器输出二进制码 $Y_1Y_0=00$，计算器在这个操作指令作用下完成加法操作。当分别按下"减""乘""除"按键时，编码器就分别对应输出二进制码 $Y_1Y_0=01$、10、11，分别完成减、乘、除操作。

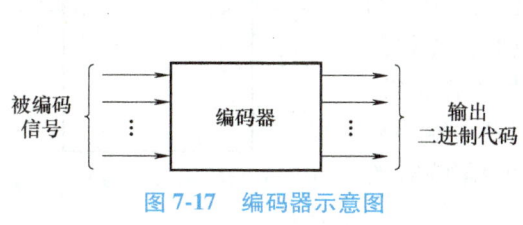

图 7-17　编码器示意图

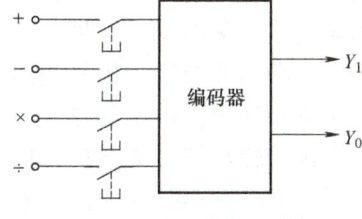

图 7-18　编码器原理举例

如同使用键盘，每次只能按下一个键一样，在同一时刻，普通编码器的多个输入端中，只允许一个有输入信号（如是高电平），其余的输入端没有输入信号（是低电平）。

二、普通编码器

N 位二进制数有 2^N 种不同的组合，因此 N 位输出的编码器可以表示 2^N 个不同的输入信号，一般把这种编码器称为 2^N 线-N 线编码器。如图 7-19 所示的 8 线-3 线编码器的原理图。它有 8 个输入端分别为 $Y_0 \sim Y_7$，有 3 个输出端 C、

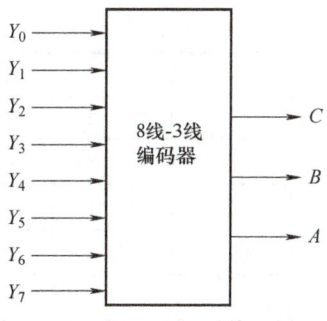

图 7-19　8 线-3 线编码器的原理图

B、A，所以称为 8 线-3 线编码器。

对于普通编码器来说，在任何时刻输入 $Y_0 \sim Y_7$ 中只允许一个信号为有效电位。高电平有效的 8 线-3 线编码器的编码表见表 7-12，由编码表得到输出表达式为

$$\begin{cases} C = Y_4 + Y_5 + Y_6 + Y_7 \\ B = Y_2 + Y_3 + Y_6 + Y_7 \\ A = Y_1 + Y_3 + Y_5 + Y_7 \end{cases} \tag{7-3}$$

表 7-12 8 线-3 线编码器的编码表

输入	C	B	A
Y_0	0	0	0
Y_1	0	0	1
Y_2	0	1	0
Y_3	0	1	1
Y_4	1	0	0
Y_5	1	0	1
Y_6	1	1	0
Y_7	1	1	1

三、8 线-3 线优先编码器 74148

8 线-3 线优先编码器 74148 的符号如图 7-20 所示。该编码器的输入与输出都是低电位有效，输出是输入信号对应的二进制编码的反码。从表 7-13 可以看出，输入端 E_1 是片选端，当 $E_1 = 0$ 时，编码器正常工作，否则编码器输出全为高电位。编码器工作时，"7"的级别最高，"0"的级别最低，即当几个输入信号同时出现时，只对优先权最高的一个进行编码。输出信号 $G_s = 0$ 表示编码器工作正常，有编码输出。输出信号 $E_0 = 0$ 为使能输出端，表示编码器正常工作，但没有编码输出，它常用于多个编码器的级联。

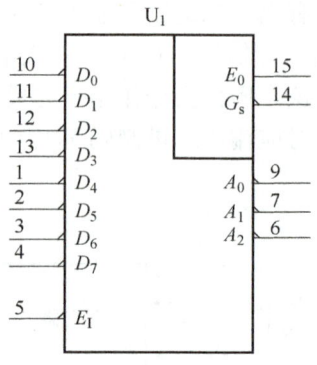

图 7-20 74148 优先编码器的符号

表 7-13 74148 真值表

	输入端								输出端				
E_1	0	1	2	3	4	5	6	7	G_s	E_0	A_2	A_1	A_0
1	×	×	×	×	×	×	×	×	1	1	1	1	1
0	1	1	1	1	1	1	1	1	1	0	1	1	1
0	×	×	×	×	×	×	×	0	0	1	0	0	0
0	×	×	×	×	×	×	0	1	0	1	0	0	1
0	×	×	×	×	×	0	1	1	0	1	0	1	0

（续）

输入端									输出端				
E_I	0	1	2	3	4	5	6	7	G_s	E_0	A_2	A_1	A_0
0	×	×	×	×	0	1	1	1	0	1	0	1	1
0	×	×	×	0	1	1	1	1	0	1	1	0	0
0	×	×	0	1	1	1	1	1	0	1	1	0	1
0	×	0	1	1	1	1	1	1	0	1	1	1	0
0	0	1	1	1	1	1	1	1	0	1	1	1	1

任务五　基于 Multisim 的七段译码器 7447N 逻辑功能验证

任务导学

通过查阅资料思考：什么是译码器？译码器有哪些用途？

任务说明

译码器是将二进制代码所表示的"原意"翻译出来，即把代表控制指令的二进制代码翻译出来，成为确定的控制信号，完成所要求的操作。译码实际上就是编码的逆过程，完成译码功能的逻辑电路就是译码器，本任务基于 Multisim 仿真软件验证七段译码器 7447N 的逻辑功能。

任务实施

图 7-21 所示为七段译码器 7447N 的示意图。

1）七段译码器 7447N 有几位输入端，共组成几种输入状态组合？

_____

_____

2）七段译码器 7447N 有几位输出端，输出端分别接数码管的哪一段？

_____

_____

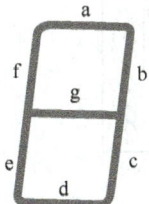

图 7-21　七段译码器 7447N 的示意图

3）完成表 7-14 所示七段译码器 7447N 的真值表。

表 7-14　七段译码器 7447N 的真值表

十进制数	输入				输出						
	D	C	B	A	OA	OB	OC	OD	OE	OF	OG
0											
1											
2											
3											
4											
5											
6											
7											
8											
9											

4）按七段译码器 7447N 逻辑功能测试电路的模型框架，基于 Multisim 仿真软件构建仿真模型。其中，U_{CC} 为高电位，接地点为低电位，$S_1 \sim S_4$ 为双掷开关，U_1 为 7447N 的编码器，U_2 为七段数码管显示器，其输入端 A、B、C、D、E、F、G 分别对应七段数码管的 a、b、c、d、e、f、g，$X_1 \sim X_7$ 为逻辑探针，用来指示输出端的电位信号，分别对应译码器的输出端 OA、OB、OC、OD、OE、OF、OG，$R_1 \sim R_7$ 为阻值 200Ω 的电阻，完成仿真接线，如图 7-22 所示。

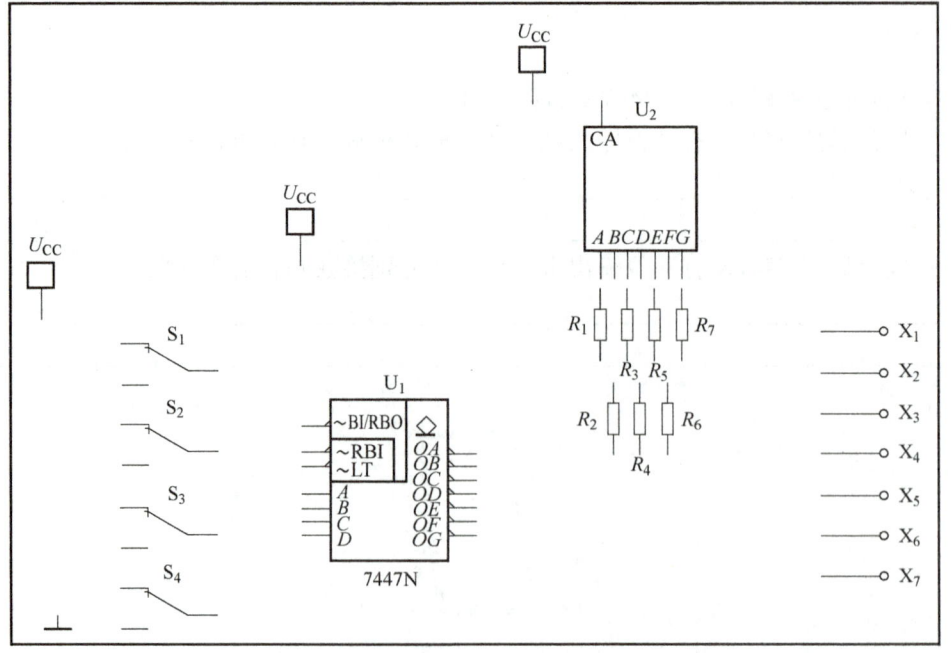

图 7-22　基于 Multisim 的七段译码器 7447N 逻辑功能测试电路模型

5）根据七段译码器 7447N 仿真模型验证其逻辑功能，将验证的结果填入表 7-15。

表 7-15 七段译码器 7447N 逻辑功能验证

输入状态				输出状态及显示							
S_1	S_2	S_3	S_4	X_1	X_2	X_3	X_4	X_5	X_6	X_7	U_2
0	0	0	0								
1	0	0	0								
0	1	0	0								
1	1	0	0								
0	0	1	0								
1	0	1	0								
0	1	1	0								
1	1	1	0								
0	0	0	1								
1	0	0	1								

知识链接

所谓译码，就是将二进制代码所表示的"原意"翻译出来。译码实际上就是编码的逆过程，完成译码功能的逻辑电路就是译码器。例如，需要把二-十进制（BCD）码翻译成十进制数码（0~9）并显示出来，以便识别和读数。也就是说要把代表控制指令的二进制代码翻译出来，成为确定的控制信号，完成所要求的操作等。译码器输入的是二进制代码，输出的是与代码所对应的信息，其示意框图如图 7-23 所示。

在数字系统中仅把二进制代码翻译成信息或控制信号有时还是不够的。例如在数字式仪表中，就要求把 BCD 代码转换成十进制数字，

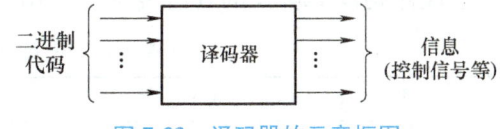

图 7-23 译码器的示意框图

并直接显示出来。因此，显示译码器需由译码器和数码显示器两部分组成，并由译码器驱动数码显示器发光工作。

一、数码显示器

数码显示器又称数码管，是用来显示数字、字符的器件。

目前应用最多的是七段字形数码显示器，这种显示器由 7 个发光二极管组成。

发光二极管用磷化镓、砷化镓等半导体材料制成，是一种把电能直接转换成光能的半导体器件，在它的阳极-阴极间加正偏电压，有正向电流流过时，便发出可见光。根据半导体材料的不同，发光二极管发光颜色不同，如红、黄、绿等。

在数码显示器中用 7 个发光二极管组成 7 个发光段，排列成一个"8"字形，各发光段分别用 a、b、c、d、e、f、g 表示，如图 7-24 所示。按照不同的组合使不同的发光段发光，就可以显示 0~9 这 10 个数码，如图 7-25 所示，也可以显示其他字符。

此外，有的七段字形数码显示器内还有一个发光段，呈圆点状，用于显示小数点。

七段字形数码显示器有两种连接方式：共阴极和共阳极连接方式。图 7-26 所示为共阴极连接方式，发光二极管的 7 个阳极分别与译码器输出端对应连接。工作时由译码器输出的

高电平向发光二极管提供驱动电流，使之发光，显示字形。

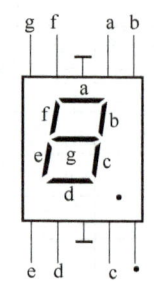

图 7-24　七段字形数码显示管

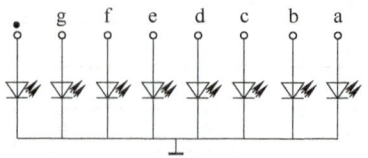

图 7-25　七段字形数码管显示的 0~9 数字

图 7-26　七段字形数码管共阴极连接方式

这种显示器件的主要优点是工作电压较低、体积小、寿命长、亮度高、工作可靠，不足之处是工作电流较大，约为几毫安至十几毫安。

二、七段译码器 7447N

共阳极数码管 7447N 的译码电路的符号如图 7-27 所示，工作时应使 ~LT = ~BI/RBO = ~RBI = 1，即接高电平，A、B、C、D 为 4 个输入端，$OA \sim OG$ 为对应七段数码管的输出，低电平有效。

七段译码器 7447N 的真值表见表 7-16。

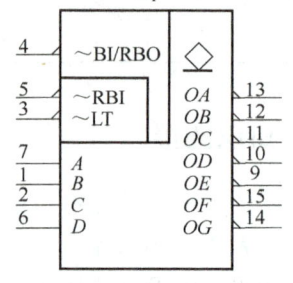

图 7-27　共阳极数码管 7447N 的译码电路的符号

表 7-16　七段译码器 7447N 的真值表

十进制数	输入				输出						
	D	C	B	A	OA	OB	OC	OD	OE	OF	OG
0	0	0	0	0	0	0	0	0	0	0	1
1	0	0	0	1	1	0	0	1	1	1	1
2	0	0	1	0	0	0	1	0	0	1	0
3	0	0	1	1	0	0	0	0	1	1	0
4	0	1	0	0	1	0	0	1	1	0	0
5	0	1	0	1	0	1	0	0	1	0	0
6	0	1	1	0	1	1	0	0	0	0	0
7	0	1	1	1	0	0	0	1	1	1	1
8	1	0	0	0	0	0	0	0	0	0	0
9	1	0	0	1	0	0	0	1	1	0	0